池上彰

カラー図解

社会人なら知っておきたい

ニュースに出るキーワードがすっきりわかる本

KADOKAWA

はじめに

インターネットやテレビ、新聞などから、日々さまざまなニュースが飛び込んできます。そしてそこには、ニュースの情報に関連する重要な「キーワード」がよく出てきます。ですから、そのキーワードについてよく知らないままニュースを見聞きすると、いざニュースの内容を誰かに伝えようとしてもうまく伝えられない、そんなことも起こりえます。

とりわけ、インターネットから得られるニュースは情報量が少なかったりして、よくわからないまま流し読みしがちでしょう。かといって、基本的なキーワードについてじっくり自分で調べたりするのもたいへんです。

そこで、昨今のニュースによく出る「知っておきたいキーワード」について、イラスト図解を使いながらわかりやすく読者に伝えたい――これが、この本をまとめた目的です。

たとえば昨今、「歴史的な円安を背景に、インバウンド消費が日本経済を支える柱になっている」「日本のＧＤＰがドイツに抜かれて世界４位に転落した」といった情報を見聞きすることがあります。

私たちは、ニュースでそういった情報に接したとき、「円安と円高ってどう違うのだろう」「円安になると何がどうなるのか」「インバウンド消費というものがよくわからない」「GDPってどういう数字なのか」といった疑問や興味がいろいろわいてくるはずです。

一つのニュースは、実は別のニュースとも深く関係しています。ですから、ニュースによく出るキーワードについての基礎知識をざっとでも把握《はあく》しておけば、それぞれのニュースの関係性も読み解きやすくなり、世の中をより深く理解できるようになるのです。

さあ、このことを理解したなら、後はあなたしだいです。興味を持ったトピックがあれば、今後、専門書を読むなりして自分の知識・教養をさらに深めていってもいいでしょう。この本は、そこへの道標《みちしるべ》の役割をはたす〝ニュースに出るキーワード〟がわかる一冊です。

2024年8月　池上　彰

Contents

Economy

第2章

法と政治

これだけは知っておきたい！

Law & Politics

キーワード▼

第3章

キーワード▼ 世界情勢

これだけは知っておきたい!

World situation

第4章

キーワード▼

社会と技術

これだけは知っておきたい！

Society & Technology

第5章

キーワード▼

宗教

これだけは知っておきたい！

Religion

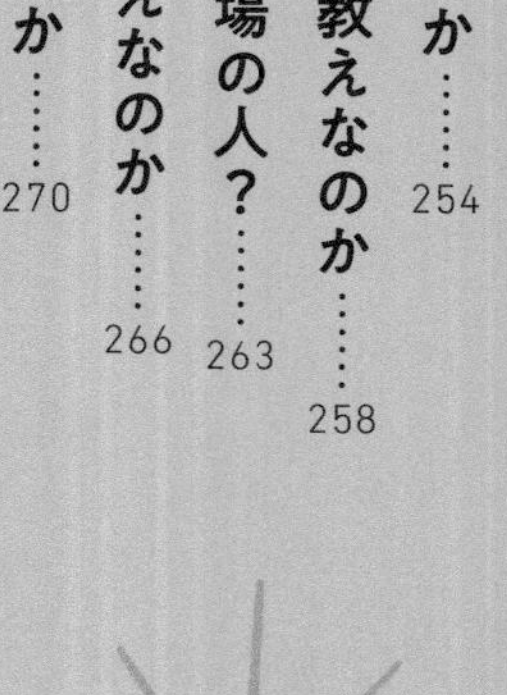

第6章

キーワード▼

現代史

これだけは知っておきたい!

Contemporary history

STAFF

本文イラスト・図版／ケン・サイトー

本文デザイン／ chichols

校正／コトノハ

編集協力／渡辺稔大

DTP ／ニッタプリントサービス

第1章

キーワード
▼

「経済」
Economy

これだけは
知っておきたい！

Economy

01

「景気がいい・悪い」とはなんだろう

私たちはふだん、「景気がいい」「景気が悪い」と話したりする。そもそも景気がいい・悪いとは、どのような状況のことなのか？

「景気」というものの正体

「景気がいい」とは、世の中のお金が活発に回っている状態のこと。わかりやすくいえば、「収入が増えて好きなものが買えるとき」「商品やサービスがよく売れるとき」「国の税収が増えるとき」などをあらわします。

反対に「景気が悪い」とは、世の中のお金の回りが悪く、お金のやり取りが少ない状況のことです。景気が悪いことを「不況《ふきょう》」ともいいます。「景気が悪い」は個人のことを含み、「不況」は経済全体が悪化している状況を指します。

景気がいいとき、人はお金を使うことに前向きになります。みんなが商品やサービスにお

「景気」のしくみ

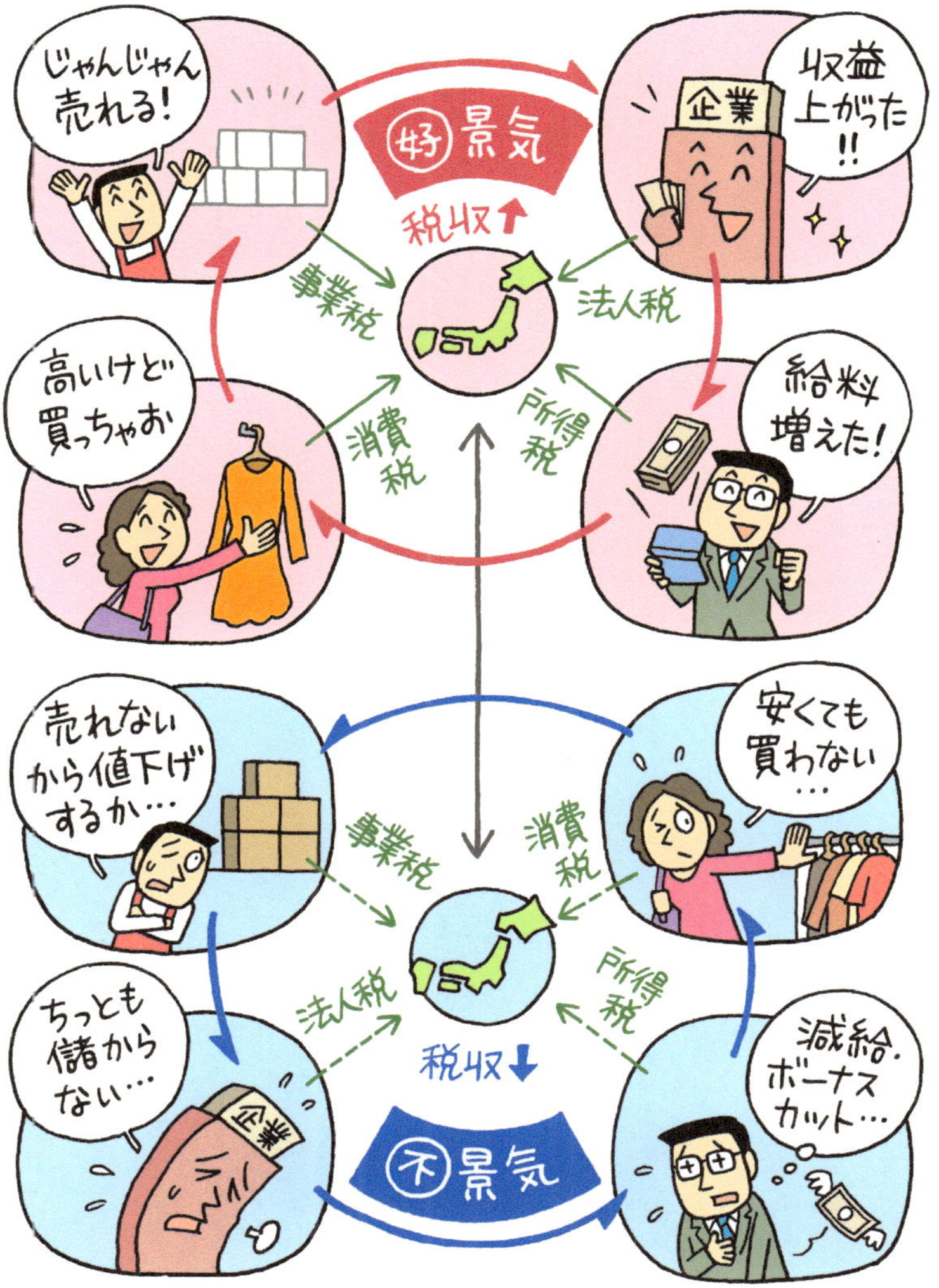

じゃんじゃん売れる!
好景気
収益上がった!!
企業
税収↑
事業税
法人税
高いけど買っちゃお
消費税
所得税
給料増えた!
売れないから値下げするか…
安くても買わない…
事業税
消費税
ちっとも儲からない…
法人税
所得税
税収↓
減給、ボーナスカット…
企業
不景気

金を使うと、企業の利益は上がるので、そこの従業員の給料やボーナスも増えるかもしれません。給料やボーナスが増えると、もっと積極的にお金を使い、企業は設備投資をして雇用を増やす……という好循環が生まれます。

しかし、いったん景気が悪くなると、商品やサービスが売れなくなり、給料が下がったりボーナスをカットされたりする人も出るようになります。すると、最低限の商品やサービスにしかお金を使わなくなるので、企業の倒産や失業も増えます。2020年には、**新型コロナウイルス**（➡226ページ）の感染拡大により、工場の稼働がストップしたり店舗を閉鎖したりして業績が悪化する企業が続出しました。

景気を判断するための「指標」

「最近、景気が上向きだ」「景気が下降してきた」などという言葉をよく聞きます。景気の状態はいつも一定ではなく、いいときも悪いときもあります。景気は長期的に見て波のように上がったり下がったりを繰り返していて、この波のことを「景気循環」といいます。

景気循環をとらえるための指標となっているのが、内閣府が発表する「景気動向指数」です。これにより、景気の谷（不景気）と景気の山（好景気）がいつなのかを判断し、景気の谷から次の谷までの周期を景気循環としています。

景気動向指数とは、景気と関係の深い生産活動、**雇用情勢**、投資活動などの経済データについて、3か月前と比較しチェックしたもの。今後の景気を占う「先行系列」、景気の現状を示す「一致《いっち》系列」、過去の景気の様子を示す「遅行《ちこう》系列」の三つのデータがあります。

一方、経済界の人々の気持ちをまとめたのが、3か月ごとに発表される「日銀短観《にちぎんたんかん》」です。正式には「全国企業短期経済観測調査」といい、日本銀行（⬇50ページ）が全国約1万社を対象にアンケート調査をするというもの。「景気がいい」と思っている企業が多ければ、好景気と判断します。

不景気になると国の財政も厳しくなるので、国は景気を回復させるためにさまざまな政策を行います。たとえば減税をしたり、公共事業を増やしたりしてお金回りを良くしようとします。日銀が世の中に出回るお金を増やすというのも対策の一つです。

経済政策は人によって賛否が分かれるので、常に妥当かどうかが議論されています。

池上+1プラスワン！

雇用情勢

景気が悪い状況が続くと、あるとき完全失業率が下がることがあります。これは景気が良くなり始めたからとはかぎりません。失業者が仕事探しをあきらめたことで完全失業者に含まれなくなった、という可能性もあります。景気の悪化が深刻化すると、こんな逆転現象も起こりうるのです。

Economy

02

需要《じゅよう》と供給《きょうきゅう》がよくわからない

「経済は需要と供給から成り立っている」と聞いたことがあるけれど、そのしくみがよくわからない。ここで、経済のキホンをチェックしたい。

「需要曲線」と「供給曲線」

ふだん私たちが購入している商品やサービスには値段がありますね。この値段は、いったいどのように決められているのでしょうか。商品やサービスを売る人が「手間暇《ひま》かけているから」という理由で勝手に値段を高くできるわけではありません。買う人が「高すぎる」という理由で敬遠するかもしれないからです。

実は、商品やサービスの値段は、「需要」と「供給」の関係で決まります。「需要」とは、買い手が「ほしい、買いたい」と思う意欲のことで、「供給」とは、売り手が「売る、提供する」という活動のことです。

「需要曲線」と「供給曲線」とは？

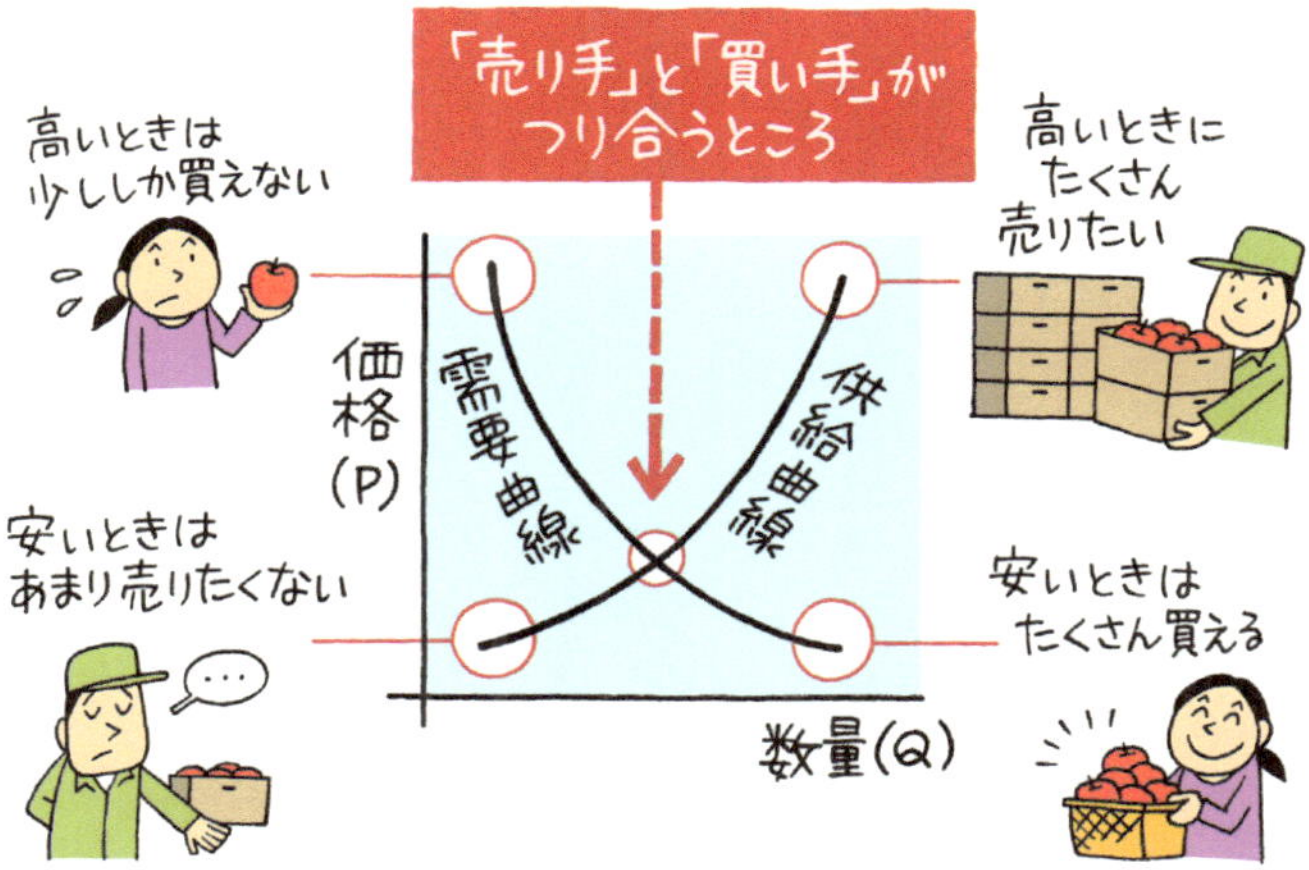

売り手が買いたいと思う（需要が多い）か、作り手があまり作らない（供給が少ない）ときには、ものが足りなくなるので値段が上がります。一方、売り手が買いたいと思わない（需要が少ない）か、作り手がたくさん作る（供給が多い）ときには、ものが余るので値段が下がります。

この状況は「需要曲線と供給曲線」のグラフであらわされます。ものの値段（縦軸）が下がると、買いたいという需要（横軸）が増える。これが「需要曲線」です。値段（縦軸）が上がると、売りたいという供給（横軸）が増える。これが「供給曲線」です。

この需要曲線と供給曲線が交わるポイント、つまり**需要と供給がつり合うとこ**

ろで価格と数量が決まるというしくみです。

オレンジジュースはなぜ値上がりしたのか？

具体的に解説しましょう。最近、大手飲料メーカーやハンバーガーチェーンなどがオレンジジュースを相次いで値上げしたというニュースが話題となりました。どうしてこんなことが起きたのか。先ほどの需要と供給の関係から説明することができます。

主な理由は、オレンジ果汁の輸入先であるブラジルで天候不順や病害による不作が続き、需要に対して供給が不足しているからです。オレンジ果汁はアメリカやヨーロッパでも根強い需要があり、日本が買い負けていることも値上げに拍車をかけています。

今後、別の国から安定的に原料を調達できるようになり、ブラジルでの生産も回復すれば、値段は下がると予想されます。このように、ものの値段は需要と供給で決まるのです。

池上＋1 プラスワン！

需給ギャップ

需要と供給にズレがあると景気は悪くなります（「需給ギャップ」という）。需要と供給を一致させるため、政府は、公共事業を行って需要を増やす、あるいは工場を閉鎖する企業に補助金を出す、もしくは供給を減らすなどの経済対策を行っています。

Economy

03

インフレとデフレを知っておきたい

今、日本では「インフレでたいへん！」といわれているけれど、どこがたいへんなのか？　インフレとデフレの関係から、景気のよしあしをここで読み解く。

「インフレ」とは物価が上がっていく状態

「インフレ」とは、「膨張《ぼうちょう》」を意味する「インフレーション」を略した言葉。今まで100円で買えていたものが、300円出さないと買えなくなる。こんなふうに、**物価がどんどん上がっていく状態**を意味します。

➡P23 プラスワン！

需要（➡18ページ）が増えると、ものの値段は上がります。値段が上がれば、もっと上がるかもしれないから今のうちに買いだめしておこうという人が増えます。その結果、さらに値段が上がって生活は苦しくなります。これが、インフレが起きる一つの原因です。

年2〜3％程度のインフレは、景気が良くて安定している状態とされます。ただ、それ以

「インフレ」と「デフレ」のしくみ

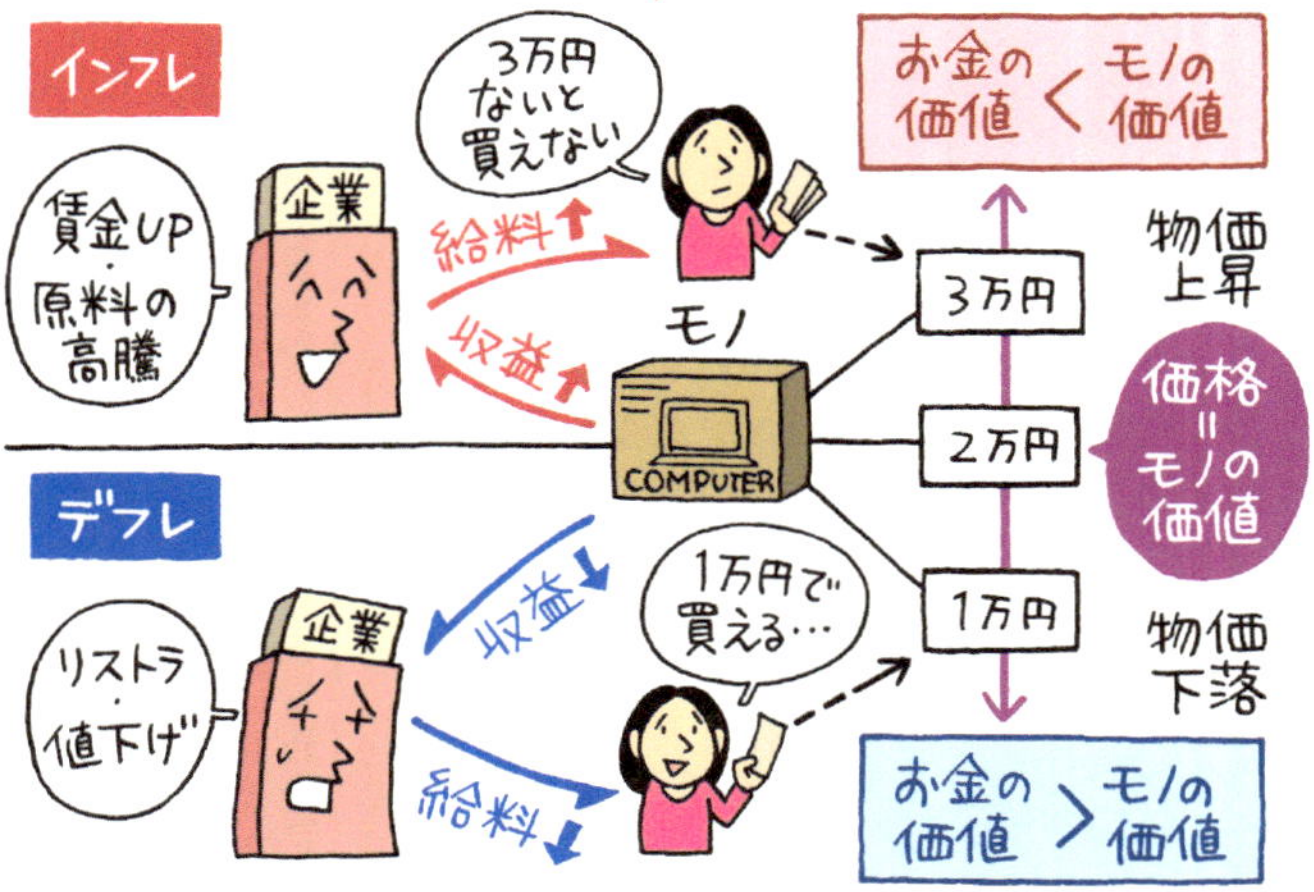

上のインフレになると、お金の価値が減ってしまうので、現金や預貯金の価値がどんどん目減りしてしまいます。高度成長期の日本では、このインフレが社会問題になっていました。1970年代には、オイルショックによる急激なインフレも経験しています。

再びインフレの時代がやってきた

1990年代後半から、日本は一転して長いデフレを経験しました。「デフレ」とは、「縮小」を意味する「デフレーション」の略。日本政府の定義によれば、「持続的な物価の下落」ということになります。ものの値段が下がり続けている状態のこと、ですね。

ものの値段が下がると、生産者や販売者の

利益が減ります。そこでコストを抑えるために従業員の給料を下げ、取引先からの仕入れ価格も下げます。すると取引先の従業員の給料も下がり、ものを買う意欲が下がります。「もっと値段が下がってから買おう」という人が増えると、ものはますます売れなくなります。買わない、売れない、安くなる、でも買わない……。物価も給料も利益も下がり続ける様子を「デフレ・スパイラル」と呼びます。「スパイラル」とは「らせん」のことです。

ものの値段が下がるのは一見うれしいことのようですが、給料も下がるし、日本経済全体が縮小してしまいます。デフレでは、みんながらせん階段を下に降りていくようなもの。そのため、デフレ・スパイラルから脱することが日本経済最大の課題となりました。

その後、２０２１年後半から物価が上がり始め、商品やサービスの値上げが続きました。２０２４年、日銀の植田和男総裁は日本経済を「デフレではなく、インフレの状態にある」と発言しました。再びインフレの時代になったのです。

池上＋1プラスワン！

インフレの種類

インフレには、需要が増えることで物価が上がる「デマンド・プル・インフレ」と、コストが上がることで物価が上がる「コスト・プッシュ・インフレ」があります。後者は、みんながものをほしいと思っていなくても物価が上がるわけですから、前者と比べて悪いインフレといえますね。

Economy

04

円高・円安 そもそものしくみ

ニュースを見ると、日本の円相場は毎日変動しているけれど、そもそも円高と円安の違いとはなんだろう？円高・円安が決まるしくみをここで知る。

「円高」と「ドル安」は同じこと⁉

アメリカで、１ドルのお菓子を買うとしましょう。１ドル２００円のときは、２００円を出せばそのお菓子を買うことができました。これが１ドル１００円になると、１００円出せばお菓子が買えます。

１ドルが２００円から１００円になれば、「円が小さくなるから『円安』になったのかな？」と思う人がいるかもしれませんが、これはまちがいです。実際には、これまでより少ない円で買えるので、それだけ円の価値が上がったことになります。だから、この場合は「円高」が正解なのです。

同じ出来事をアメリカのお店から見ると、1ドル200円のときは1ドルのお菓子を売って200円を受け取っていました。これが1ドル100円になると、1ドルのお菓子を売って100円しか受け取ることができません。それだけドルの値打ちが下がったということですから、「ドル安」ということです。つまり、同じ現象をどちらから表現するかによって、円高にもなればドル安にもなるのです。

円高・円安には基準がある？

円高、円安といっても、いくらなら円高、円安と決まっているわけではありません。以前に比べて円が高くなったら円高、安くなったら円安、となります。

円の値段は、需要と供給（⬇18ページ）の関係で上下します。円の需要が増えて人気が高くなれば円高＝ドル安になり、**ドルの人気が高くなればドル高＝円安**になります。具体的には、日本からの輸出が増えると、日本企業に対するドルの支払いが増え、そのドルを円に換えるために円の需要が高まります。すると、円高＝ドル安になるという理屈です。

反対に、アメリカの景気が良くなると、アメリカの株を買うために円をドルに換える動きなどが加速するので、ドル高＝円安になります。また、通貨を売買して利益を得ようとする投資家の動きによっても、円の値段は上下します。

ところで、ニュースでは、そのときの円相場（1ドル○円という数字）が報じられています。円やドルは外国為替《かわせ》市場《しじょう》というところで売買されています。市場といっても、どこかの国に取引所があるわけではなく、インターネットなどで取引が行われているので、常に数字は変動しています。


池上＋1プラスワン！

円安

円安が進めば、日本から輸出する製品の価格が下がり、売れるようになるので、輸出企業にとっては得になります。反対に、輸入企業は円安になればなるほど仕入れ価格が上がるので、損となります。円高にも円安にも、メリットとデメリットがあるのです。

なぜ歴史的な円安が起きたのか？

外国為替市場ではここ数年にわたり、歴史的な円安ドル高が続いてきました。２０２４年には円相場が一時1ドル１６０円台となり、34年ぶりの円安を記録しています。円安の影響で「旅行先のハワイでラーメンを食べたら1杯５０００円もした」「海外でアルバイトをしたら月給80万円になった」などの話も耳にします。

円安が進んだ大きな要因の一つが、日米の金利差です。アメリカでは新型コロナウイルスのパンデミックと、ロシアによるウクライナ侵攻をきっかけとする激しいインフレを抑えるため、FRB（➡62ページ）が金利を高くして、景気が過熱しないようにしています。

これに対して、日本では長らく銀行に預けてもほとんど利子がつかなかったので、円をドルに換え、アメリカの銀行に預けようとする動きが加速しました。ドルの人気が上がり、円の人気が下がったので、円安が進んだというわけです。

日銀は２０２４年3月、金融政策決定会合でマイナス金利政策（民間の金融機関が日銀に預ける当座預金の金利をマイナスにすること）の解除を決め、17年ぶりの利上げに踏み切りました。景気の安定を図りながら円安を是正する難しい舵《かじ》取りが続いています。

Economy

05

消費税とはどんなもの？

社会保障費にあてるべく、消費税が増税されて久しい。でも、10％に上がったからといって、まだ全然たりないという。なぜそんなことになっているのか？

少子高齢化で財源不足に！

日本で初めて消費税が導入されたのは、１９８９年４月のことです。当時の税率は３％。その後１９９７年に５％、14年に８％、19年に10％へと引き上げられました。

では、どうして消費税はたびたび引き上げられてきたのか。理由は、年金や医療、福祉などにかかる公的な費用（社会保障給付費）が国民の高齢化に伴って増大しているからです。厚生労働省によると、社会保障給付費の対GDP（➡56ページ）比は、２０４０年度に23・5～23・7％（１８５・６～１８７・３兆円）となることが見込まれています。

一方で、今の日本では少子化も進んでいて、現役世代には納税負担がますます重くのしか

消費税は10%でもダメ!?

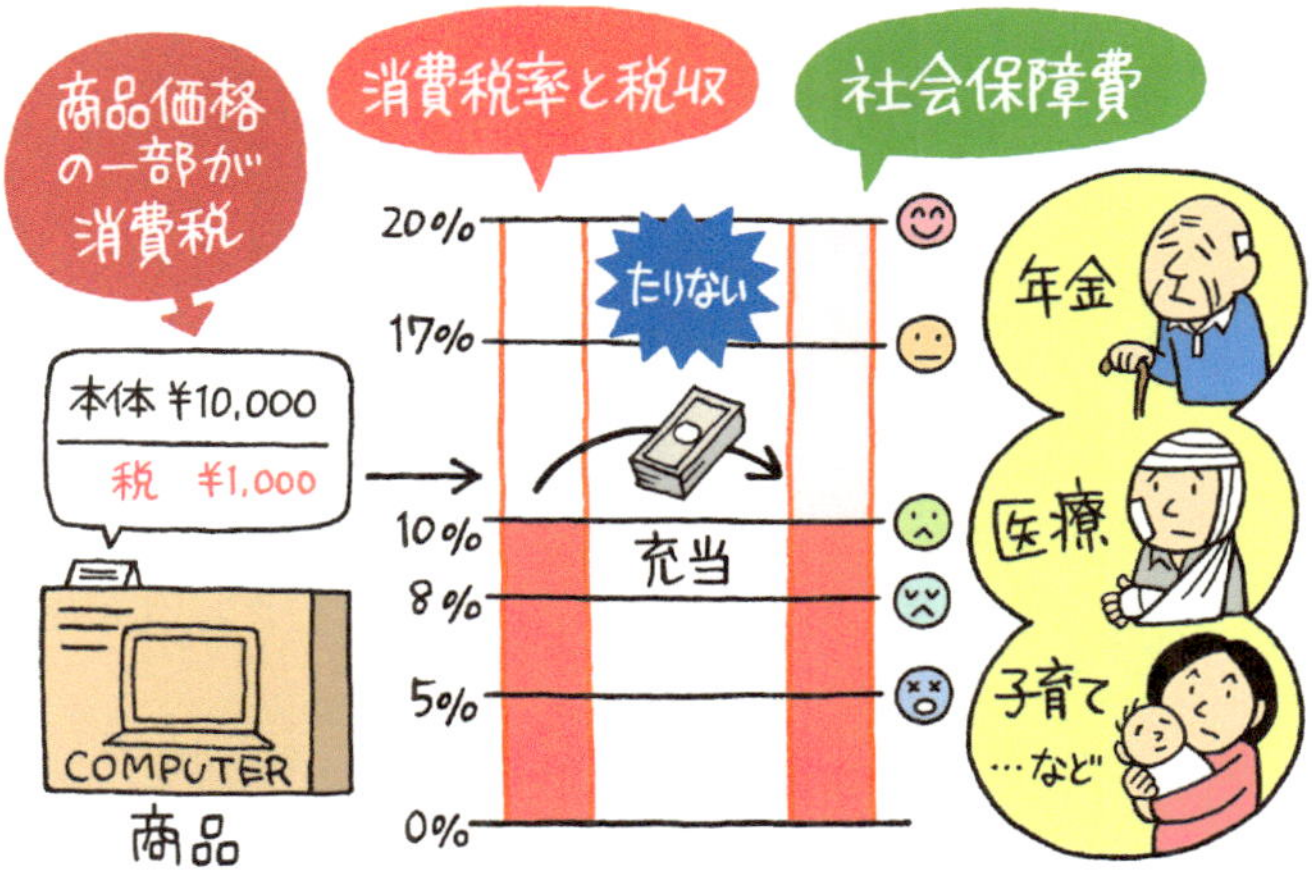

かります。そこで、財源確保の手段として引き上げられてきたのが消費税だったのです。

消費税は、この先何%まで上がる?

消費税を社会保障の財源にあてようと考えたのは、景気の動向に左右されにくいから。景気が悪くなると、企業の業績や社員の給料が低下するので法人税収と所得税収が減ります。しかし、不景気でも買い物はするので、安定した税収が見込めるという理屈です。

ただし、消費税は生活必需品の購入にもかかわり、所得が低い人ほど負担感が強くなります。そこで、食料品など特定品目の税率を8%に据《す》え置く「軽減税率」が導入されています。

政府は、増税分を社会保障に回すほか、幼稚園や保育園の費用を補助する財源にあてると説明しています。しかし、増税で社会保障が充実するわけではありません。

実は、政府は社会保障の費用の多くに国債（つまり借金）をあてています。将来の世代に負担を先送りしている状況を改善するために消費税を増税したのであり、増税しても社会保障の充実にはほど遠いのです。

世界的に見ると、イギリスの消費税は20％、イタリアは22％、フランスは20％、ドイツは19％です。高負担高福祉で知られる**スウェーデン、ノルウェー、デンマークなどの北欧諸国は25％**となっています。

「インボイス制度」を理解する

日本では、２０２３年10月から消費税の「インボイス制度」が開始されました。インボイス制度は正式名称を「適格請求書等保存方式」といい、インボイス（適格請求書）とは、事業者間でやり取りされる消費税額などが

池上＋1 プラスワン！

北欧諸国の消費税率

北欧諸国は、最初から消費税が25％だったわけではなく、1960年代から、国民の理解を得ながら少しずつ税率を引き上げてきた歴史があります。社会保障を充実させるには、消費税の引き上げは避けて通れない、といえそうですね。

記載された請求書や領収書などの書類を指します。

軽減税率制度では、10%と8%という二つの税率が混在しています。正しい消費税の納税額を算出するには、どの商品に、どちらの税率が適用されているのかを明らかにする必要がありますが、インボイスを使用することで消費税額の内訳を把握《はあく》できるようになります。

これによって「益税《えきぜい》」の問題を解決するのがインボイス制度の最大のねらいです。益税とは、消費者が払った消費税が国や自治体に納税されず、事業者の手元に残ること。消費税では、課税売上高が1000万円以下の事業者は納税義務が免除されます。免税事業者が消費税分を上乗せして商品やサービスを販売しても、その分の消費税は納税しなくてもいいので、益税が発生するわけです。

インボイス制度開始以降は、インボイスがなければ仕入税額控除（外部に支払った消費税額を、売上にかかる消費税額から差し引きできるしくみ）を適用できなくなります。課税事業者は、インボイスを発行しない免税事業者との取引を敬遠しがち。免税事業者は取引を続けてもらうために、インボイスを発行する課税事業者になろうとします。結果として、益税の問題が解消すると考えられますが、その一方で、「経理作業が煩雑《はんざつ》になる」「免税事業者の負担が大きい」といった問題も指摘されています。

Economy

06

仮想通貨（暗号資産）は普通のお金とどう違う？

ビットコインを購入したという知り合いもいるけれど、なんだか怖くて手が出せずにいる。本当のところ、どういう通貨なのか？　デメリットも含めて知っておきたい。

「仮想通貨」はどうして生まれた？

「仮想通貨（暗号資産）」とは、インターネット上にのみ存在するお金のことであり、電子化された現実のお金＝電子マネーとは別物です。仮想通貨の中でももっとも有名なのが、2009年に誕生したビットコインでしょう。ビットコインは、コンピューターが処理する情報の最小単位である「ビット」と、硬貨の「コイン」を合わせた名称です。

そのもととなった理論は、「サトシ・ナカモト」という、日本人のような名前を名乗る人がメーリングリストに投稿した論文でした。インターネットで取引をするときに、バーチャル、つまり「仮想」の通貨で支払いができれば、世界共通のお金として為替《かわせ》手数料もかからず便利になる。ナカモトと、その考えに賛同した人たちが**ビットコインのしくみ**を作り、それが現実のお店でも使えるようになってきました。

さて、この仮想通貨は政府や中央銀行が発行しているわけでもないのに、お金としての価値を持っています。これは「ブロックチェーン」というしくみに理由があります。

ある人から別の人にビットコインを送金すると、世界中でビットコインを持っているすべての人に取引のデータが送られるようになっています。取引を記録した台帳を全員で共有しているようなものですね。

ビットコインでは、約10分ごとの取引記録をまとめて承認するしくみとなっています。このデータのかたまりを「ブロック」、ブロックをつなげていった電子ファイルは「ブロックチェーン」と呼ばれています。このブロックチェーンによって、お金のやり取りを全員で監視するしくみ。誰かがデータを改ざんしようとすると、すぐに発覚するのです。

さらに、ビットコインには「マイニング」という

池上+1プラスワン!

ビットコインの価値

ビットコインが画期的だったのは、全体の発行枚数が決まっているというところ。決められた枚数に達すると、ビットコインは勝手に発行できないしくみです。これは金本《きんほん》位《い》制と似ています。金《きん》の量は、かぎられているからこそ貴重なものとして価値が上がるわけですね。ビットコインも同じようなものとして価値が上がってきたのです。

仮想通貨は「インターネット上のお金」

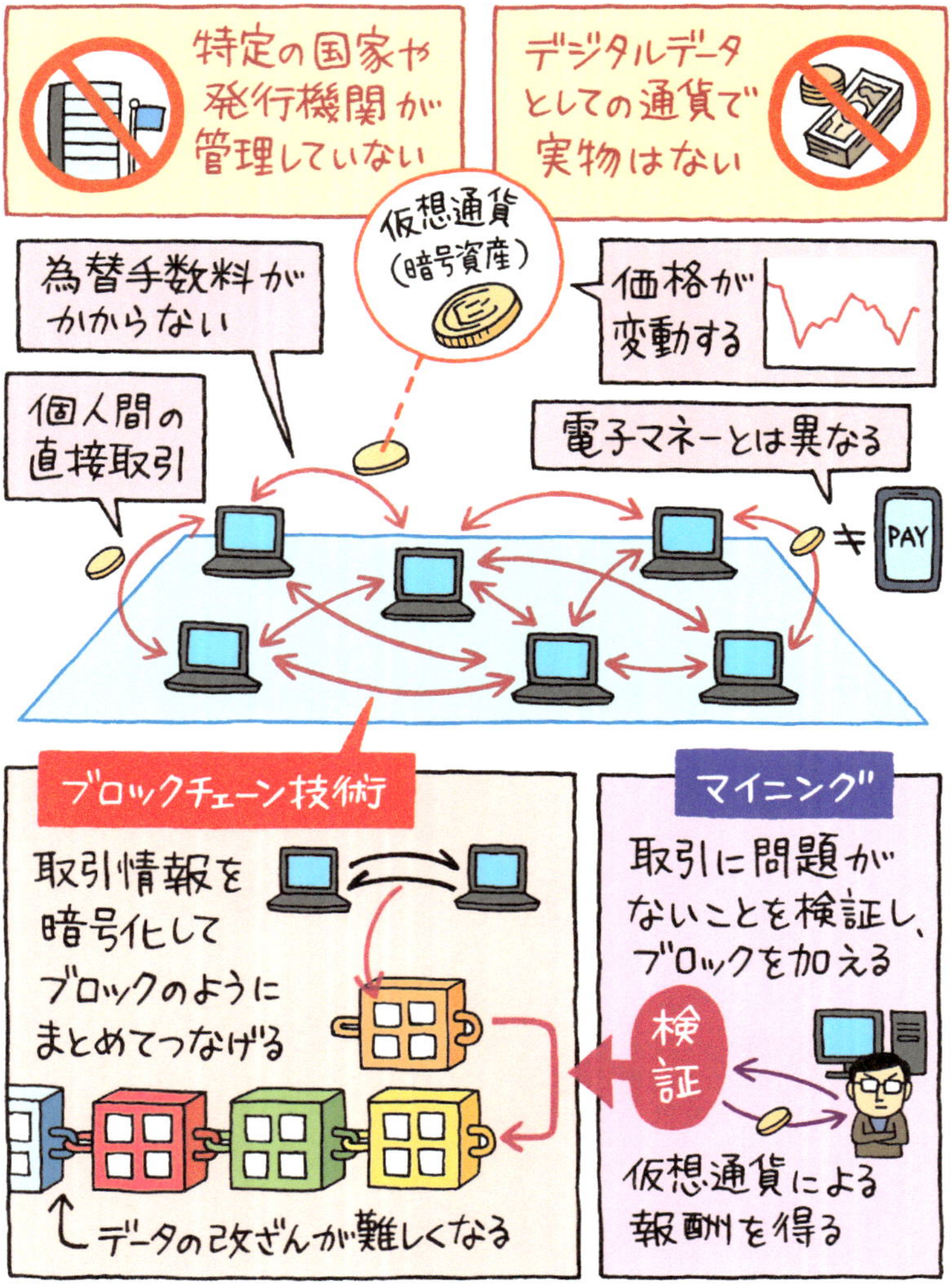

仕かけもあります。ビットコインではブロックを確定させるために、複雑な計算を解いて取引を検証します。これを解くと、報酬としてビットコインがもらえます。この作業がお金を掘り出すのと似ているので「マイニング（採掘）」と呼ばれます。データを改ざんして不正をするより、マイニングの報酬をもらったほうがはるかに効率がいい。つまり、マイニングは不正防止に一役買っているわけです。

金融庁は「暗号資産」と呼ぶ

仮想通貨の弱点は、値動きの幅が大きく、価値が不安定であるということ。取引所から仮想通貨が流出する事件も起きています。しかし、政情不安で通貨も不安定な国では、むしろ仮想通貨が信用されています。私たちが紙幣を「お金だ」と信じているからこそ、お金は流通している。仮想通貨も同じ理屈です。

日本は当初、仮想通貨に厳しい規制を課してきませんでしたが、資金決済法を改正するなど仮想通貨取引の規制強化を打ち出しました。金融庁は、仮想通貨を「暗号資産」と呼んでいます。法定通貨ではない仮想通貨を通貨と呼ぶことに抵抗があるからです。

ただ今後、仮想通貨の安定性が高まれば、私たちの生活に浸透する可能性はあるでしょう。

Economy
07

今後もキャッシュレスは普及するか

現金が使えないお店が登場するなど、キャッシュレスで決済する人は確実に増えている。これからのキャッシュレス化の進展をここで占ってみる。

キャッシュレス決済の手段

キャッシュレス決済とは、現金である通貨や紙幣を使わない決済のこと。ひと言で「キャッシュレス決済」といっても、その手段は多様化しています。

なかでも、比較的前から利用されてきたのが「クレジットカード」です。クレジットカードで買い物をすると、その記録がクレジットカード会社に伝わり、カード会社が手数料を取ったうえで、代行してお店に代金を振り込みます。利用した額は、後で買い物をした人の銀行口座から引き落とされます。簡単にいうと、クレジットカード会社から一時的にお金を借りて買い物をしているようなしくみですね。

「電子マネー」は電子化された現実のお金であり、代表的なものが電車やバスに乗るときに使う「Suica《スイカ》」や「PASMO《パスモ》」などの交通系ICカードです。カードそのものを持たなくても、スマートフォンにICカードのアプリをインストールすることで、買い物をしたり、交通機関を利用したりできます。

近年普及してきたのが、QRコードを利用した「PayPay《ペイペイ》」「楽天ペイ」などのスマホ決済サービスです。これは、QRコードを読み取ることで、クレジットカードや電子マネーなどで決済するしくみです。クレジットカードとは別のポイントが貯《た》まったり、クーポンが利用できたりするのが魅力で、アプリ上で購買履歴を管理できるのも便利です。

日本のキャッシュレス化はどこまで進む？

今は世界中の国でキャッシュレス決済が浸透しています。たとえば中国では、街の露店にもQRコードを印刷した紙が貼ってあり、スマホをかざして金額を打ち込めば、簡単に支払いできるケースがほとんどです。

北欧の国々もキャッシュレス化が進んでいることで知られます。スウェーデンでは2015年から新紙幣の流通が始まりましたが、現金を使わない人が多いので、新紙幣を見たこと

主なキャッシュレス決済の手段

キャッシュレス決済

クレジットカード

クレジットカード会社発行のカードを使用し、決められた口座から指定日(後日)にまとめて引き落とされる。

QRコード決済

スマートフォンの専用アプリでQRコードを読み取り、登録した口座やカードで支払う。

デビットカード

銀行が発行したカード。ひも付けした口座から利用時に引き落とされる。

電子マネー

交通系電子マネーや流通系電子マネーなどがあり、事前に入金(チャージ)して使う。

○ メリット

- 現金を持ち歩かなくてもよい
- 会計が早い
- 収支状況の管理がしやすい

デメリット ×

- 通信障害や故障のリスクがある
- 加盟店でしか使えない
- セキュリティの不安

がない人も多いそうです。私がスウェーデンに取材に行ったときには、念のため100ドルをスウェーデン・クローナに両替したのですが、結局は現金を使わないまま出国しました。

日本は長らく**現金主義**の国でしたが、日本政府はキャッシュレス化を積極的に進めています。最近は、チェーン店や大規模店舗だけでなく、中小の店舗でもキャッシュレス決済が導入されるようになりました。完全キャッシュレスの店舗や、おさい銭にQRコード決済を導入した寺社も登場しています。

2023年のキャッシュレス決済比率は、39・3%で、額にすると126・7兆円となりました。9割を超える韓国、8割を超える中国などと比較すると遅れているものの、目標としていた2025年の4割達成に向けて順調な伸びを続けています。

なお、決済手段の内訳は、クレジットカードが83・5%（105・7兆円）、デビットカード2・9%（3・7兆円）、電子マネー5・1%（6・4兆円）、コード決済8・6%（10・9兆円）となっています。

池上+1 プラスワン！

現金主義

日本が現金主義の国だった理由の一つとして、ニセ札が少ないことが挙げられます。日本の紙幣の偽造防止技術は世界トップクラス。ニセ札が出回ることがほとんどありません。また、紙幣もきれいなので、手に取って使うことにあまり抵抗がないのです。

Economy
08

インバウンド消費とはなんだろう

「日本経済成長のカギ」ともいわれるようになったインバウンド消費。そのメリットとデメリットについて、今のうちに知っておきたい。

誰が高級海鮮丼を注文している？

東京の豊洲《とよす》市場場外で2024年に開業した観光施設「豊洲千客万来」で、1杯1万円を超える海鮮丼が話題となりました。注文しているのは、主に外国人観光客。日本では歴史的な**円安（⬇24ページ）**が続いており、**日本人にとっては高すぎる価格設定**でも、外国人観光客には「安い」と感じられるようです。

➡P42 プラスワン！

外国人観光客向けに売られている高級海鮮丼は、インバウンドをもじって「インバウン丼」とも呼ばれているようです。「インバウンド（Inbound）」という言葉には「外から中に入る」「内向きの」という意味があり、日本を訪れる外国人旅行客や外国人の訪日旅行をあらわし

インバウンドが日本を変える!?

ます。また、インバウンドで生み出された国内消費が「インバウンド消費」です。

日本政府観光局によると、訪日外国人旅行者の数は2019年に3188万人の過去最高を記録。しかし新型コロナウイルス（⬇226ページ）の世界的流行により、2020年は412万人まで一気に減少しました。

その後、制限されていた海外からの観光客の受け入れは、2022年6月から段階的に緩和され、10月からは新規入国制限が解除。2023年には2507万人にまで回復し、24年は19年を上回る見通しです。岸田総理は、2030年に6000万人、消費額15兆円の達成を目指す考えを示しました。消費額は2023年に5兆2923億円（19年比＋

9・9％）と過去最高を更新しており、1人あたりの旅行支出は21万2193円（19年比＋33・8％）となっています。

「オーバーツーリズム」という副作用

インバウンド消費は、日本経済の成長のけん引役として期待されています。その一方で、特定の観光地に観光客が過剰に押し寄せる「オーバーツーリズム（観光公害）」が発生。交通渋滞やゴミのポイ捨て、騒音や不法侵入、無断撮影といった問題を引き起こしています。

山梨県の富士河口湖町では、コンビニの上に富士山が乗ったような写真が撮影できる〝映《ば》えスポット〟が有名になり、多数の外国人観光客が殺到しました。車道にはみ出たり、民家の敷地に入ったりするマナー違反が繰り返され、町は歩道と車道のあいだに黒い幕を張る苦肉の策を講じています。しかし、幕に穴を開けて写真を撮ったりと、まさにマナー違反と対策のいたちごっこでした。

池上＋1 プラスワン！

二重価格

兵庫県の姫路市長が、世界遺産の姫路城で、外国人の入場料だけ4倍以上に値上げする「二重価格」を検討すると発表しました。飲食店でも外国人観光客と日本人（日本在住の外国人）とのあいだで料金に差を付けるところが出てきています。

Economy

09

原油価格はどうやって決まる？

原油価格は中東諸国が決めると思っていたけれど、違うらしい。では、いったいどうやって決まっているのか？原油をめぐる各国の思惑とは？

原油価格には指標がある

世界の原油価格の指標は三つあります。一つはニューヨークのマーカンタイル取引所で取引されるＷＴＩ（West《ウエスト》 Texas《テキサス》 Intermediate《インターミディエイト》と呼ばれるテキサス産原油の先物《さきもの》価格。二つ目はイギリスのロンドンにある国際石油取引所で取引される北海ブレント原油の先物価格。そしてアジア市場では、中東産ドバイ原油のスポット価格が指標となっています。

先物価格とは、実際のものではなく「実物を買うことのできる権利」を売買したときの価格ということ。スポット価格は、１回ごとに行う売買取引の際の取引価格を意味します。

地球上にある石油の埋蔵量を見ると、中東地域に半分以上の石油が偏在しています。です

原油価格の決まり方

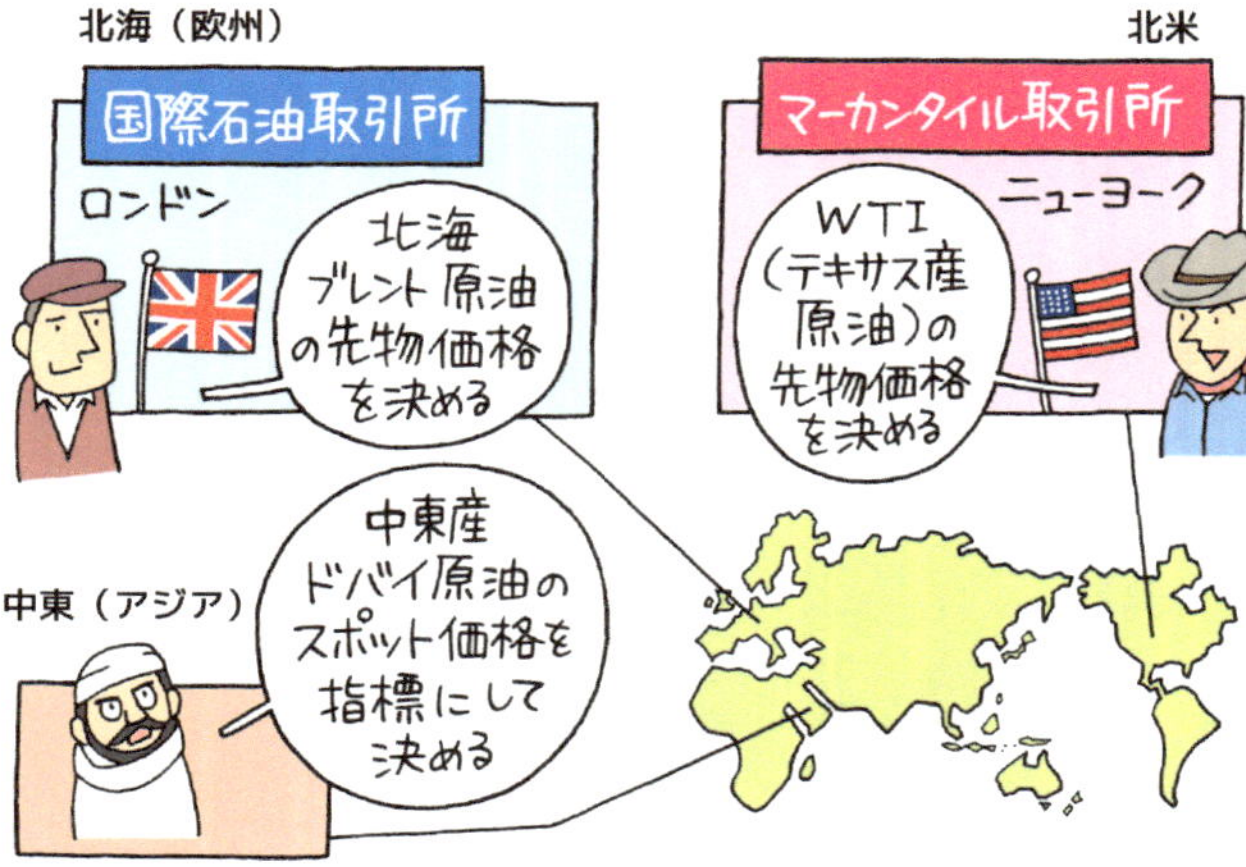

から、アメリカや北海（ヨーロッパ）の石油市場に影響されるのは不思議に思えるかもしれませんが、実際には密接な関係があります。

日本の輸入先でもある中東の原油国はオープンな市場で原油が取引されることを嫌い、閉鎖的な市場を形作っています。アメリカのWTIの価格を見ながら、少し安い価格で売買するしくみになっているのです。

世界最大の産油国はどこ？

中東をはじめ、アフリカ、南米の産油国12か国は**OPEC《オペック》（石油輸出国機構）**という国際組織に加盟し、産油国の利益を守るために原油の産出量をコントロールしています。そして、これにロシアなど非加盟の産油国が参加し、23か国で構成されている連合体が「OPECプラス」です。OPECプラスは、世界の原油生産量の約半分を占めており、価格を押し上げるための減産措置を取るなど、大きな影響力を持っています。一方、ロシアによる**ウクライナ侵攻**(⬇144ページ)を受け、西側諸国は対ロシア制裁を発動。エネルギーの脱ロシア化を図っているものの、ロシアは中国・インド向けの輸出を拡大しており、制裁の効果は未知数です。

ところで、現在、世界最大の産油国はどこでしょうか。答えはアメリカです。アメリカでは2000年以降、技術革新によって地下2000～3000メートルのシェール(頁岩《けつがん》)層のすき間に埋蔵されている天然ガスや原油を採掘できるようになりました(シェール革命)。

アメリカのエネルギー情報局は、アメリカの原油生産量が少なくとも2025年まで増え続けるとの見通しを公表。アメリカには原油相場を抑制する役割が期待されていますが、緊迫する中東情勢などが影響して原油高の状況が続いています。

池上+1 プラスワン！

OPEC(石油輸出国機構)

OPECは1960年に設立、事務局はオーストリアのウィーンに置かれています。現在の加盟国は、イラン、イラク、クウェート、サウジアラビア、ベネズエラ、リビア、UAE、アルジェリア、ナイジェリア、ガボン、赤道ギニア、コンゴ共和国です。

Economy

10

株価が上がったり下がったりするしくみ

ニュースを見ているときに必ず出てくる、株価の話題。
そもそも株は、どのように売り買いされているのか？
景気と株価は、どう関係しているのか？

そもそも「株」とは何か？

あなたが新事業を始めたいと思ったとします。事業を始めるには資金を集めなくてはなりません。そんなとき、「株」というしくみがあります。事業に投資してくれる人を探し、その人たちに「お金を出していただきました」という証明書を発行する。これが「株」です。そして、集めたお金で事業を始め、儲《もう》けを投資者に分配する。これが「配当」です。

こうして株を集めた資金で始める会社を「株式会社」といい、お金を出してくれた人を「株主」と呼びます。株主は、事業がうまくいけば配当をもらえますが、倒産したら資金は戻ってきません。これが、株式投資の大まかなしくみです。

株価はどう決まる？

事業がうまくいき、配当が多く出るようになると、その会社の株がほしいという人が出てきます。そして、株を持っている人とほしい人とのあいだで株の売り買いが始まります。この人たちが株を売買する場所を「株式市場（証券取引所）」といいます。とはいえ、どの会社の株も株式市場で売買されるわけではありません。証券取引所が定めた資格を満たす必要があるのです。資格を満たして、株式市場で売買が認められることを「上場」といいます。

株の値段（株価）は、株式市場で売買されることで決まります。人気が高くなって買いたい人が増えれば株価は上がり、反対に、人気がなくて買いたい人が少なかったり、今の値段より安くてもいいから売りたいという人がいたりすれば、株価は下がります。

また、今人気が高い株はすでに株価が高くなっているので、株の売買で儲けるためには、安いときに買って高

池上+1プラスワン！

東証株価指数

株価の動きを見る指標には「東証株価指数（TOPIX《トピックス》）」というものもあります。これは旧東証一部（現在のプライム市場とスタンダード市場）に上場しているすべての企業の株価の時価総額（各企業の株価に発行株式数をかけたもの）を指数化したものです。

「株」のしくみ

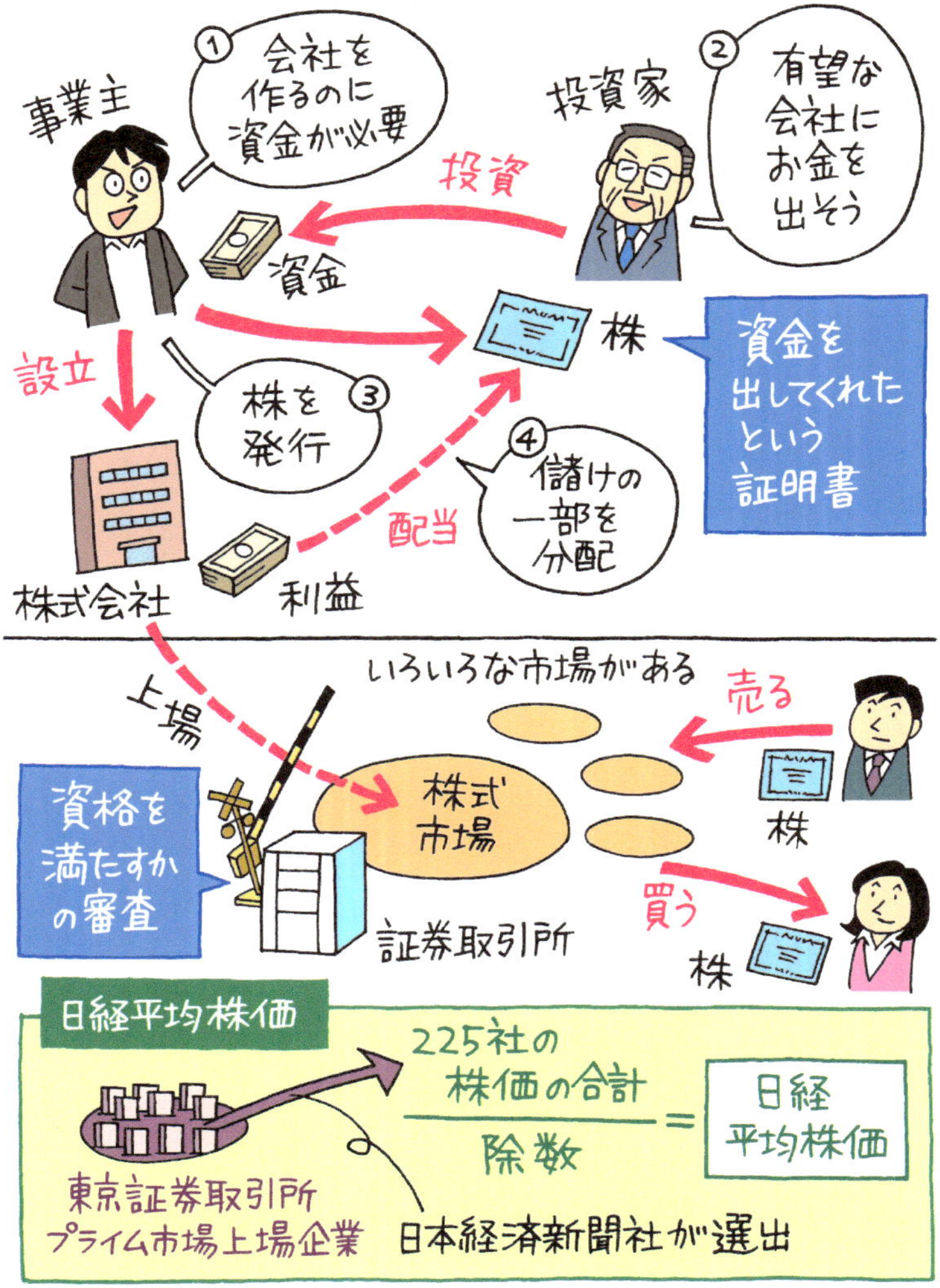

事業主
①会社を作るのに資金が必要
投資家
②有望な会社にお金を出そう
投資
資金
株
資金を出してくれたという証明書
設立
③株を発行
④儲けの一部を分配
配当
株式会社
利益
上場
いろいろな市場がある
売る
株
株式市場
資格を満たすかの審査
証券取引所
買う
株
日経平均株価
225社の株価の合計
除数
＝
日経平均株価
東京証券取引所プライム市場上場企業
日本経済新聞社が選出

いときに売るという戦略が必要です。そこで投資家は、将来的に株価が上がりそうな会社を探して投資しようとします。つまり、実際に利益が出ていなくても、「利益が出そう」と予想されるだけで、株が買われて株価が上がる、というわけですね。

日本国内には、東京証券取引所のほか、名古屋、札幌、福岡にも取引所があります。なかでも多くの大企業が上場しているのが、東京証券取引所のプライム市場です。

日経平均株価のしくみ

ニュース番組の最後によく登場する「今日の日経平均株価」のコーナー。この「日経平均株価」とは、東証プライム市場に上場している企業のうち、代表的な225社を日本経済新聞社が選び、株価の平均を計算して発表したものです。日本経済のバロメーターといわれます。

なぜ225社という中途半端な数なのか。225という数字に特別な意味はなく、1950年当時に売買高の多い銘柄を全業種からバランス良く選んだ結果が225社だったのです。計算する会社の数を増やすと、それまでの数字と連続性がなくなってしまうので、70年以上にわたって225社が代表となってきました。ただし、常に日本を代表する企業を選ばなければならないので、時々、会社の入れ替えが行われています。

Economy

11

日銀《にちぎん》は普通の銀行とどう違う？

私たち個人個人が直接利用することはできないけれど、金利をコントロールして景気に影響を与えている日本銀行。そもそも、どんな役割を担っているのか？

「日銀」の正体

日本銀行、通称「日銀」は、日本銀行法という法律のもとに設立された法人（認可法人）で、全国に約4600人の職員がいます（2024年3月末時点）。日銀の職員は公務員ではありませんが、日本銀行法に「公務に従事する職員とみなす」という規定があり、公務員と同じ扱いを受けます。

日銀は、私たち個人や個別の会社と取引をしていません。では、そもそもどんな役割を担っているのか。まず一つ目は「紙幣の発行」です。日本の紙幣には「日本銀行券」と書いてあります。日本にはたくさんの銀行がありますが、紙幣を発行できるのは日銀だけ。世界の国々では、その国の紙幣を発行する銀行を「中央銀行」といいます。日銀は、日本の中央銀行ということです。

二つ目は「銀行の銀行」という役割です。私たちが銀行相手に預金や借金をするように、その銀行も、お金を預けたり借りたりできるところがあります。それが日銀です。一般の銀行は日銀に口座を持ち、資金を預けています。これを「日銀当座預金」といい、預ける金額は日銀が決めています。一般の銀行は、日銀当座預金を利用することで、さまざまな決済を行っています。私たちがある銀行でほかの銀行への振込ができるのも、このおかげなのです。

そして、日銀は「政府の銀行」でもあります。日本政府が国民から集めた税金は、日銀の口座に預けられます。このお金に利子は付きません。政府はふだん日銀にお金を預けておき、公共事業費や年金、公務員の給与などの支払いを行います。日銀が、政府にとっての〝金庫〟の役割をはたしているわけです。

「金利」をコントロールする重要な役割

日銀のもう一つの大きな役割は、日本国内で金融機関が資金を貸し借りする金利の水準をコントロールすることです。この水準となる金利を「政策金利」といいます。

日銀の主な役割

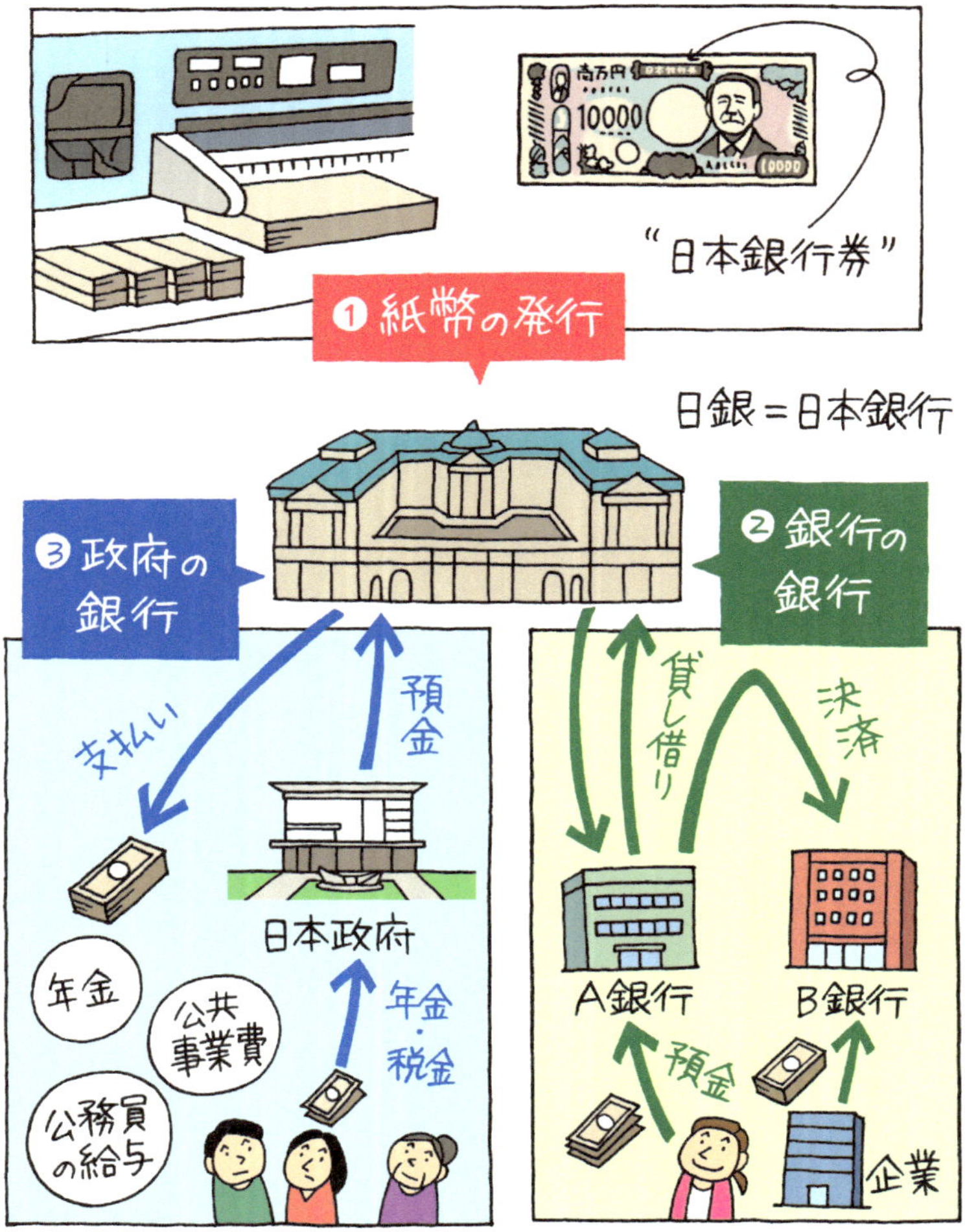

“日本銀行券”
10000
❶ 紙幣の発行
日銀＝日本銀行
❸ 政府の銀行
❷ 銀行の銀行
支払い
預金
日本政府
年金・税金
年金
公共事業費
公務員の給与
貸し借り
決済
A銀行
B銀行
預金
企業

一般の銀行は、国が発行した国債《こくさい》（「債」とは借金のこと。つまり国の借金）を大量に購入しています。日銀がこの国債を買い上げると、銀行には日銀からお金が入ります。銀行にお金が入ると、銀行同士の貸し借りの金利が下がります。日本の景気が悪いときには、日銀は金利が下がるようにコントロールします。金利が下がれば、銀行は人や企業に、少ない金利でお金を貸すことができるようになります。お金を借りて新しく工場を建てたり、従業員を雇《やと》ったりして仕事を拡大しようという動きが広がれば、「景気は良くなるだろう」と考えられるようになります。

一方、景気が良くなりすぎると、日銀は一般の銀行に国債を売ります。一般の銀行の手持ちの現金が減れば、銀行間の貸し借りの金利が上がります。それにより、企業への貸し出しの利子は高くなります。結果、銀行からお金を借りて仕事を拡大しようという動きにブレーキがかかることになります。このように、日銀は過熱した景気を冷やしたりもするのです。

日銀の「量的緩和《かんわ》」とは？

日銀が景気を調整するための政策を「金融政策」といいます。このうち、金利を下げて世の中のお金を増やす政策が「金融緩和」、金利を上げて世の中のお金を減らす政策が「金融

「金利」は日銀がコントロール！

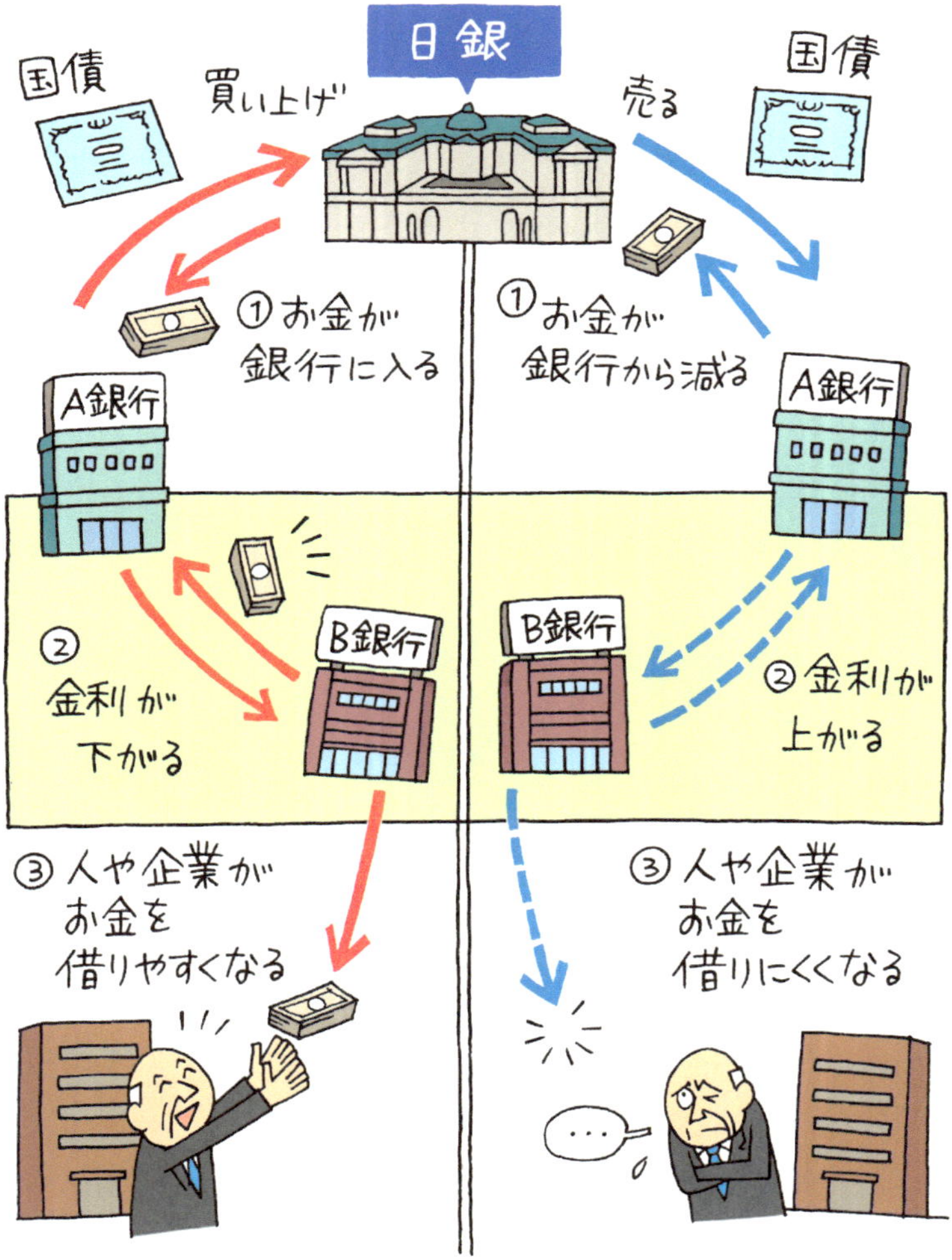

引き締め」です。かつては日銀が貸し出し金利の「公定歩合」を上下させていましたが、銀行の金利が自由化されたので、公定歩合は廃止。国債を売買して金利を間接的にコントロールしています。

日本は不景気だったため、日銀は長いあいだ金融緩和を続けてきましたが、金利がかぎりなくゼロに近くなっても景気は良くなりませんでした。そこで日銀が使った手法が、「量的緩和」というものでした。金利をこれ以上下げられないなら、とにかく銀行に渡すお金の量を増やせばいい、という考え方です。

２０１３年、日銀は「銀行に供給するお金を2年で2倍にする」「2年間で前年比2％の物価上昇率をめざす」という新たな金融緩和策（異次元金融緩和）を掲げました。異次元金融緩和は、株価を上げ、円高を是正する効果をもたらしましたが、急激な円安や市場機能の低下などの弊害も表面化。２０２４年3月、日銀の**植田和男総裁**はマイナス金利政策の解除を決め、11年続いた異次元金融緩和政策は終了することとなりました。

池上＋1 プラスワン！

日銀総裁

日銀総裁を任命するのは内閣です。日本の金融政策を担う重要な機関であることから、トップである総裁の人事には国がかかわります。また、国民の意見を反映させる観点から、日銀総裁になるには衆議院と参議院の同意が必要となっています。

Economy

12

GDP《ジーディーピー》の正体を知っておきたい

GDPは国の豊かさを示す指標。日本は世界でも上位に位置しているけれど、本当に豊かなのか？
また、GDPが伸びていても不景気とされるのはなぜ？

GDPと豊かさの関係

景気を見る指標の一つに「経済成長率」があります。これは、ＧＤＰの伸び率を算出したものです。「ＧＤＰ」とは「Gross Domestic Product」、日本語で「国内総生産」のこと。1年間に国内で売れたあらゆる商品、サービスを金額にして合計したもので、私たちが買い物したり、外食したり、映画に行ったりしてお金を払ったときの金額が、このＧＤＰに反映されます。

そうなると、５００円の食材を買って自炊したときよりも、１５００円払って外食したときのほうが経済成長率の伸びに貢献していることになります。

でも、**本当にこれだけで国の豊かさがわかるのか、という疑問**が出てきます。

人の幸せは皆それぞれ。一人で豪華な外食をするより、質素《しっそ》でも家族で仲良く食卓を囲むほうが幸せという人もいます。「豊かさ」とは抽象的な概念でもありますが、ひとまず経済的に豊かであることが貧しいよりも幸せだろうと考え、便宜《べんぎ》的にＧＤＰを豊かさの指標にしているわけです。ちなみに現在、日本のＧＤＰはアメリカ、中国、ドイツに次ぐ第４位。２０２５年にはインドにも抜かれ世界第５位になる見通しです。

経済成長率と景気の関係

「経済成長率」は、前年と比較してＧＤＰがどれだけ伸びたかを見るものです。ですから、経済が著《いちじる》しく発展している開発途上国と、ある程度成熟した国とでは、数字が違ってきます。たとえば、１９６０年代初め、日本の経済規模は20兆円程度でした。このころ、日本経済が1年間に2兆円分拡大すると、経済成長率は10%ということになります。

池上＋1プラスワン！

GNI（国民総所得）

最近は、国民の所得という観点から「GNI（Gross National Income＝国民総所得）」という数字も使われています。2022年の1人あたりのGNIを見ると、ノルウェー9万5510ドル、アメリカ7万6370ドル、日本4万2440ドルとなっています。

しかし、経済規模が５００兆円にもなると、1年間に2兆円増えても成長率は０・４％にしかなりません。「経済成長率が10％から０・４％になった」と聞くと、不景気だと感じるかもしれませんが、経済成長率が低くなったからといって、すぐに不景気とは言い切れないのです。

ところで、前年と比較してＧＤＰが落ちると「景気が悪い」といわれますよね。ところが、前年よりＧＤＰが伸びても不景気といわれることもあります。国の経済には、専門家から見て「毎年この程度は成長していくだけの力がある」と考える数字があります。これを「潜在《せんざい》成長率」といいます。これは、企業で働く従業員や設備がフル稼働《かどう》したときに達成できる経済成長率のこと。前年よりＧＤＰは伸びていても、この潜在成長率を下回っているとき、景気が悪いと判断されてしまうのです。

日本は30年近くも不景気といわれてきました。しかし、ＧＤＰ自体は伸びています。つまり「本当はもっと成長する力を持っているのに、その力を発揮できなかった」から不景気とされてきた、ということです。不景気だからといって、ＧＤＰが前年より落ちているとはかぎりません。また、不景気というと、前より暮らしが悪くなったと思われがちですが、日本の暮らしが悪くなったわけではなかったのです。

Economy

13

欧州中央銀行はどんな役割を担っている？

海外からのニュースで「欧州中央銀行」というコトバを耳にしたけれど、どんな役割があるのか？知っておきたい、EUとユーロと欧州中央銀行の関係。

ユーロ圏の金融政策を引き受ける

ユーロ圏の金融政策を担当し、ユーロ紙幣を発行するのが「欧州中央銀行（ＥＣＢ＝European Central Bank）」。ドイツのフランクフルトに本店を置く、ＥＵ（➡１５２ページ）の中央銀行です。

欧州中央銀行の最高意思決定機関である政策理事会は、総裁・副総裁を含むＥＣＢ理事とユーロ圏各国の中央銀行総裁で構成されます。原則として月に2回、ＥＣＢ本部で定例会合が開かれ、会合終了後の総裁の発言は、市場にも大きな影響を与えます。

現在の総裁は、フランス出身のクリスティーヌ・ラガルド元国際通貨基金（ＩＭＦ）専務

欧州中央銀行はどこにある？

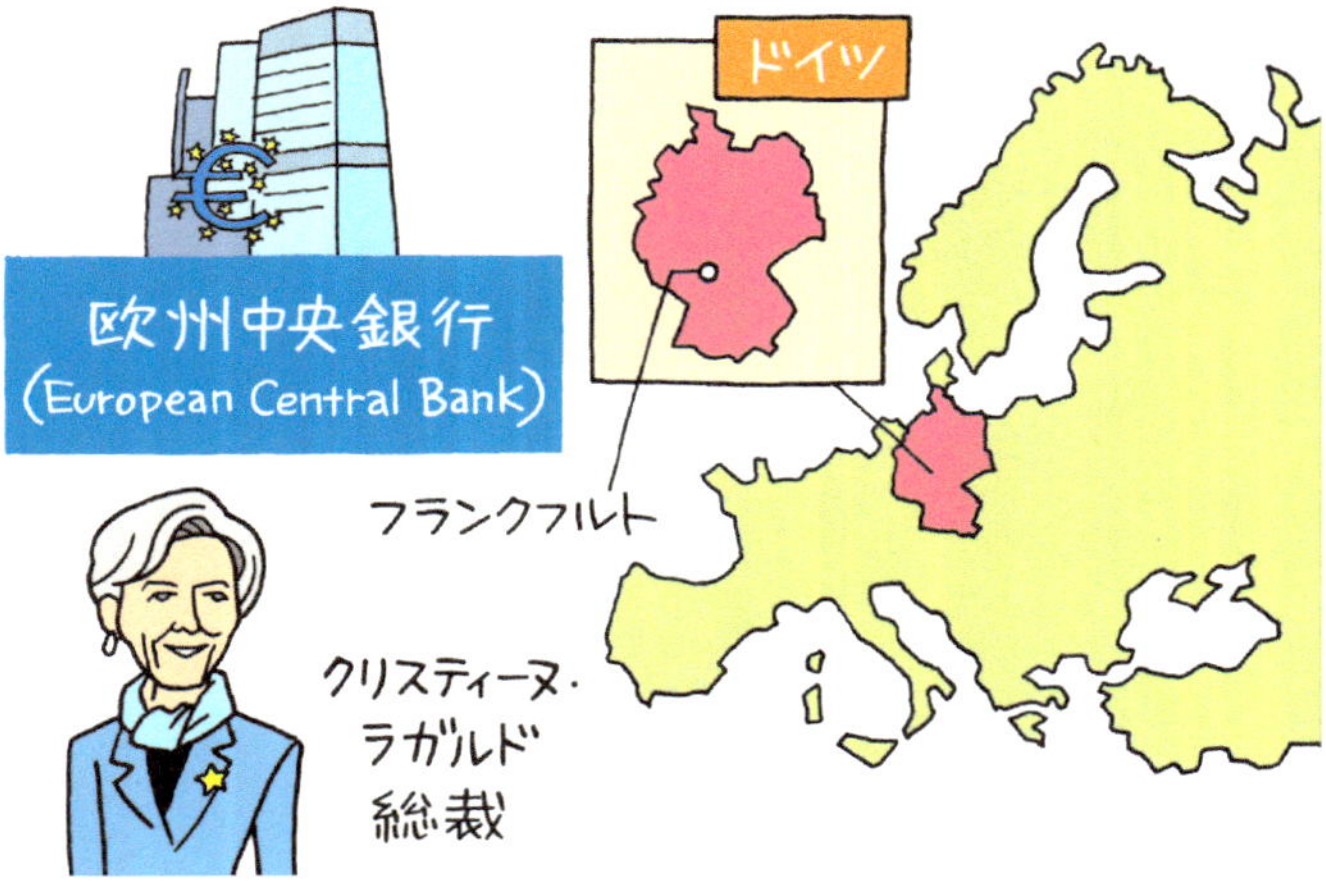

理事。女性としては史上初めての総裁です。

欧州中央銀行は、ユーロ圏の物価安定を目標に金融政策を一手に引き受けています。ほかにも、外国為替操作の実施、加盟国の外貨準備の保有・運用、決済制度の円滑な運用などの役割を担います。

しかし、ユーロ圏の中でも、国によって景気の好不況が異なっているという問題があります。

ユーロ全体で金利を下げようとすると、ドイツのように好況な国は景気が過熱してしまいますし、イタリアやギリシャのように不況の国は不十分ということになります。欧州全体の金利水準を決めるのは、とても困難な作業なのです。

インフレの抑制を図る

２０２０年、新型コロナウイルス（⬇２２６ページ）の感染拡大で欧州経済は大打撃を被《こうむ》りました。そこで**欧州中央銀行は経済立て直しのため、量的緩和の大幅な拡大を決定**しました。「量的緩和」とは、民間の金融機関が持つ国債を中心とした資産を大量に購入することで、市中に資金を供給すること。世の中の銀行の手持ち資金が増えれば、いろいろなところに貸し出し、経済が活性化するだろうというわけです。

その後、ロシアのウクライナ侵攻（⬇１４４ページ）が勃《ぼっ》発《ぱつ》・長期化し、ユーロ圏では記録的な物価高に悩まされるようになります。こうした中、２０２２年に欧州中央銀行は量的緩和を終了させ、11年ぶりに利上げを行いました。

その後、２０２４年６月には、ユーロ圏のインフレ率が緩和したことを受け、４年９か月ぶりに利下げに踏み切りました。このように、景気を回復させながら、インフレを抑制するための舵《かじ》取りを行っているのです。

池上＋1 プラスワン！

物価安定の定義

欧州中央銀行の金融政策の主な目的は、経済成長や雇用創出を促すために物価の安定を維持すること。物価の安定は、ユーロ圏の消費者物価指数の前年比伸び率が「2%を少し下回る水準」と定義されています。

Economy

14

FRB《エフアールビー》はどんなことをしているのか

アメリカにおける中央銀行にあたるのが「FRB」。ここが日銀と同じように金利を調整しているらしいけれど、日本と手続きはどう違うのか？

全米で12の連邦準備銀行

日本の日銀（⬇50ページ）のように、アメリカの中央銀行にあたるのが「FRB（Federal Reserve Board＝連邦準備制度理事会）」です。「連邦準備制度理事会」と称されるのは、アメリカにある連邦準備銀行を統括《とうかつ》しているからです。

アメリカという国はもともと、イギリスに属する13の植民地をまとめて連邦政府を作ったことを出発点としています。そのため、各州が大きな権限を持ち、中央政府が強大な力を持つことを警戒しています。過去には中央銀行を設立する試みもあったものの、いずれも頓挫《とんざ》してしまいました。

全米12の連邦準備銀行を統括する「FRB」

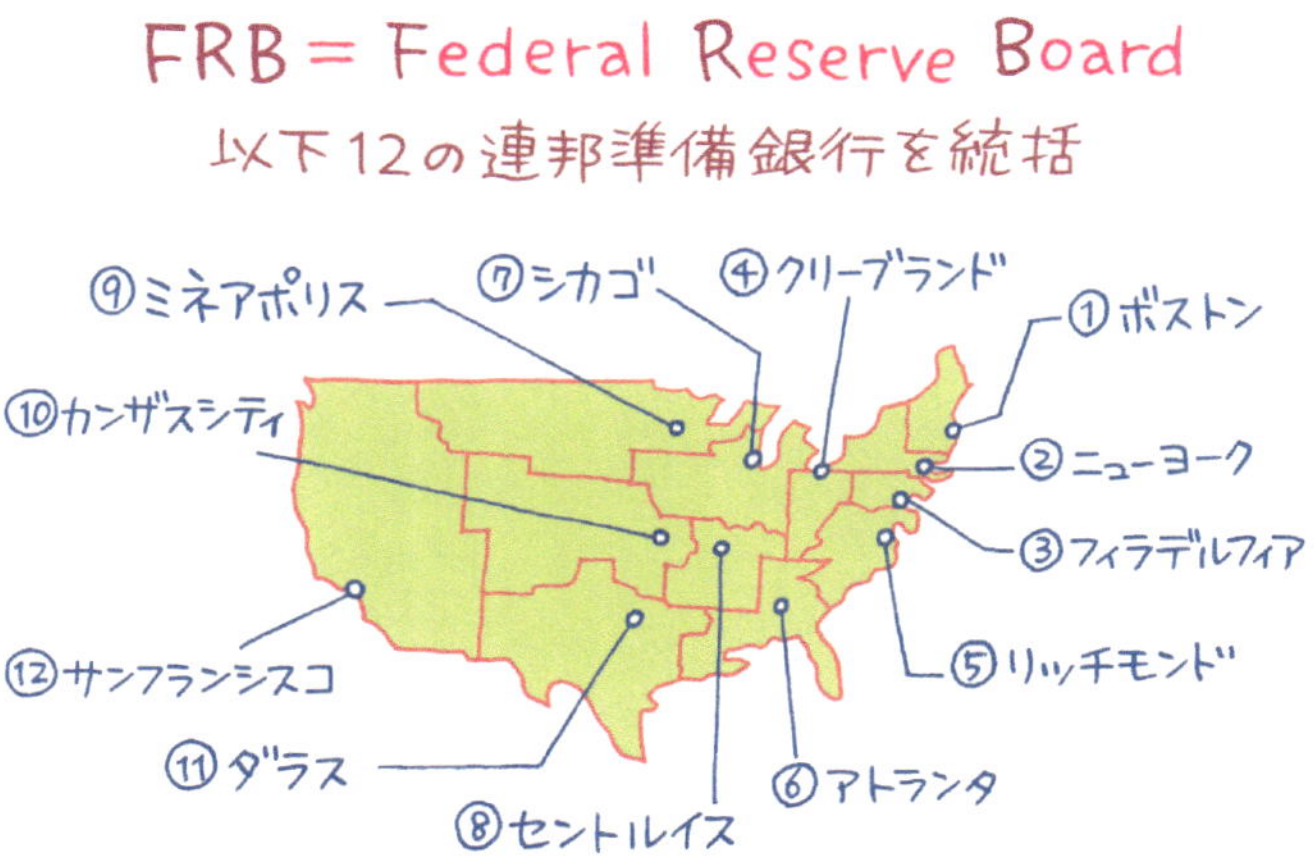

ところが1907年、全米で金融不安が広がり、民間銀行が相次いで破たんしたため、銀行同士が資金を出し合って連邦準備銀行を設立することにしました。

連邦準備銀行の「準備」は、「預金準備」を意味しています。民間の銀行は、経営破たんに備えて連邦準備銀行に一定のお金を預けておくのです。

しかし前述のように、中央に一つの銀行を作るのは反発も大きいので、全米に12の連邦準備銀行を作ることにしました。でも、なぜ12なのか。実は、銀行が破たんしそうなとき、銀行の担当者が鉄道を使って1日以内で駆けつけられる場所に設置した結果、12になったのです。

FRBはどのように構成されている？

連邦準備銀行が設立されると、それぞれの準備銀行が紙幣を発行するようになりました。

銀行や空港で両替《りょうがえ》したとき、1ドル札をよく見てみてください。どの準備銀行が紙幣を発行したのか、アルファベット表記でわかるようになっています。Aはボストン連邦準備銀行、Bはニューヨーク連邦準備銀行、Lはサンフランシスコ連邦準備銀行といった具合です。

連邦準備銀行は、全米各地に分散していますが、これを統括する組織として連邦準備制度（FRS＝Federal Reserve System）が設けられています。これを運営するのがFRBなのです。

FRBの理事は7人。大学教授や経済界出身者で構成されています。理事会の理事や議長になるには大統領が指名して連邦議会上院の承認が必要です。政治の影響を受けにくいように任期は14年と長いのですが、議長と副議長の任期は4年です。

FRBが金利を調整

FRBでは、日銀と同じように金利の水準を上下させることで景気の安定をはかります。

金利を決めているのは連邦公開市場委員会（FOMC＝Federal Open Market Committee）で、メンバーは12人。FRBの理事7人と、**ニューヨーク連邦準備銀行総裁**、ほかの11の連邦準備銀行の総裁の中から持ち回りで選ばれた4人から構成されています。委員会は原則として年に8回開催され、方針を決定しています。

２００８年のリーマンショックでアメリカの景気が落ち込むと、ＦＲＢは金利をゼロに近い水準にまで引き下げました。アメリカの金利水準が下がると、低利で資金を借りて海外で投資しようとする動きが出て、世界にドルが流出し、特に新興国でのバブルを生み出しました。

ＦＲＢは２０２０年３月、**新型コロナウイルス**（⬇226ページ）の感染拡大による経済の混乱を抑えるため、量的緩和策を大幅に拡大することを発表。アメリカの国債と住宅ローン担保証券を無制限に買い入れることになりました。その後、２０２２年には量的引き締め開始に転じました。量的引き締めがいつ終了するのかに注目が集まっています。

池上＋1 プラスワン！

ニューヨーク連銀総裁

FOMCのメンバーにニューヨーク連邦準備銀行総裁が入っている理由は、実際に金融緩和の実務を行うのが、金融街ウォールストリートのあるニューヨークの連邦準備銀行だから。FOMCが金利水準を決定すると、民間銀行が保有する米国債を売り買いすることで金利水準をコントロールするのです。

COLUMN

経済に関する主な国際機関

✔ IMF（国際通貨基金）

加盟国の通貨の安定をはかる国際機関。主な活動に「加盟国からの出資をもとに、外貨不足に陥った加盟国への経済支援を行う」「加盟国に対して経済政策についての助言を行う」「専門家の派遣を通じて、加盟国の経済政策を支援する」などがある。本部ワシントン、加盟190か国。

✔ OECD（経済協力開発機構）

ヨーロッパを中心に先進国が参加する「世界最大のシンクタンク」。国際経済の動向、規制制度・構造改革、貿易・投資、環境・持続可能な開発などの分野で分析、検討を行う。本部パリ、加盟38か国。

✔ WB（世界銀行）

途上国の中央銀行に、低利での貸付や無利子融資、贈与を提供するほか、技術支援も行う。「2030年までに、1日1.90ドル未満で暮らす人の数を世界全体で3%まで減らす」「途上国の所得の下位40%の人々の所得拡大を促進する」ことを目標にしている。本部ワシントン、加盟189か国。

✔ WTO（世界貿易機関）

貿易に関するさまざまな国際ルールを定める機関。各国が自由に貿易できるようにするためのルールを決めたり、交渉や協議の場を設けたりしている。また、貿易について加盟国間の紛争を解決するための紛争解決制度も作られている。事務局ジュネーブ、加盟164か国・地域。

第2章

キーワード

▼

『法と政治』

Law&Politics

これだけは
知っておきたい!

Law&
Politics
15

日本国憲法とはなんだろう

日本国憲法を改正しようとする議論がしばらく続いている。
そもそも憲法とはどのようなものなのか?
法と政治を考える前に知っておきたい憲法のキホン。

「大日本帝国憲法」は欽定《きんてい》憲法

「憲法」とは、ひと言でいうと〝法律の親分〟のようなものです。憲法を頂点として、その下に各種の法律があります。この憲法があることで、初めて国家が存在できます。憲法とは「国のかたち」を決めるもの、ということですね。

憲法には「欽定憲法」と「民定憲法」の2種類があります。欽定憲法とは、国家元首《げんしゅ》が国民に向けて自らの施政《しせい》方針を伝える憲法を発し、それに従って国のしくみを作っていくためのもの。日本でも明治時代には、欽定憲法の「大日本帝国憲法」を作りました。この憲法は明治天皇をトップとし、天皇が国民に対して「私はこういう国を作っていく」と宣言する内容になっていました。それでも、天皇も憲法で制定された法律を守らなければいけない、と定められていました。これを「立憲主義」といいます。

一方、現在の「**日本国憲法**」のような民定憲法は、国民が最上位に立ち、国民が定めるもの。国民が国家元首や国会議員などに対して「この憲法のルールを守りながら国家を運営してほしい」と縛《しば》りをかけるためにあるのです。

2019年、上皇陛下の退位後に即位された今上《きんじょう》天皇(今の天皇陛下)は、「憲法にのっとり、日本国及び日本国民統合の象徴としてのつとめをはたすことを誓います」と発言されました。天皇も憲法を守らなければならないのです。今の皇室は、上皇陛下も天皇陛下も、折に触れて日本国憲法の大切さを語られています。

日本の憲法改正論議

日本国憲法では、特に9条をめぐる論争が続いてきました。この9条では、「武力による威嚇《いかく》又は武力の行使は、

池上+1 プラスワン!

日本国憲法

日本国憲法は、GHQ(General Headquarters=連合国軍最高司令官総司令部)民政局のメンバーによって作られた草案がもとになっています。これにより、「アメリカの押しつけ憲法だ」との批判も出ました。しかし、実際は日本の学者たちの改正案の内容も取り入れられています。

憲法改正をめぐる議論と流れ

憲法改正の流れ

国会

1. 憲法改正原案の提出
   衆議院議員 100 名以上、参議院議院 50 名以上の賛成
2. 両院本会議にて 3 分の 2 以上の賛成で可決
3. 憲法改正の発議

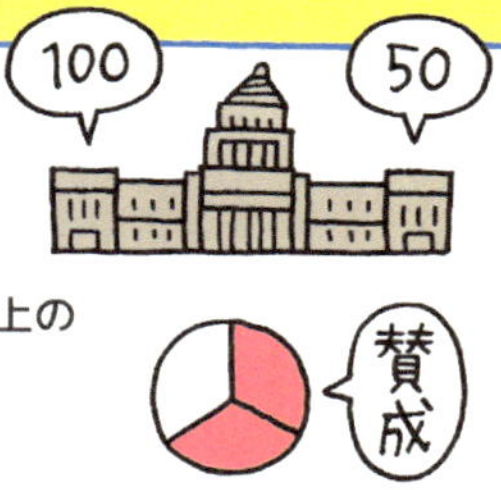

↓

国民投票

1. 憲法改正の発議後、60～180 日以内に実施
2. 憲法改正案が複数ある場合、憲法改正案ごとに 1 人 1 票を投票
3. 賛成が 2 分の 1 以上あったら、国民の承認があったものとする。

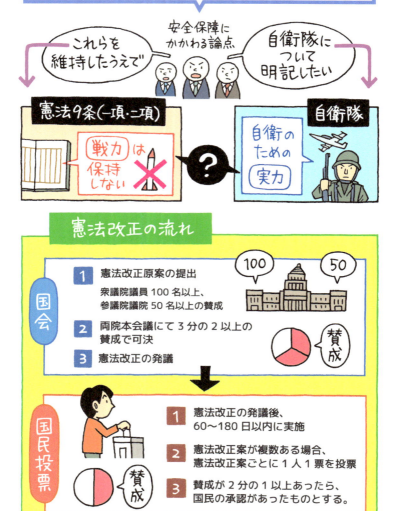

国際紛争《ふんそう》を解決する手段としては、永久にこれを放棄《ほうき》する」「陸海空軍その他の戦力は、これを保持しない」と明言しています。ここで問題となるのは、9条で定める「戦争放棄」に、「自衛のための戦争」が含まれるかどうかです。

日本政府はこれまで、憲法が放棄しているのは侵略戦争であり、外国から侵略された場合の自衛権までは放棄していないと説明してきました。そして、日本の自衛隊が持っているのは戦力ではなく、自衛のための必要最小限度の実力であるとしています。さらに2015年には憲法の解釈を変更し、集団的自衛権も認められるとしました。しかし、世界的に見れば自衛隊は軍隊そのものなので、憲法を改正して自衛隊の存在を憲法に明記すべきだという議論が出ています。

岸田総理も「憲法9条」の改正には意欲的な姿勢を示しており、現状の9条の一項、二項を維持したうえで自衛隊を明記する案を提唱しています。ただ、自民党の内部には「それでは自衛隊の違憲論に決着がつかないので、二項を削除して国防軍の保持を盛り込むべき」とする意見もあります。

憲法改正には、まず発議に衆参両院議員の3分の2以上の賛成、さらに国民投票による過半数の賛成が必要です。一般の法律と比べて改正には高いハードルが課されているのです。

Law&
Politics

16

右翼《うよく》と左翼《さよく》の違いを知っておきたい

何かの意見に対して「右翼的・左翼的」といわれることがある。実は、世界と日本では右翼と左翼の定義が異なるらしい。右翼と左翼の違いとは何か？

フランス革命で生まれた!?

海外で行われた選挙で「極右《きょくう》政党が躍進した」などというニュースを見聞きすることがあります。日本もアメリカのニュース誌で「右傾《うけい》化している」と報じられたことがありました。

また、大統領選挙では「左派系候補が出馬」といった言葉も出てきます。

この「右」「左」というのは、それぞれ「右翼」「左翼」をあらわしており、もともと１７８９年７月に起きたフランス革命をきっかけに生まれた言葉です。議会が制定した法律に対して国王が拒否する権利を与えるべきかどうかで激しい議論となったとき、議長席から見て右側には国王派の人たちが座りました。一方、左側に座ったのは反国王派の人たちでした。

右側に座った人たちは、これまでの伝統を重視する思想の持ち主であり、こうした保守派の人を「右翼」「右派」などと呼ぶようになりました。そして、左側に座った人たちは、これまでの伝統を変えるべきとする思想の持ち主であり、こうした革新派の人を「左翼」「左派」などと呼ぶようになったのです。

その後、1917年にロシア革命が起きると、共産主義を実現しようという人たちを「左翼」と呼ぶようになりました。さらに、東西冷戦（⬇286ページ）のころには、共産主義を支持する人が「左翼」、これに反対する人が「右翼」と称されるようになります。

レッテル貼りにも使われる

東西冷戦が終わってから、右翼・左翼という言葉の意味はどんどんあいまいになっています。世界的には、「憲法を守ろう」というのは伝統的な保守・右翼の考え方とされますが、日本では「憲法を守ろう」と主張する人が左翼的とされ、「**憲法を変えよう**」という人が右翼的とされます。憲法にかぎらず、日本では左翼的とされる人たちには変化を好まない傾向があり、その意味では保守的だといえます。保守＝右翼という観点からは、ねじれているのです。

➡P75 プラスワン！

「右翼」と「左翼」の背景

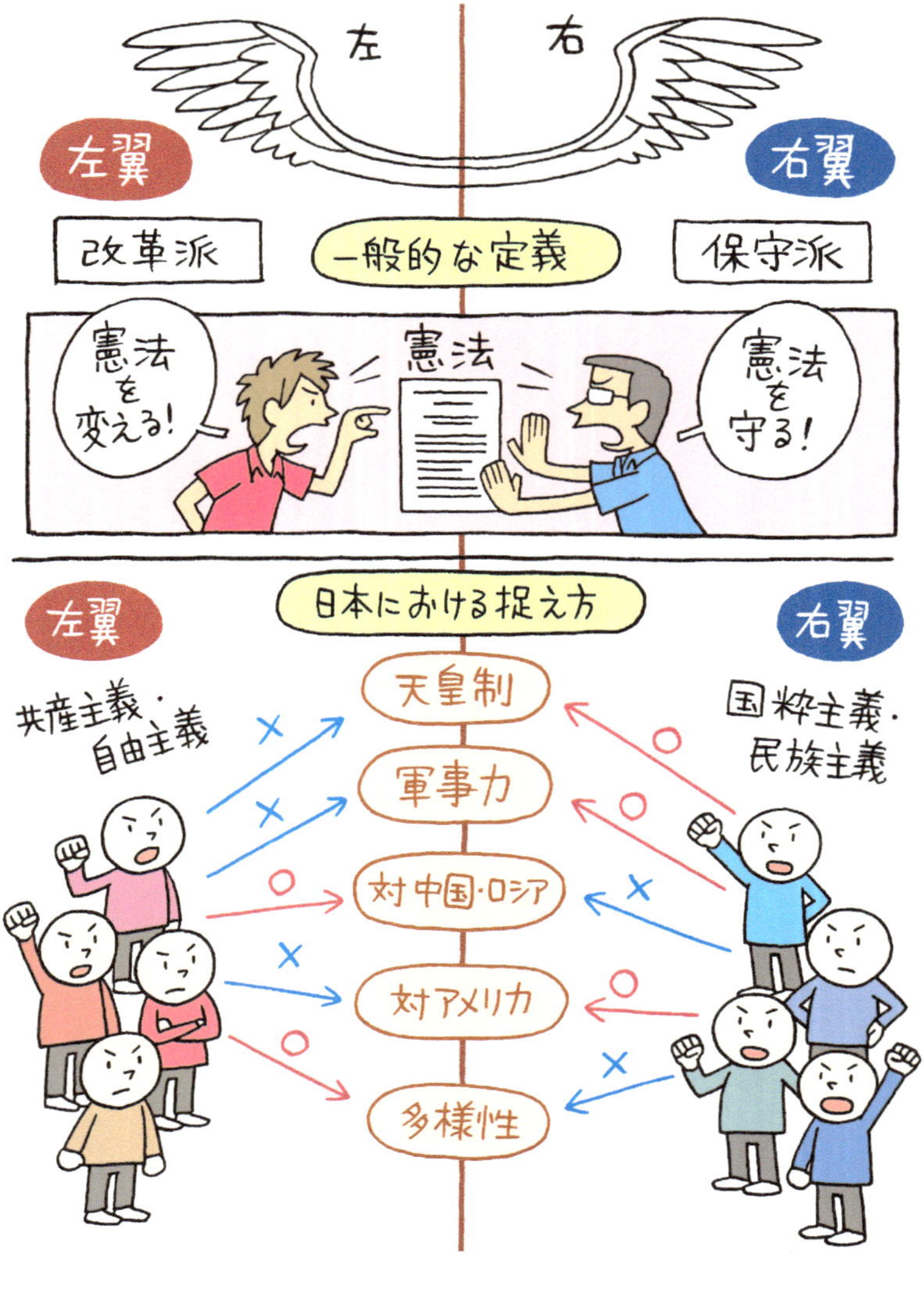

左
右
左翼
右翼
改革派
一般的な定義
保守派
憲法を変える!
憲法
憲法を守る!
日本における捉え方
左翼
右翼
共産主義・自由主義
国粋主義・民族主義
天皇制
軍事力
対中国・ロシア
対アメリカ
多様性
×
○

また、右翼的とされる人たちの中には、アメリカとの同盟関係を重視する人もいれば、アメリカとは距離を置いて日本の主体性を重んじる人もいます。

そして、インターネットの世界では「ネット」と「右翼」を合わせた「ネトウヨ（ネット右翼）」という言葉も使われています。これは、ネット上で愛国や反中国、反韓国の過激な意見を主張する人たちを指します。

ネトウヨの人たちは、自分の意見に反する人を「ネトサヨ」「パヨク（左翼の蔑称《べっしょう》）」などと呼び、これに応戦する人たちとののしり合っています。もはや、右翼・左翼という言葉はレッテルを貼って人を批判するための言葉となっているのです。

実際の政治は右・左とはっきり分類できません。一方的にレッテルを貼って自分とは異なる考え方に耳をふさぐのは、危険な行為ではないでしょうか。

池上＋1プラスワン！

憲法改正の訴え

日本の安倍元総理は、「戦後レジームからの脱却」という表現を使い、憲法改正を訴えました。戦後レジームとは戦後体制という意味で、アメリカから押しつけられた憲法をはじめとする教育や経済、外交・安全保障などの基本的枠組みを意味します。この動きはアメリカから「歴史修正主義」と見られました。歴史修正主義とは「過去の歴史の見方をあらためて考え直そう」という考え方。日本の戦後体制を作った連合国軍の立場を全面的に否定しようとしている、と受け止められたわけですね。

Law&
Politics
17

民主主義がよくわからない

「民主主義って何？」——あらためて問われると答えるのが難しい。ここで、そもそもの原則をおさらいするとともに、日本の民主主義もここでチェックしてみる。

資本主義・社会主義・共産主義はどう違う？

「資本主義」「社会主義」「共産主義」「民主主義」、それぞれの違いを明確に説明できるでしょうか。現役の学生にも、これらを混同して理解している人が少なくないので、ここでおさらいしておきます。

基本的に、資本主義・社会主義・共産主義とは「経済体制」をあらわす言葉です。まず「資本主義」は、利益を追求するために自由な経済活動を行うことを重視する考え方で、個人や企業がお金や土地などの資本を持つことを認めています。

「社会主義」は、経済的な平等を重視します。ある程度の私有財産は認めるものの、国が立

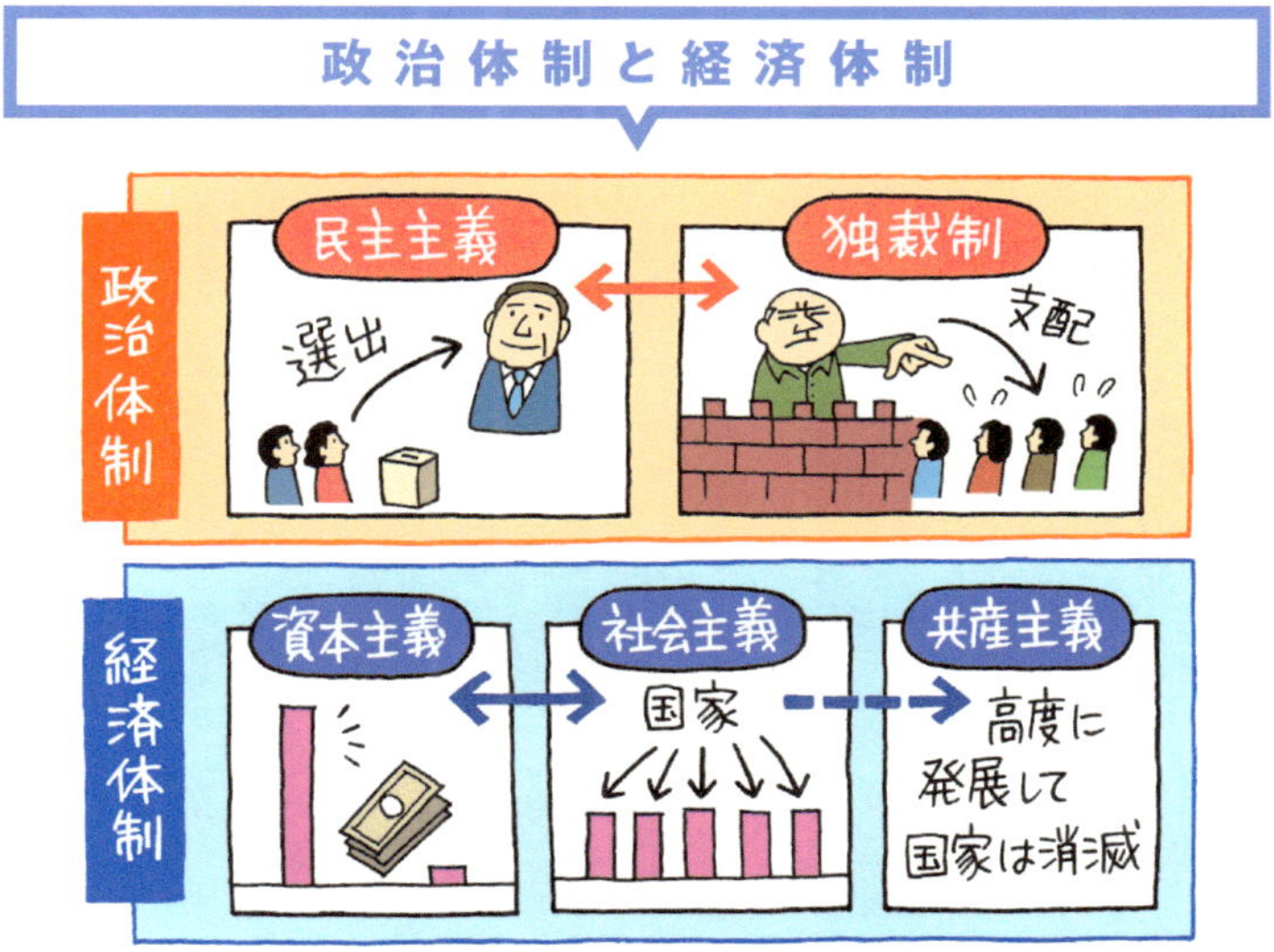

た計画に従って経済活動が行われ、富も平等に分配されます。そして、この社会主義が高度に発展し、もはや国家がいらなくなった〝ユートピア状態〟のことを「共産主義」と呼びます。社会主義が発展して国家同士の争いごとがなくなり、国境がなくなり、国家が消滅する。これが、共産主義がめざす理想ということです。

つまり、共産主義国家というのは存在しません。現実の世界では、資本主義国家と社会主義国家が対立関係にあります。

「民主主義」は政治体制の一つ

本題に戻りましょう。「民主主義」は、前述の資本主義・社会主義・共産主義とは異なり、「政治体制」をあらわします。**民主主義では、国のあり方を決める権利は国民が持っている**と考えます。国民の政治的な自由、表現の自由、言論の自由を認め、国民が自分たちの代表を選挙で選び、選ばれた代表者に政治を任せます。

古代ギリシャの都市国家アテネでは、大人の男性市民が政治に参加し、法案に直接投票していました。これが民主主義の始まりとされています。

民主主義は、しばしば「君主制」や「独裁制」と対比して語られます。君主制は、国王など絶対的な権力者をトップとする階級社会をもとにした政治体制です。君主が独占的に政治を行い、国民は政治に参加することができません。独裁制も、君主制と同じように個人や特定の団体に権力が集中した政治体制を意味します。

世界には、資本主義体制と独裁制を同時に採用している国家や、社会主義的な政策と民主主義を両立させている国家もあります。ただし、自由な経済活動を重んじる資本主義は、個人の自由を重んじる民主主義と親和性が

池上＋1プラスワン！

国名にある「民主」

国名に「民主」がつくからといって、民主制を採用しているとはかぎりません。たとえば「朝鮮民主主義人民共和国(北朝鮮)」「コンゴ民主共和国」では非民主的な政治が今も行われています。民主的な国家ではないからこそ、わざわざ国名に「民主」と入れてアピールしているともいえそうですね。

高いといえます。日本も資本主義を採用する民主主義国家です。

日本の民主主義のレベル

現在、日本の民主主義レベルはどのように評価されているのでしょうか。イギリスの「エコノミスト」誌が世界167の国と地域を対象に発表している世界民主主義指数（2023年版）では、日本は世界16位。「完全民主主義」と評価されるグループに入っています。近隣では台湾が10位となっています。

一方で、世界経済フォーラム（WEF）が発表する「ジェンダーギャップ指数ランキング」（2024年）で、日本は146か国中118位。過去最低の前年（125位）から持ち直したとはいえ、下位グループを低迷しています。

また、世界中のジャーナリストが組織するNGO団体・国境なき記者団が発表する「世界報道自由度ランキング」（2024年）における日本の順位は180か国中70位。2010年の11位をピークに下落が続き、G7（主要7か国首脳会議）の中で最下位に甘んじています。記者団は、政府や企業が主流メディアの経営に圧力をかけており、汚職、セクハラなどのテーマについて厳しい自主検閲が行われていると指摘しています。

Law&
Politics
18

国会ではそもそも何をやっている？

日本の国会が衆議院と参議院に分かれているのはなぜ？
二つはどう違う？　国会で開かれる会議の種類は？
国会にまつわる素朴なギモンに答える。

二院制で運営される国会

日本の国会は「二院制」で運営されています。**国会議事堂**には衆議院と参議院の二つがあり、法案が提出されると両院それぞれで議論し、両院がＯＫを出さないと法律として成立しないことになっています。大事な問題は、ダブルチェックで誤りを防ぐわけです。

それぞれ別の視点からチェックをするために、衆議院と参議院は別々の**選挙方式（⬇88ページ）**を採用しています。異なるタイプの議員が選ばれやすいからです。

議員定数は、衆議院は４６５人、参議院は２４８人。立候補できる年齢は、衆議院は25歳以上に対して参議院は30歳以上となっています。よく、参議院のことを〝良識の府《ふ》〟と呼びますが、これは参議院議員のほうが平均年齢の高い〝大人〟であり、若い衆議院の判断をチェックできるという考え方を示した言葉です。

両院は任期も異なります。衆議院は4年で解散があり、任期満了前に議員の資格を失うこともあります。一方、参議院は任期6年で解散なし。じっくり政治に取り組めるのです。

衆議院のほうが優先される

国会では、「ねじれ」という現象が起きることがあります。ねじれとは、一般的には衆議院で多数を占めている政権与党が、参議院で過半数を取れていない状態を指します。ねじれが起きると法案が成立しにくくなります。

実際に衆議院と参議院で意見が食い違ったときにはどうなるのか。この場合は、両院の代表が集まって「両院協議会」を開き、話し合いで解決することになっていますが、この場ではほとんど結論が出ません。その場合、衆議院があらためて出席議員の3分の2以上の賛成で可決すれば、

池上＋1 プラスワン！

国会議事堂

国会議事堂は、受付をすれば誰でも見学ができます。議事堂の中には一般の人も利用できる食堂があり、売店では国会土産も売っています。人気の定番商品は歴代総理の似顔絵が描かれた湯飲み茶碗、なのだそうです。

二院の主な違いと「ねじれ」

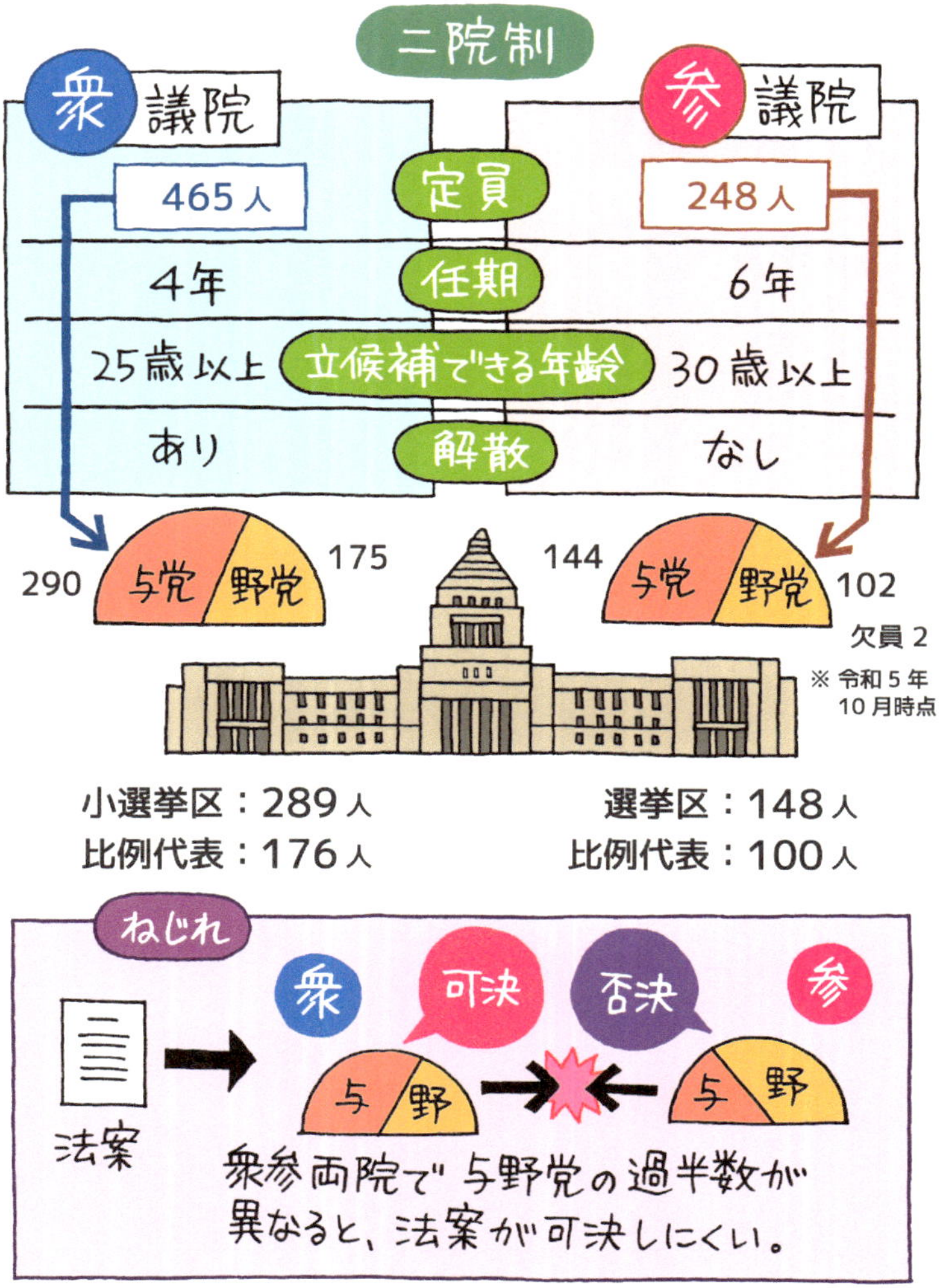

法案は成立します。つまり、衆議院のほうが力があるのです。また、予算案と条約の批准《ひじゅん》（最終的な確認・同意）、総理大臣の指名は、衆議院で可決されれば、参議院で否決されても衆議院の判断が優先されます。これを「衆議院の優越《ゆうえつ》」といいます。

国会での会議の違い

国会ではいろいろな会議が行われています。毎年必ず開かれるのが「通常国会（常会）」。毎年1月に始まるのが通例です。期間は150日で、翌年度、つまり、その年の4月から1年間の予算を決めます。通常国会の会期中に決まらないときには期間を延長できます。これを「延長国会」といいます。

「特別国会」は、衆議院議員総選挙が行われてから30日以内に開かれます。選挙の結果、議員が入れ代わっていますから、新たに総理大臣を選び直すのです。この特別国会に合わせて審議する問題があれば、各党の話し合いで開催期間が決まります。これも延長可能です。

「臨時国会」は、急いで法案を審議する必要があるとき、補正予算を組む必要があるときなどに開かれます。ほかに、衆議院解散中の緊急時に召集される「参議院の緊急集会」もあります。

Law&
Politics
19

総理大臣はどんな仕事をしているのか

毎日のようにニュースに登場する総理大臣。
多忙な様子が伝わってくるけれど、
いったいどんな仕事をしている？　誰がどう選ぶ？

総理大臣の三つの役割

日本の総理大臣の役割は、大きく三つに分けられます。

一つ目は、「内閣のトップ」として国の方針を決めることです。「内閣」とは大臣たちの集まり。日本の政府として大事な方針を決めるときには、内閣の会議である「閣議」を開き、正式に決定します。総理大臣は、この閣議に参加する大臣たちを任命します。大臣に不祥事《ふしょうじ》などが起きたとき、総理大臣はその大臣を辞《や》めさせること（罷免《ひめん》）もできます。

二つ目は、「政党のトップ」という役割。**総理大臣は、国会議員の多数決で選ばれます**。通常は、国会の与党第一党のトップが総理大臣に選ばれますね。

➡P87プラスワン！

日本の総理大臣の立場

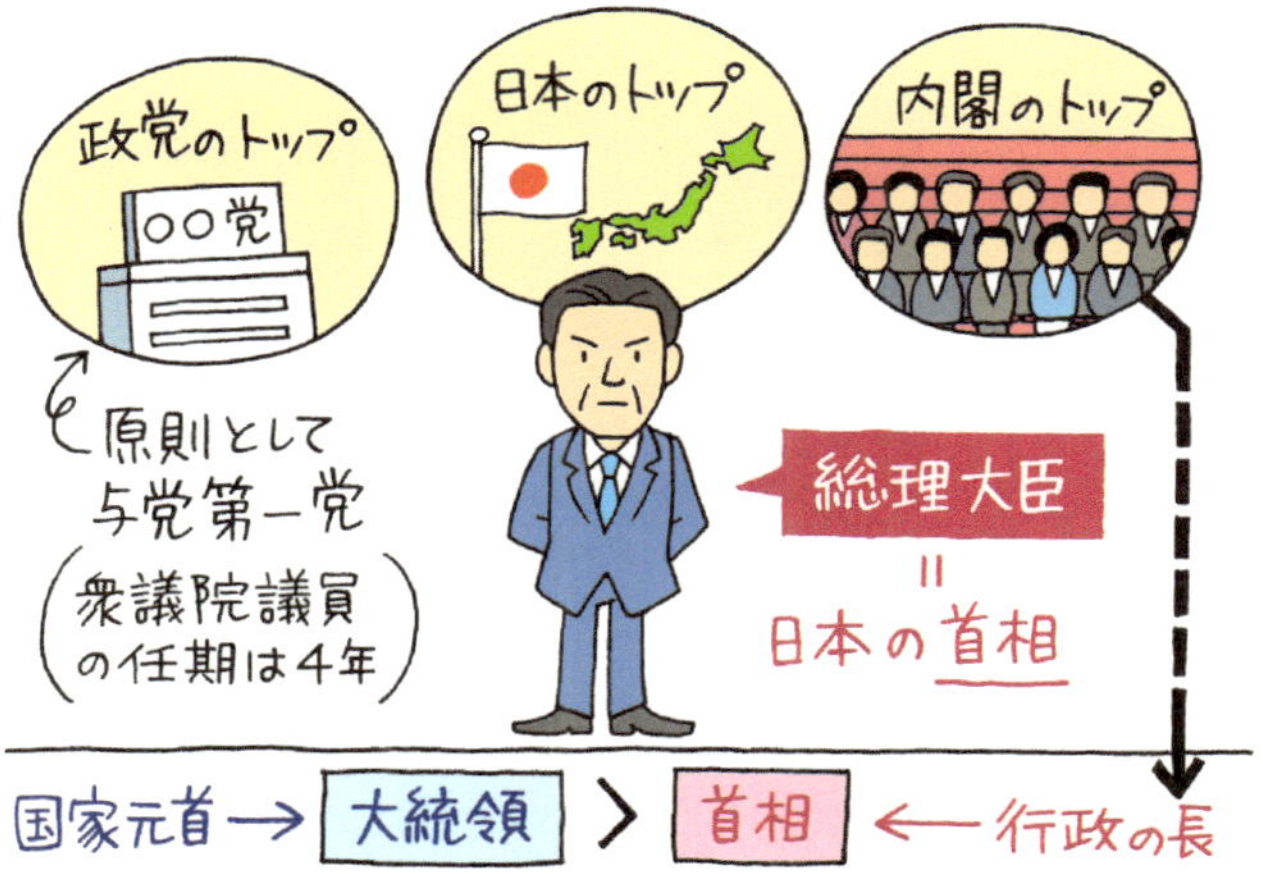

三つ目は、「日本のトップ」という役割。国民がノーベル賞（⬇210ページ）を受賞したり、オリンピック（⬇220ページ）で金メダルを獲得したりしたときなどには、その栄誉をたたえます。

総理大臣の任期はいつまで？

総理大臣は、なぜ国会議員が選ぶことになっているのか。それは、総理と国会との関係を重視しているからです。

総理は原則として与党第一党のトップですから、総理が法案を提出すれば、与党第一党の議員は全面的に協力します。これで、総理と国会の関係は良好となり、総理の仕事はスムーズに進むと期待できるわけです。

では、総理大臣はどんなときに交代するのか。日本では長らく総理大臣がひんぱんに入れ代わってきましたが、安倍元総理は史上最長の在任期間を記録し、岸田総理は戦後の総理大臣のうち、8位の在職日数となっています（2024年8月現在）。

実は、総理大臣には任期がありません。衆議院議員の任期は4年ですから、任期が満了すれば自動的に総理も退任します。でも、選挙の後に再び総理大臣に選ばれれば、総理を続けることができるのです。

総理大臣が交代するタイミングは、政党のトップの任期と深い関係があります。たとえば自民党総裁が総理大臣になった場合、自民党総裁の任期は1期3年ですから、総裁選で再選されなければ総理大臣の座を降りなければならないのです。

大統領と首相《しゅしょう》の違い

総理大臣のことを「首相」と呼ぶことがありますよね。首相とは、大臣たちを短く指す「相」のトップという意味。ただ、外国にも首相がいますので、日本のメディアは、それと区分するために、日本の首相を「総理大臣」と呼ぶことが多いのです。

世界各国を見渡すと、大統領がいる国、大統領がいなくて首相がいる国、大統領と首相がいる国などに分かれていますが、「首相」と「大統領」ではどちらが偉《えら》いのでしょうか。

答えは大統領です。大統領とは「国家元首《げんしゅ》」であり、その国を代表する人物です。これに対し、首相は「行政の長」という立場です。そこで、国家元首である大統領がいて、その下に首相を置く国もあるわけです。首相だけの国の場合、国家元首として国王や女王が存在します。

大統領と首相の力関係は、国によってさまざま。大統領が政治の実権を握る国もあれば、大統領は国家元首というだけで、政治の実権がない国もあります。国民の直接選挙で選ばれる大統領は強い権力を持ち、議会で議員によって選ばれる大統領は、実権のない象徴的な存在なのです。

日本の憲法では、天皇は国家元首と定められているわけではありませんが、海外からは国家元首としての扱いを受けています。海外から見れば、日本の政治の実権は首相にあり、天皇は「事実上の国家元首」、ということになっているわけですね。

池上＋1 プラスワン！

指名選挙

総理大臣は、衆院選が行われた後に開かれる特別国会で選ばれますが、総理大臣を国会で選ぶ選挙は「指名選挙」と呼ばれます。国会が「指名」し、天皇が任命するというしくみだからです。なお、衆議院と参議院で別の総理が選ばれたときには衆議院が優先されます。

Law&
Politics
20

選挙はどうやって行っている？

選挙にはさまざまな方式があり、それぞれに一長一短がある。日本はどんな選挙のしくみを採用しているのか？
そして、どんな問題が生じているのか？

衆議院選挙と参議院選挙

衆議院選挙は、全議員を一度に選挙するため「総選挙」といいます。一方、参議院は3年ごとに半数ずつ選挙するので、総選挙とは呼ばず「通常選挙」といいます。

衆議院選挙は「小選挙区」と「比例代表」で選びます。小選挙区は一つの選挙区の当選者は1人だけというしくみ。比例代表は全国を11ブロックに分け、各地域で政党名を書いて投票します。政党の得票数に応じて各政党の当選人数が決まり、政党があらかじめ決めていた順番で当選人が決まります。一方、参議院は「選挙区」と「比例代表」で選びます。

日本の衆議院選挙は、以前は「中選挙区制」でした。一つの選挙区で3人や5人の議員を

選挙で生じる「一票の格差」の背景

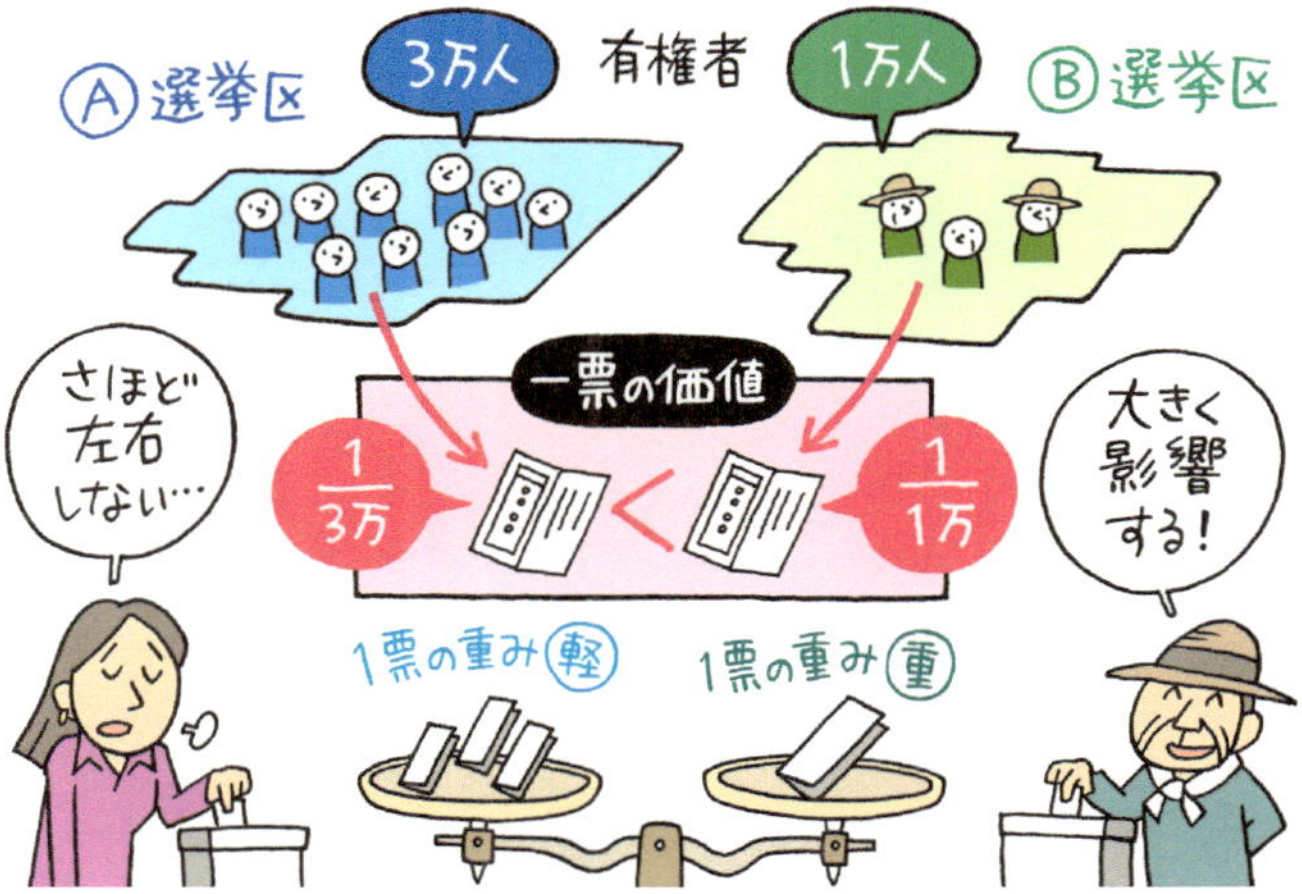

選ぶ方法です。それに対して小選挙区制は、一つの選挙区で1人しか当選しませんから、一方の政党に少しでも人気が偏《かたよ》ると、その党の議席数が一挙に増えます。政治家としての資質より所属政党の人気に左右されることを問題視する意見もあります。反対に、前回の選挙で勝った与党が政策で失敗したとき、有権者の一部が投票先を変更しただけで政権交代の可能性も生まれます。

「一票の格差」という問題

選挙のたびに取りざたされるのが「一票の格差」。有権者の一票の価値に差が生まれてしまうという問題です。

たとえば、A選挙区では3万人の有権者に

対して1人の当選者が出るのに対し、B選挙区では1万人の有権者に対して1人の当選者が出るとします。このとき、B選挙区の有権者の一票の価値は、A選挙区の有権者の3倍あることになります。

では、どうして一票の格差が放置されてきたのか。長年与党の自民党は基本的に農村部や地方を代表する政党であり、地方選出の議員が大きな力を持っています。だから、都市部の人口が増えても、選挙制度を改正したくないのです。

しかし、これでは不公平だということで、これまでたびたび選挙無効の裁判が起こされてきました。過去には衆議院選挙、参議院選挙とも最高裁判所が違憲状態と判断したこともあります。

国会では**2016年に公職選挙法を改正**。衆議院では、国勢調査の結果にもとづき、人口に応じて各都道府県の選挙区の数を配分する「アダムズ方式」の導入が決まりました。しかし、野党には「もっと議員の数を削減すべきだ」とする意見も根強くあります。

池上＋1 プラスワン！

公職選挙法改正

2016年の参議院選挙では、公職選挙法の改正が適用され、これまで20歳以上に与えられていた選挙権が18歳以上に引き下げられました。以降、衆院選、参院選、地方自治体の首長と議会の選挙などで、18歳以上が投票できるようになったのです。

Law&
Politics
21

政治資金パーティーとはなんだろう

政治資金パーティーをめぐって
裏金事件がニュースになった。
そもそも、なんのためにパーティーを行っていたのか？

資金集めの手段に

自民党派閥の政治資金パーティーをめぐり、裏金事件が大きな問題となりました。安倍派など五つの派閥の政治団体が、政治資金パーティーの収入計約2500万円を政治資金として報告書に記載していなかったと報じられたのです。ニュースを知った神戸学院大の上脇《かみわき》博《ひろ》之《し》教授が独自調査を行い、計約4000万円の不記載があったとして東京地検に告発。多くの人が裏金疑惑を知るところとなりました。

国会議員は、地元に事務所を維持するための家賃や、私設秘書を雇うための人件費などがかかります。そこで、資金を集める目的で行うのが政治資金パーティーです。パーティーはホテルの宴会場などで開かれ、会費の相場は1枚2万円。たとえば、1枚2万円のパーティー券を2000人に販売すると、4000万円の売上になりますね。豪華な食べ物を出さず、開催費用を1000万円以内に収めれば、差額の3000万円以上が政治家の収入になります。パーティー券を買う側も、政治資金の寄付限度額と関係なくお金を出すことができます。こうして、パーティーがしきりに開かれるようになりました。

安倍派や二階派などの派閥では、所属議員にパーティー券の販売ノルマを課していました。ノルマを超えて売ったパーティー券の収入は、議員にキックバックされていました。実は、このこと自体は違法ではありません。とはいえ、政治資金規正法では、20万円を超えてパーティー券を購入した個人や団体の名前や金額を収支報告書に記載することが義務付けられています。しかし、キックバックを受けた議員側はノルマ超過分を収支報告書に記載していませんでした。これらが裏金といわれ、問題視されたのです。

結局、おとがめなし？

東京地検特捜部は、安倍派と二階派の会計責任者を政治資金規正法違反の虚偽《きょぎ》記載の罪で在宅起訴《きそ》し、岸田派の元会計責任者についても略式起訴しました。起訴とは、検察官が裁判

裏金事件の構図

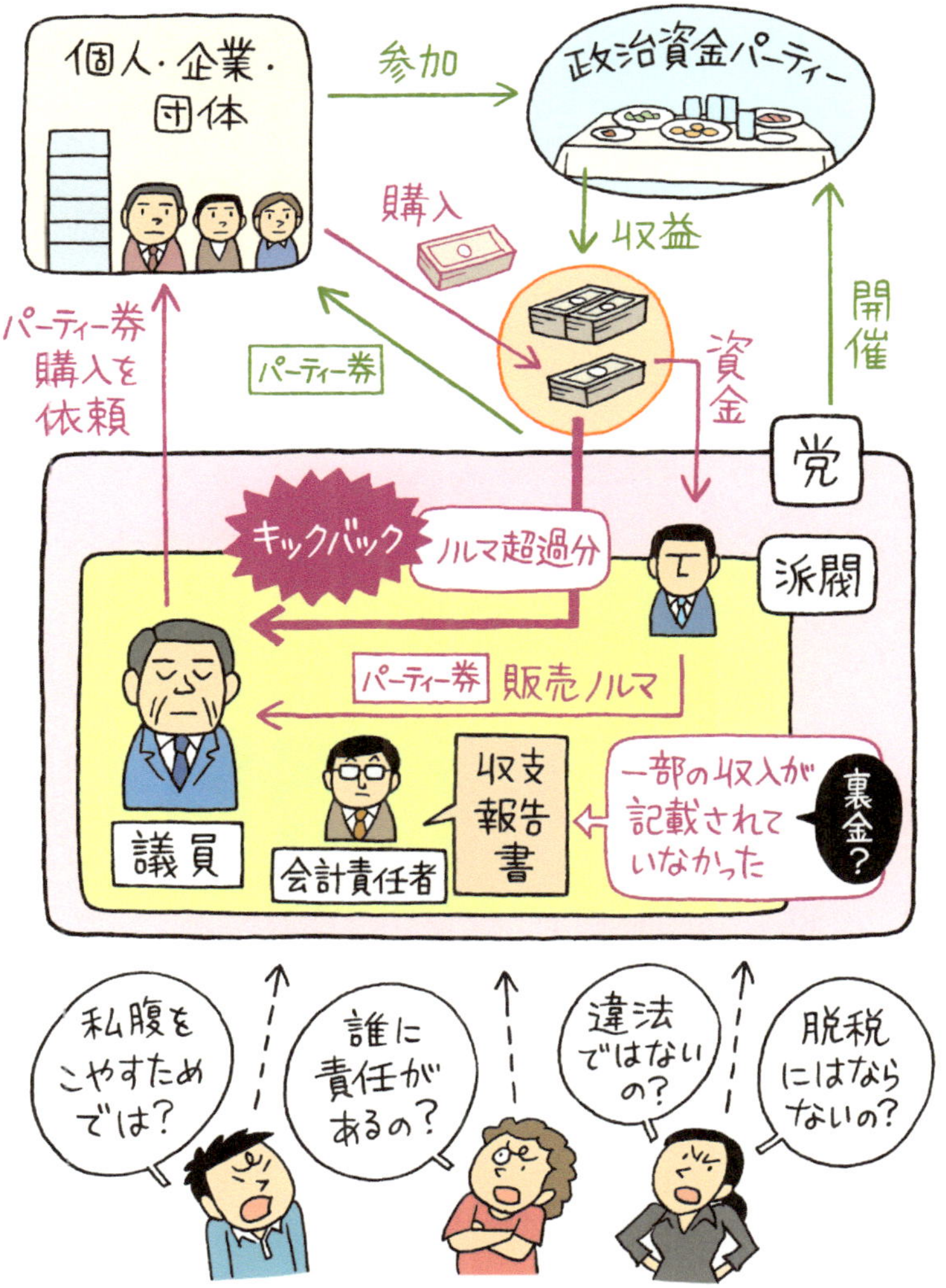

個人・企業・団体
参加
政治資金パーティー
購入
収益
開催
パーティー券
パーティー券購入を依頼
資金
党
キックバック
ノルマ超過分
派閥
パーティー券
販売ノルマ
議員
会計責任者
収支報告書
一部の収入が記載されていなかった
裏金？
私腹をこやすためでは？
誰に責任があるの？
違法ではないの？
脱税にはならないの？

を開くよう求めること。在宅起訴は、拘置所《こうちしょ》などに身柄を拘束《こうそく》せず、「在宅のまま」裁判にかけること、略式起訴は簡易裁判所で書面の手続きを経て罰金などを求める手続きです。

安倍派の幹部7人や二階派の二階元幹事長も任意の事情聴取を受けましたが、会計責任者との共謀《きょうぼう》は認められないとして、立件しない判断が下されました。結局、ごく一部の議員と秘書が起訴されただけ。**国民からは失望の声が聞かれました**。

一連の問題を受け、岸田総理は自ら会長を務める岸田派の解散を表明し、6派閥のうち麻生派を除く5派閥が政治団体の解散を決定したものの、正式に解散手続きをした派閥はありません。

また、この事件をきっかけに政治資金法の改正が議論され、国会で可決、成立しました。国会議員に収支報告書の「確認書」交付を義務付け、政治資金パーティー券購入者の公開基準額を「20万円超」から「5万円超」に引き下げる内容ですが、オンラインのパーティーは対象外となるなど抜け穴も多く、効果が疑問視されています。

池上＋1プラスワン！

「その場しのぎ」

自民党は安倍派座長の塩谷立《しおのやりゅう》元文部科学相、参院トップの世耕弘成《せこうひろしげ》前参院幹事長に離党勧告、その他の幹部に党員資格停止、党の役職停止の処分を下しました。しかし、過去には離党してもほとぼりが冷めたころに復党するケースが相次いでおり、これでは「その場しのぎ」の対応といわれても仕方がありません。

Law&
Politics
22

三権分立とはどんなもの？

教科書などで、誰でも一度は目にしたことがあるコトバ。
「三権」とは、それぞれ何を指すのか？
そして、どういう関係になっているのか？

三権が互いにチェック

権力が1か所に集中すると、独裁政治が行われたり、国民の利益を無視した政治が行われたりする可能性があります。そこで日本国憲法では、「三権分立」のしくみを取り入れています。三権とは、国会（立法）・内閣（行政）・裁判所（司法）のこと。この**三つの権力**がいずれも独立し、お互いにチェックすることで、権力の集中を防ぐためのしくみです。「国会」は、法律を作ったり廃止したりする立法機関。「内閣」は、法律や予算をもとに政治を行う行政機関。「裁判所」は、法律が憲法に違反していないかを判断したり、行政機関の行為が憲法に違反していないかを裁判によってチェックしたりする司法機関です。これら

➡P97プラスワン！

「三権」は三つどもえの力関係

三権は、ジャンケンのグー・チョキ・パーのような三《み》つどもえの力関係になっています。

内閣がきちんと仕事をしていないと国会が判断すれば、内閣不信任案を決議することがあります。つまり、内閣を辞めさせることができます。これに対抗する手段として、内閣は衆議院を解散し、選挙を通じて国民の意思を問うことができます。

内閣は最高裁判所の長官を指名し、裁判官を任命します。一方で、裁判所は行政の命令や規則、処分などを審査します。

国会には弾劾《だんがい》裁判所が設けられ、裁判官をやめさせることができます。その一方で、裁判所には法律が憲法に違反していないかを審査する違憲立法審査権が与えられています。そのため、裁判所は「憲法の番人」とも呼ばれているのです。

もっとも偉いのは国会

このように、三権はそれぞれがお互いをチェックしていますが、憲法41条には「国権の最高機関は国会である」と定められています。つまり、もっとも偉いのは国会、ということになります。なぜなら、民主主義国家は国民主権であり、国民の直接選挙で選ばれた国会議員たちが国会を作っているからです。「国民が選んだ」というのが最高の権力になる、というわけですね。

日本では、「官僚《かんりょう》が権力を持っている」とよくいわれますが、建前《たてまえ》としては国会が権力を持っている。総理大臣よりも国会は偉いのです。

また、最高裁判所の裁判官は国民が直接選んでいるわけではありませんが、国政選挙のときに国民審査が行われ、裁判官として適切かどうかを国民がチェックする機会が設けられています。

池上＋1 プラスワン！

三つの権力

権力の暴走を防ぐには、国民が政治に厳しい目を向け、投票行動を行うことも大切です。国民の世論は新聞・雑誌やテレビ、インターネットなどのメディアを通じて形作られます。そう考えると、メディアは“四つ目の権力”ということもできますね。

Law&
Politics
23

裁判の基本をおさらいしよう

裁判員制度ができて、一般の人も裁判に参加することに。
けれども、まだまだ裁判について知らないことは多い。
ここで、裁判のキホンから再確認する。

民事裁判と刑事裁判

裁判は大きく「民事裁判」と「刑事裁判」の二つに分けられます。

個人同士で起きる離婚問題や金銭トラブルなどを「民事事件」といいます。当事者間で問題解決ができない場合は、民事裁判での解決をはかります。一方、法律を犯《おか》して社会や個人に被害を与える事件を「刑事事件」といいます。これが起きると、警察が犯人と思われる人（容疑者）を逮捕し、検察官が裁判所に訴《うった》え（起訴《きそ》）、刑事裁判となります。

裁判では、罪を本当に犯したのか、刑罰はどれくらいが妥当《だとう》かが判断されます。そして、検察官が被告人の**有罪**を証明できなければ無罪になる原則（無罪の推定）があります。

➡P100 プラスワン！

「三審制」のしくみ

また、日本の裁判は「三審制」を採用しています。これは、一件の事件につき3回まで裁判を受けることができる制度です。最初の判決に不服があるときは、不服申立て（控《こう》訴《そ》）をすることで、高等裁判所での裁判を受けることができます。2回目の判決にも納得がいかない場合は、もう一度不服を申し立てる（上告）ことで、最高裁判所での3回目の裁判へと進みます。

三審制には、裁判を慎重に行い、冤罪《えんざい》（無実の罪）を防ぐ目的があります。なお、判決が確定した後に冤罪が判明したときは、裁判のやり直しを請求できます（再審請求）。過去には、死刑判決が再審によって覆《くつがえ》り、無罪になった事例もあります。

裁判員裁判の内容とは？

日本では、２００９年から「裁判員制度」が導入されています。これは、市民が裁判に参加する制度です。裁判員は18歳以上の市民から選ばれ、裁判員候補者名簿に登録されます。この候補者の中からくじで選ばれた人に、呼出状が届きます。そして、その人が面接を受けて手続きをすれば、晴れて正式な裁判員となります。

一つの事件につき、裁判員になるのは6人。彼らは3人の裁判官とともに刑事事件の裁判を進めていくことになります。裁判員は裁判に出席し、証拠調べ手続きや弁論手続きに立ち会い、評議を行ったうえで、裁判官と一緒に判決を出します。

裁判員制度が導入された理由は、国民から理解しにくい、近寄りがたいとされている裁判に市民感覚を取り入れること。裁判を理解しやすく身近なものにすることが期待されているのです。

池上＋1 プラスワン！

有罪

有罪になっても、その人に刑罰を受けた過去がなく、3年以下の懲役《ちょうえき》または禁固もしくは50万円以下の罰金だった場合は「執行猶予《しっこうゆうよ》」が適用されることがあります。執行猶予期間中に新たな罪を犯さなければ、刑の言い渡しがなかったことにされる、という制度です。

Law&
Politics
24

マイナンバー制度はなぜ作られた？

「マイナンバー制度が導入されると便利になる」といわれ、健康保険証としても使えるようになった。そもそも、この制度の目的とはいったいなんなのか？

一生ついて回る12ケタの個人番号

「マイナンバー」は、国が国民を管理するための番号であり、正式には「個人番号」といいます。国民一人ひとりに12ケタの個別の番号が与えられ、いったん割り振られると、住所が変わったり結婚したりしても変更されず、原則として一生同じ番号がついて回ります。申請すれば、顔写真付きのICカード（**マイナンバーカード**）が交付されます。

マイナンバー制度は、さまざまな役所が使っている個人識別番号を統一し、管理しやすくする目的で導入されました。一人の人に与えられた基礎年金番号や健康保険証の番号、介護保険や雇用保険の被保険者番号はバラバラです。これらの番号を統一することで、行政機関

➡P103 プラスワン！

マイナンバー制度の役割

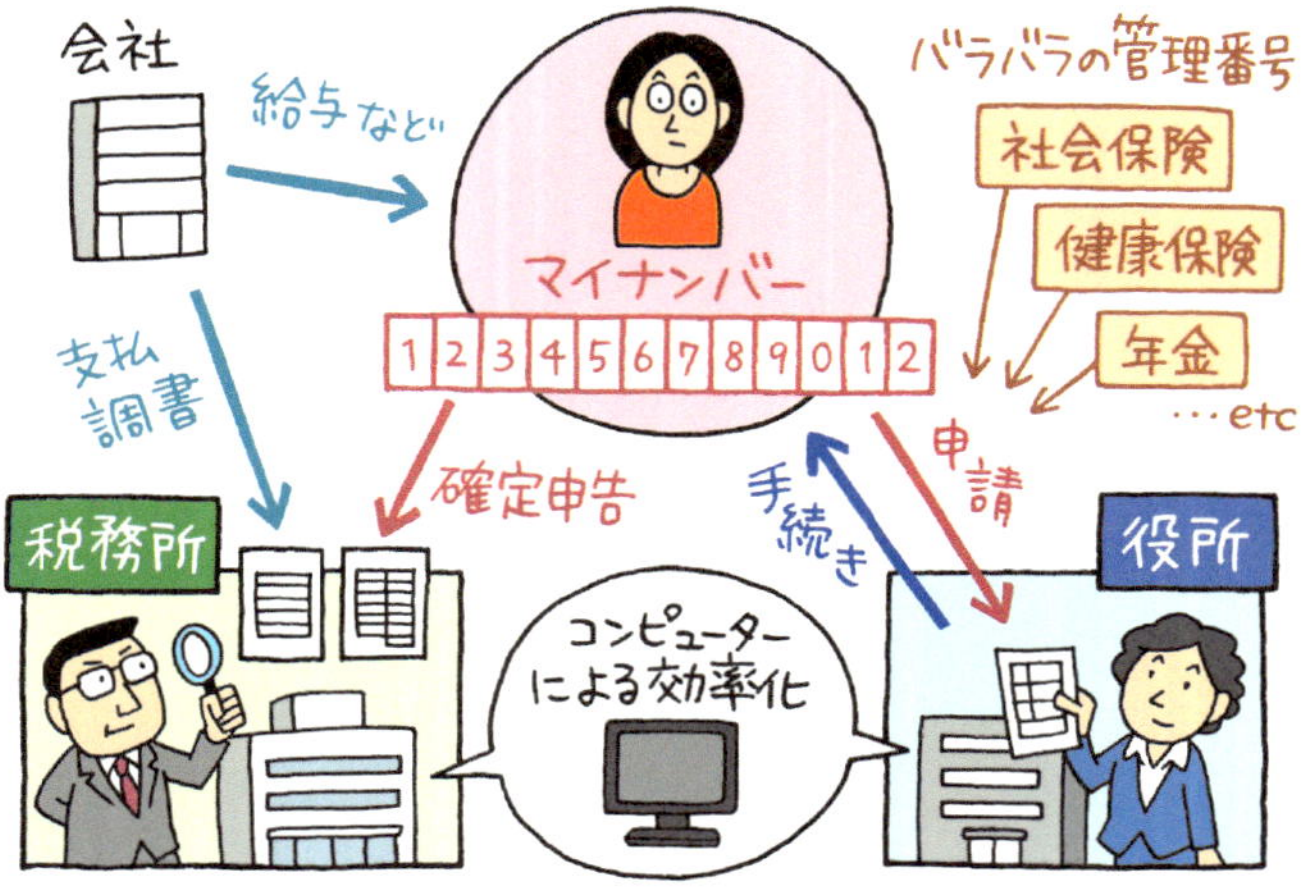

や地方公共団体での手続きが簡略化されますし、まちがいも少なくなります。給付金などの不正受給も防止できます。

また、もっと大きな導入の目的があります。脱税対策です。会社が社員などに給料を支払った場合、管轄《かんかつ》の税務署に源泉徴収票を提出します。その人の所得がこれだけなら脱税の心配はありませんが、なかには複数の会社から収入を得ている人もいます。この場合、支払った会社がそれぞれ税務署に支払調書を提出します。この支払調書は、支払いを受けた人が住む地域の税務署に集められて、税務署員が手作業で集計することになります。

支払いを受けた人は、所得の総額を計算し、確定申告書を税務署に提出します。税務署では、この確定申告書と支払調書を突き合わせて、正しく納税されているかどうかを確認します。ただ、手作業では限界があり、脱税が見逃されてしまうリスクもあります。その点、個人番号ですべて管理されていれば、コンピューターによる照合で不正な申告をチェックできるわけです。

マイナンバー制度のリスク

日本のマイナンバー制度のような番号制度は、欧米では一般的です。アメリカでは「社会保障番号」が割り振られ、個人確認に使われています。ただ、番号制度は効率的な反面、トラブルのリスクもあります。

実際に、偽造されたマイナンバーカードを使ってスマホの機種変更を行い、不正決済を行う詐欺《さぎ》事件や、コンビニでの証明書の交付システムで別人の書類が発行される問題が起きました。また、**サイバー攻撃**（➡204ページ）によって個人情報が流出する心配もあります。

池上＋1 プラスワン！

マイナンバーカード

マイナンバーカードは、無料で交付されるプラスチック製のカード。マイナンバーの確認ができるだけでなく身分証明書としても利用できます。2024年5月26日時点でのカードの普及率は人口の約74%。2024年12月からは、現行の健康保険証の発行を終了し、マイナンバーカードでの保険証利用を基本とするしくみに移行します。

Law&
Politics
25

日本の皇室制度を知っておきたい

〝世界最長の王朝〟ともいわれる日本の皇室。
そもそもどのようにして誕生したのか？
天皇陛下はどのような一日をすごされているのか？

皇室はいつ、どうやって誕生した？

「皇族」と「皇室」は、いったいどう違うのか。皇族は「天皇の親族」のことで、天皇ご自身は含まれません。一方、天皇と皇族を総称しているのが皇室。皇室の歴史は、初代天皇である神武《じんむ》天皇から始まったと伝えられています。今上《きんじょう》天皇（今の天皇陛下）は、神武天皇から数えると126代目となります。

ただ、実は初代から数代の天皇は実在せず、神話の中の存在という説が一般的です。日本の古い歴史書『日本書紀』によれば、その昔、**伊弉諾尊（イザナギノミコト）**（➡296ページ）と伊弉冉尊（イザナミノミコト）という男女の神様がいました。二人は天《あま》の橋に立ち、矛《ほこ》で

『日本書紀』による日本の皇室のルーツ

海をかき混ぜて日本列島を作りました。さらに、山や海など自然を守る神々を作ります。その後、二人は神々をまとめるいちばん偉い神様を産もうと考え、**天照大神（アマテラスオオミカミ）****（➡271ページ）**が誕生しました。そして天照大神が天を治め、その孫が地上を治めることになり、地上を治めた神の子孫が橿原宮《かしはらのみや》で即位して神武天皇になったというわけです。ちなみに、実在した最古の天皇は、3世紀ごろの15代応神《おうじん》天皇と考えられています。

天皇陛下の多忙な公務

天皇陛下は、ふだんどのような一日をすごされているのか。私たちは、天皇陛下が新年祝賀の儀《ぎ》にお出ましになったり、来日した国賓《こくひん》と会談されたり、総理大臣の任命を行っている様子などをニュースで見聞きします。そのほかにも天皇陛下は執務室で書類に目を通され、年間1000件以上のサインをされています。また、外国の元首に弔電《ちょうでん》や祝電を送られることもあります。

そして、天皇陛下のもっとも重要なお仕事は、国や国民の平和と幸せを「祈ること」です。天皇陛下は、いわば日本の神主《かんぬし》の代表のような存在であり、皇居では重要な祭儀である「宮《きゅう》中祭祀《ちゅうさいし》」が年に20件近く行われています。祭儀は早朝や深夜に行われることもあります。天皇陛下のご公務は、1年のうち約300日を占めるのです。

皇室継承《けいしょう》問題

日本の皇室は一貫して男系《だんけい》で継承されてきました。男系とは、父方に天皇の血筋を引いていることです。皇族は皇室に関する法律である「皇室典範《てんぱん》」によって、養子縁組を行うことはできません。後を継ぐことができるのは男系男子にかぎられます。

天皇になる順番は「皇位継承順位」といい、皇室典範に定められています。2019年4月30日に**明仁《あきひと》天皇陛下が退位**し、皇太子徳仁《なるひと》親王《しんのう》が5月1日に新天皇に即位しました。これにより、現在の皇位継承順位の1位は秋篠宮《あきしののみや》文仁《ふみひと》親王、2位は悠仁《ひさひと》親王、3位は常陸宮《ひたちのみや》正仁《まさひと》親王です。

このままの制度では、悠仁親王が天皇に即位されたときには皇族男子が一人もいない、という可能性もあります。安定的な皇位継承が大きな課題となっています。

池上+1プラスワン！

天皇の生前退位

2016年、明仁天皇陛下は「お言葉」で生前退位のご意向を表明。その後、天皇陛下の退位を認める特例法が成立したことで、2019年に天皇としての務めを終え、上皇陛下となられました。天皇の生前退位が実現したのは202年ぶりのことでした。

COLUMN

法と政治に関するキーパーソン

✔ ドナルド・トランプ

第45代アメリカ合衆国大統領。「メイク・アメリカ・グレート・アゲイン（アメリカを再び偉大に）」をスローガンに掲げ、2016年の大統領選挙に勝利。メキシコとの国境に壁を作ると宣言したり、中国と貿易戦争を起こしたりと、アメリカ・ファースト主義の政策を推進した。このスローガンの英語の略称「MAGA」を訴え、2024年大統領選の再選をめざす。

✔ ウォロディミル・ゼレンスキー

第6代ウクライナ大統領。コメディ俳優としてキャリアをスタートし、テレビドラマでウクライナ大統領を演じた。2019年に出馬した大統領選挙で圧倒的な支持を受け、当選をはたす。ロシアによる軍事侵攻を受けると、首都にとどまり抵抗すると宣言。SNSによる情報発信などを通じて国際的な支援を呼びかけた。

✔ ウラジーミル・プーチン

ロシア連邦大統領。ソ連時代には、諜報《ちょうほう》機関であるKGB（ソ連国家保安委員会）に所属していたが、その後、政界へと転身し、首相を経て大統領に選任された。「強いロシア」の再建をめざし強気な発言を繰り返し、2022年にはウクライナ侵攻に踏み切った。欧米を中心に世界から非難を浴びている。

✔ エマニュエル・マクロン

フランス共和国大統領。2017年に39歳の史上最年少でフランス大統領に就任。しかし、富裕層を優遇する税制改革や燃料税の引き上げといった政策が国民の大きな反感を買い、「黄色いベスト運動」という抗議活動へと発展。エリート意識の強さが不人気の大きな理由とされている。プライベートでは25歳年上である中学時代の恩師を妻に持つことでも知られる。

第3章

キーワード
▼

「世界情勢」
World situation

これだけは
知っておきたい！

World situation

26

国連はどういう組織なのか

日本は国連の常任理事国入りをめざしているけれど、
まだ実現には至っていない。その理由は、
国連の成り立ちと深い関係があるというのだが……。

国連の役割とは？

「国際連合（国連）」は１９４５年に設立された国際組織で、日本は１９５６年に80番目の加盟国となりました。現在の加盟国数は１９３か国。本部はアメリカのニューヨークです。

国連は、第二次世界大戦で多くの犠牲《ぎせい》を払った反省から設立されました。その大きな目的の一つは、国際的な平和の維持にあります。たとえば、国連加盟国が、ある国から侵攻を受けたとしましょう。侵攻を受けた国は、国連に助けを求め、国連の安全保障理事会（国連安保理。国連の第一目的「国際の平和と安全の維持」について責任を負う主要機関）では、侵攻した国に紛争《ふんそう》をやめるよう命令を出します。そして、それでも侵攻をやめない場合は、国

国連の主な役割

連軍が侵攻を受けている国を助ける、というしくみになっています。

ほかにも、国連の役割には「加盟国間の友好関係を作る」「各国の経済的・社会的・文化的または人道的問題を解決する」「国際協力によって人権、基本的自由の尊重を進める」などがあります。

そもそも「国連＝連合国」である

「国連」の英語表記は「United Nations」。これは第二次世界大戦における「連合国（United Nations）」をそのまま継続して使ったものです。そのため中国語では、国連のことを「連合国」と表記しています。

一方の日本では、外務省の〝意図《いと》的な誤訳〟

によって「国連」と名づけたので、一般的に「連合国と国連は別物」という認識が定着しています。しかし実際には、国連は連合国そのもので、「旧敵国条項」というものがあることでも明らかです。旧敵国とは、第二次大戦中に連合国の敵だった日本やドイツ、イタリアなどのことです。

たとえば、日本と中国がトラブルを起こし、日本が中国を攻撃した場合、中国は国連に断りなく日本を攻撃してよい、ということになっているのです。

2022年の時点で、日本は国連分担金をアメリカ（22%）、中国（15・3%）に次いで多く（8・0%）担っています。でも、国連安保理の常任理事国にはなっていません。そのため、「これだけ貢献しているのに常任理事国になれないのは、やはりおかしいのでは？」ということで、**日本は、常任理事国の枠《わく》を広げてその一角を占めたいと主張**しています。

これに対し、特に中国や韓国などは強く反対しています。反対の理由として、「旧敵国を常任理事国にはさせられない」という声があるのです。

池上 +1 プラスワン！

日本は非常任理事国

日本は2022年6月、安保理非常任理事国に選出されました。これで国連加盟国の中で最多となる12回目の非常任理事国入りとなりました。日本は、常任理事国入りを含む安保理改革をめざして活動しているわけです。

国連に日本人職員はいる？

現在、国連の事務総長は元ポルトガル首相のアントニオ・グテーレスです。伝統的に、国連総長はアメリカ・中国・ソ連（ロシア）・イギリス・フランス・ドイツなどの大国ではなく、比較的小さな国の中立的な人が就任するというのが暗黙《あんもく》の了解となってきました。ですから現在のところ、日本出身の国連事務総長はまだ誕生していません。

また、日本では、故・緒方《おがた》貞子元国連難民高等弁務官のように、国連の要職に就いた人もいますが、国連職員をめざす人は多くありません。実は、分担金に応じて国連職員になれる枠はあるのですが、日本人枠は使い切ることができずに他国の人材で埋めている状況となっているのです。

国連で働くには、国連の公用語を2か国語以上使いこなさなければなりません。さらに、開発途上国の人たちからみれば、国連職員の給料は高額で魅力的なのですが、日本の場合、もっと好待遇《こうたいぐう》の仕事も少なくありません。こういったこともあり、日本人の国連職員への応募が消極的になっているといえそうです。2022年末時点での日本人職員数は961人。政府は2025年までに1000人とする目標を掲げています。

World situation

27

日米安保とはどんなもの？

戦後まもなくから継続更新されている日米安保条約。
そもそもこれはどんな経緯《けいい》で結ばれたのか？
沖縄に米軍基地が集中するのはなぜか？

日米安保条約が結ばれた背景

第二次世界大戦（⬇282ページ）後、1951年に締結された「サンフランシスコ講和条約」によって、日本は連合国軍からの占領を解かれ、独立国となりました。独立国になったことで、米軍は日本国内に駐留できなくなりました。

ところが米軍が日本からいなくなると、日本の防衛と安全保障に不安が生じるので、日米ともに米軍の駐留継続を希望しました。そこで、アメリカが軍隊を置くのを認めるために結ばれたのが「日米安全保障条約（日米安保条約）」でした。

1960年になって、この条約は改定されます。新安保条約のポイントは二つありました。

一つは「日本が攻撃されたら、日米が一緒に守る」ことです。それまでは、日本が攻撃を受けたときに米軍が日本を守るかどうかは、アメリカ政府が判断できるものとされていました。そしてもう一つは「日本で内乱が起きたときに米軍が介入できる」という条項を撤廃《てっぱい》したこと。アメリカにとって都合のいい不平等な内容をあらため、日米の対等な関係をめざすものでした。

しかし、「日本がアメリカの戦争に巻き込まれる」という反対論も強く、数万人規模のデモが国会を取り巻き、大学生の死者を出すまでの事件に発展しました。

１９７０年、新安保条約から10年目の更新時には、再び大規模な反対運動が起こりました。この混乱の影響から、条約は自動更新されるようになりました。日米どちらかが1年前に「破棄《はき》する」と予告すれば条約を破棄できることになっています。それ以降は、自動延長が繰り返される形で現在に至っています。

沖縄に集中する米軍基地

日米安保条約によって、日本国内には米軍の施設や基地、演習場、飛行場などが点在する状況となりましたが、その全体面積の7割以上は沖縄に集中しています。

日米安保の歩み

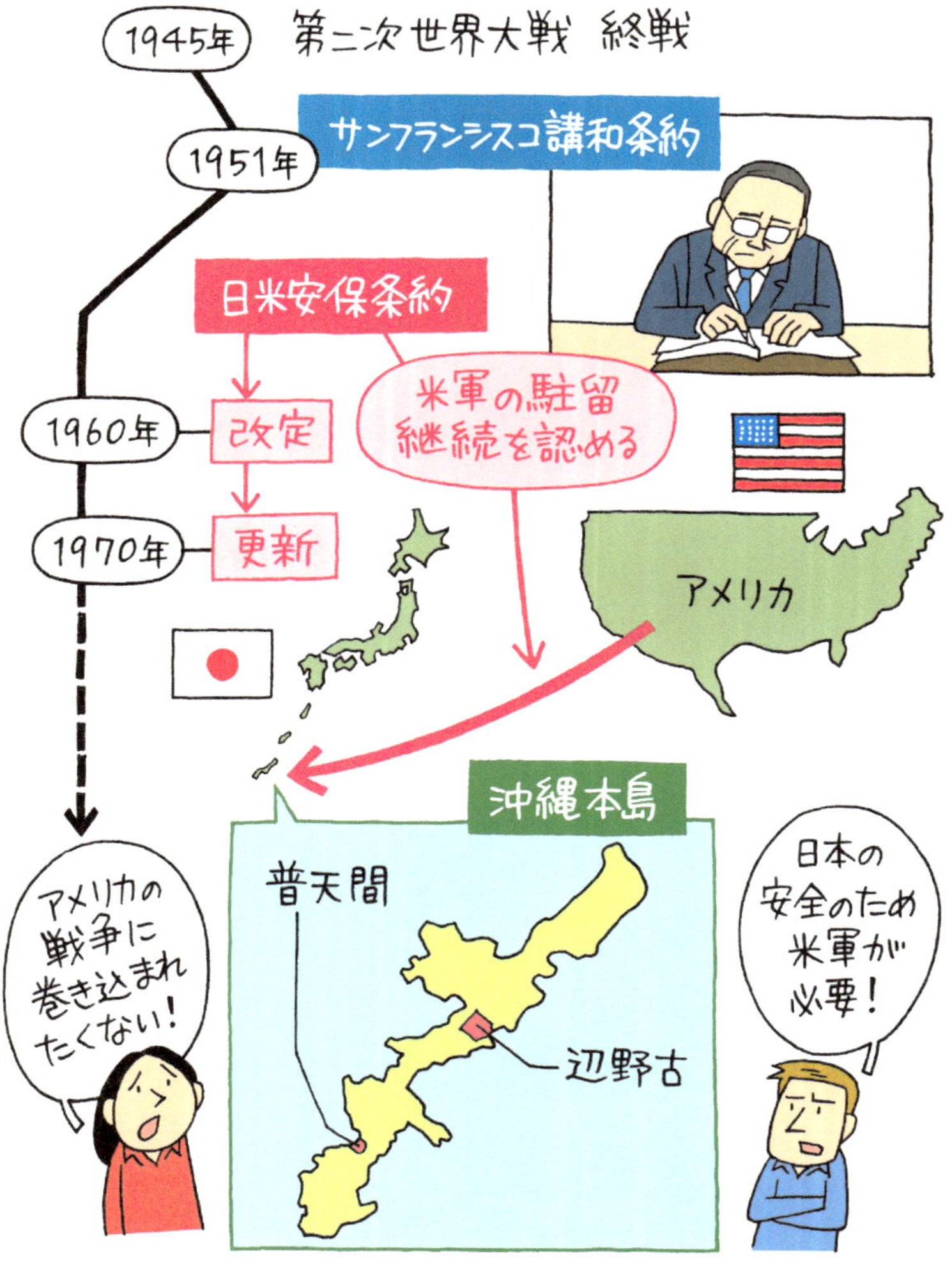
1945年
第二次世界大戦 終戦
1951年
サンフランシスコ講和条約
日米安保条約
1960年
改定
1970年
更新
米軍の駐留
継続を認める
アメリカ
沖縄本島
普天間
辺野古
アメリカの
戦争に
巻き込まれ
たくない！
日本の
安全のため
米軍が
必要！

沖縄に米軍の施設が集中する原因は、第二次世界大戦で米軍と日本軍の地上戦が行われたこと。米軍は戦後に日本軍の基地を使い続け、その後、新たな基地を造成していきました。

1950年には**朝鮮戦争**(➡290ページ)が勃発《ぼっぱつ》し、沖縄の基地から米軍の兵士が多数、朝鮮半島に出兵しました。やがて**ベトナム戦争**(➡298ページ)が始まると、今度は沖縄の嘉手納《かでな》基地から爆撃機がベトナムに出撃します。沖縄は、米軍にも日本にも、アジアの安全保障の重要拠点とされてきたのです。

現在、沖縄では米軍普天間《ふてんま》基地を名護《なご》市辺野古《へのこ》に移設する計画が進められています。米軍が沖縄に駐留することでアジア地域の安全を守るという考え方の根本には、前述の日米安保条約があります。

2015年、政府は憲法の解釈を変更し、集団的自衛権の行使を可能とする**安保法制**を成立させました。これは、米軍との関係を深めて日米の協力体制を強化するためのもの。日米安保条約の実質的な改定を行ったのです。

池上+1 プラスワン!

安保法制

これまで米軍は「極東の平和と安全に寄与」するために日本に駐留することになっていました。政府によれば、「極東」は「フィリピン以北ならびに日本及びその周辺地域」とされてきましたが、日本政府は日米防衛のガイドラインを改定し、この地理的な制約を取り払いました。要するに、世界中に自衛隊が出ていって米軍を支援できることになったわけですね。

World situation
28

日中関係の今を知っておきたい

歴史を振り返れば、日本が中国から大きな影響を受けたのは事実。でも、両国の関係はしばらくギクシャクしている。日中の関係を、もう一度学び直す。

反日感情のきっかけ

日本と中国は、１９３７年の盧溝橋《ろこうきょう》事件をきっかけに全面的な戦争（日中戦争）へ突入。１９４１年には**太平洋戦争**（⬇２８３ページ）へと拡大し、日本が無条件降伏するまで両国に多くの犠牲者を出しました。

１９５２年、日本は戦争中に戦った中華民国（台湾）とのあいだに平和条約（日華条約）を締結し、中華民国は日本に対する戦争賠償金の請求を放棄《ほうき》します。当時の日本は、中国大陸に建国された中華人民共和国を、中国の正統な政府であると認めていませんでした。

その後、国連の中国代表権は台湾政府から北京政府に代わり、１９７２年に田中角栄総理

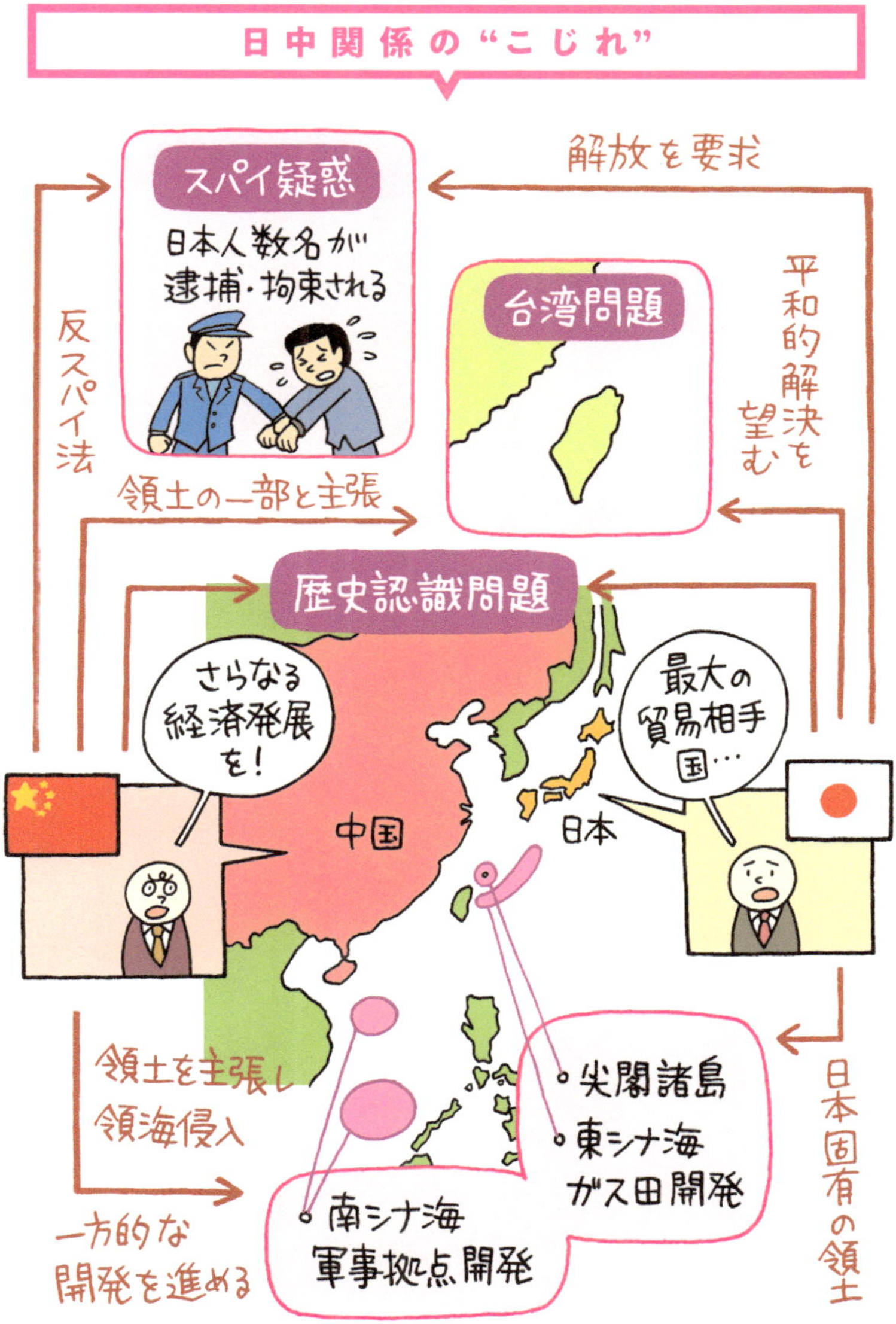

日中関係の“こじれ”
スパイ疑惑
日本人数名が逮捕・拘束される
解放を要求
反スパイ法
台湾問題
平和的解決を望む
領土の一部と主張
歴史認識問題
さらなる経済発展を！
最大の貿易相手国…
中国
日本
尖閣諸島
東シナ海ガス田開発
南シナ海軍事拠点開発
領土を主張し領海侵入
一方的な開発を進める
日本固有の領土

の訪中によって日中国交正常化に合意。1978年には日中平和友好条約が結ばれました。

このとき中国は、台湾政府と同じように日本への賠償請求を放棄しました。その代わり、日本はODA（Official Development Assistance＝政府開発援助）という形で中国を援助してきました。この援助は、実に2018年度まで続くことになります。

しかし、ここで問題が起きました。前述の経緯を知らない中国の人が、日本の戦争責任を追及する声を上げるようになったのです。

実は反日感情は、中国の民主化運動を軍事力で弾圧した**天安門事件**（⬇306ページ）とも関係しています。共産党の政治的正統性を高めようと「愛国教育」を強化したため、国民のあいだに反日感情が広まったわけです。

解決の見通しがつかない尖閣《せんかく》問題

尖閣諸島は、沖縄県石垣《いしがき》島の北約170キロに位置し、五つの島と三つの岩礁《がんしょう》からなる島々です。日本は、1895年に自国の領土として沖縄県に編入しましたが、1971年になってから、中国と台湾が領有権を主張し始めます。この付近の海底に、石油や天然ガスなどの地下資源が埋蔵されている可能性があると報告されたことが大きな理由です。

尖閣諸島とは？

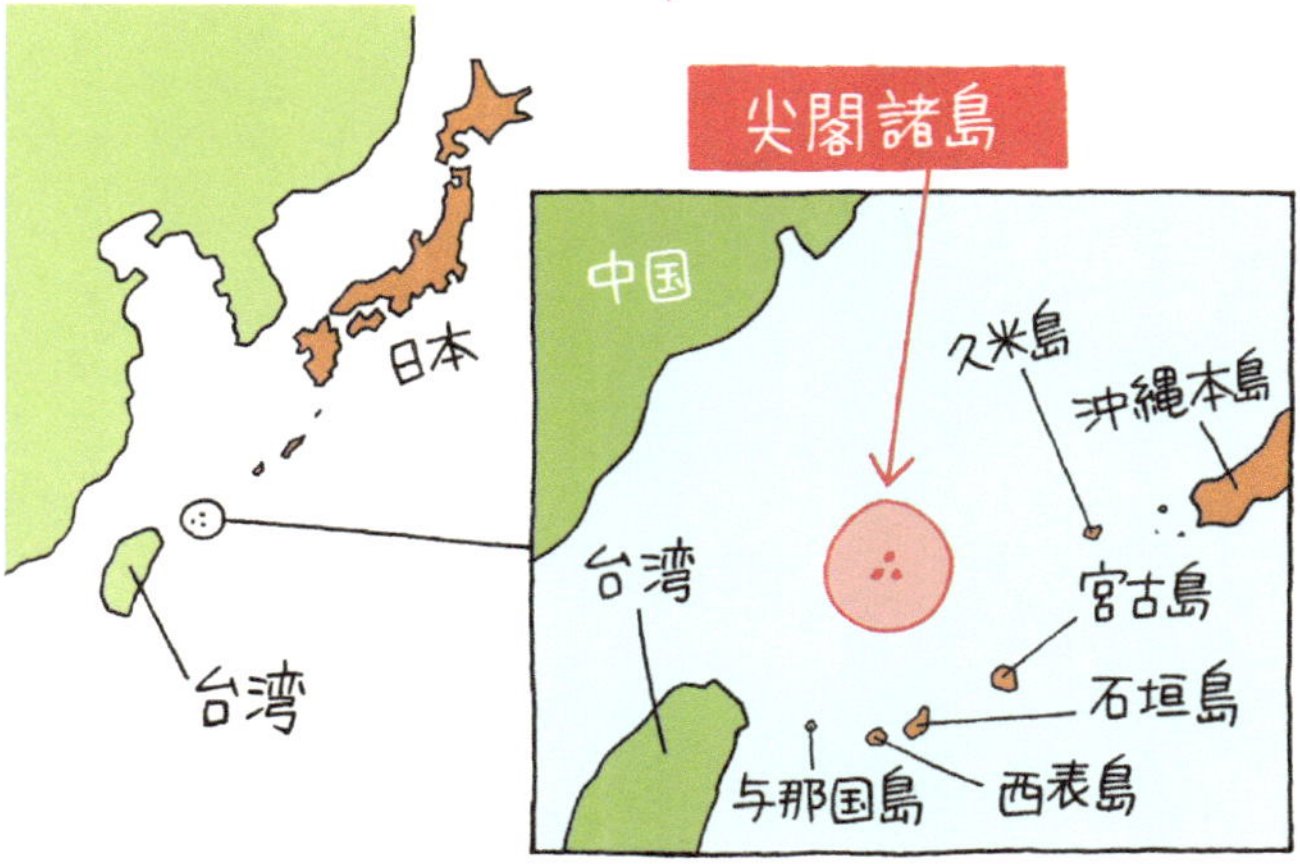

２０１２年、**日本政府が個人の地権者から尖閣諸島を買い取り、国有化**するという合意が発表されると、中国ではこれに反発する反日デモが各地で起きました。最近でも、尖閣諸島の周辺海域で中国の公船が領海侵入を繰り返すなど、両国の緊張は今なお続いています。

➡P122 プラスワン！

日中関係は今後どうなる？

現在も日中関係はけっして良好とはいえない状況です。中国は２０１４年、スパイ行為の取り締まり強化を目的とする「反スパイ法」を制定。外国企業の社員がスパイ行為に関与したとして拘束《こうそく》される事例が相次ぎ、日本人もこれまで17人が拘束されています。

反スパイ法ではスパイ行為の定義があいまいで、国際社会は「法律が恣意《しい》的に運用されるおそれがある」と懸念していました。その後、中国は2023年に「改正反スパイ法」を施行。スパイ行為の定義が拡大されました。中国の経済成長にブレーキがかかっていることもあり、中国に進出する日系企業の多くが投資を縮小する方針を示しています。

台湾との関係

そして、もう一つ日中関係で最大の懸念事項となっているのが、台湾有事の可能性です。習近平《しゅうきんぺい》国家主席は、「台湾統一を成し遂げるために武力行使も辞さない」と発言するなど、台湾統一への意欲を見せています。

2024年には中国の呉江浩《ごこうこう》駐日大使が、「日本が台湾独立や中国分裂に加担すれば民衆が火の中に連れ込まれることになる」と発言。外務省は極めて不適切だと抗議しました。

今後、少子高齢化で国力が低下するとも予測されている中、中国の動きから目が離せません。

池上+1 プラスワン!

日本固有の領土

日本政府は「尖閣諸島に領土問題は存在しない」と主張しています。日本固有の領土であるのは歴史的にも国際法上も明らかであり、そもそも交渉する必要はない、というわけですね。

World situation 29

日韓関係はなぜ問題になるのか

戦時の賠償《ばいしょう》をめぐってことごとく対立する日本と韓国。今、両国の関係は良好になりつつあるが……。そもそもこじれた原因はなんなのか？

「元徴用工《ちょうようこう》問題」とは？

2018年、韓国の最高裁判所にあたる大法院が、韓国の元徴用工に損害賠償の請求権を認める判決を下しました（徴用工判決）。徴用工とは、日本が戦時中（朝鮮半島を統治していた時代）に、朝鮮半島から日本の工場などに労働者として動員された人たちです。

元徴用工は「未払いの賃金がある」「劣悪な環境下で重労働を押しつけられた」などと、新日鐵《しんにってつ》住金（当時の社名。戦時中は「日本製鐵」、現「日本製鉄」）を訴え、韓国の裁判所が一人あたり約1000万円の賠償金を支払うように命じました（**元徴用工問題**）。新日鐵住金がこの判決に応じないでいたところ、同社が韓国に保有している資産の差し押さえが決

➡P124 プラスワン！

定。これを機に、日韓関係は大きく悪化しました。

２０２３年になって韓国の尹錫悦《ユンソンニョル》政権は、韓国の財団が日本企業に代わって賠償金相当額を支払う解決策を発表しました。

日韓基本条約の取り決めが覆された

日本は１９１０年に、当時の大韓帝国を併合。日本が戦争に負けて引き揚げるまで、韓国は日本の統治《とうち》を受けてきました。その後、両国は１９６５年に国交を正常化して「日韓基本条約」を締結、同時に「日韓請求権並びに経済協力協定」を結びました。交渉の過程で韓国は戦時賠償《ばいしょう》金を要求したのですが、日本も韓国に残した財産の返却を求めたため、最終的に「差し引きゼロ」ということにして、お互いに請求権がないことを確認したのです。

ただ、日本としては韓国を統治していた時代の反省として、「独立祝い金」の名目で経済協力を約束しました。

池上＋1 プラスワン！

元徴用工問題

2024年に読売新聞社と韓国日報社が実施した共同世論調査では、現在の日韓関係を「良い」とした人は、日本で50%、韓国は42%となりました。元徴用工訴訟問題の解決策については、日本で「評価する」とした人は51%となっています。日韓両首脳は、2025年の日韓国交正常化60周年に向けて日韓関係をさらに向上させるため、緊密な対話を継続させていくこととしています。

“すれちがい”の日韓関係

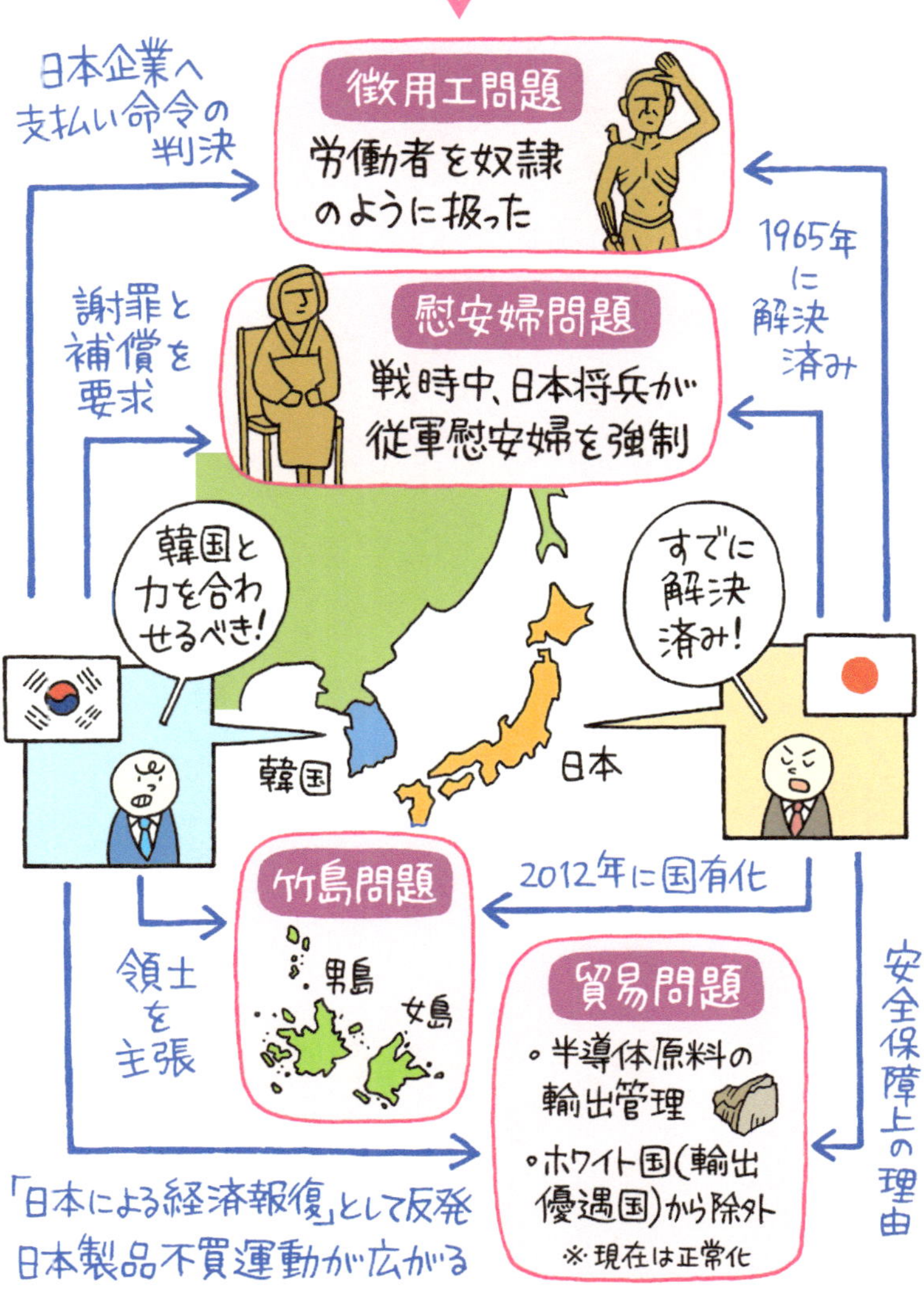
徴用工問題
労働者を奴隷のように扱った
日本企業へ支払い命令の判決
1965年に解決済み
慰安婦問題
戦時中、日本将兵が従軍慰安婦を強制
謝罪と補償を要求
韓国と力を合わせるべき！
すでに解決済み！
韓国
日本
竹島問題
男島
女島
領土を主張
2012年に国有化
貿易問題
・半導体原料の輸出管理
・ホワイト国（輸出優遇国）から除外
※現在は正常化
安全保障上の理由
「日本による経済報復」として反発
日本製品不買運動が広がる

韓国に対して20年間で総額3億ドルを無償《むしょう》供与し、2億ドルを低金利で貸し出すほか、日本の民間企業も3億ドルの資金を融通《ゆうずう》することを決めたのです。

これにより、日韓両国では損害賠償問題はすべて解決ずみとされてきました。日本としては、賠償の代わりに資金提供を行ったのだから、あとは韓国国内でそのお金を使って個人の賠償などにあてればいいと考えたわけです。ところが、韓国の最高裁判所は「個人の請求権は存在する」という理屈を持ち出し、放棄したはずの請求権を主張するようになったのです。

竹島《たけしま》の領有権をめぐる対立

日韓は、竹島をめぐる領土問題でも対立を続けています。竹島は、島根県隠岐《おき》諸島の北西約158キロに位置する、東京の日比谷《ひびや》公園と同じくらいの小さな島です。日本は江戸時代初期にあたる17世紀半ばに竹島の領有権を確立、1905年には明治政府が島根県に編入し、日本の領土としてきました。

ところが1952年になって、当時の韓国大統領の李承晩《イスンマン》が国際法に反して「李承晩ライン」と呼ばれる領海線を一方的に設定し、ラインの内側の漁業管轄《かんかつ》権を一方的に主張するようになります。そのライン内に竹島も取り込まれていました。李承晩ラインの内側に入った日本の漁船は次々に拿捕《だほ》され、韓国側の銃撃による死者も出ました。その後、韓国は1954年に沿岸警備隊を駐留させて竹島を占拠、一方的に実効支配下に置いてしまったのです。李承晩ラインは1965年の日韓漁業協定の締結により撤廃されたものの、韓国は竹島に宿舎や監視所などを設置し、今でも占拠を続けています。

慰安婦《いあんふ》問題の日韓合意が破棄された

さらに、日韓のあいだでくすぶっているのが「慰安婦問題」です。慰安婦とは、戦時中に将兵たちの性の相手をしていたとされる女性のこと。慰安婦募集の強制性や日本軍の関与、人権問題などをめぐる問題が議論の中心となってきました。

2015年、慰安婦問題に関する日韓合意が交わされました。これは、日本政府が元慰安婦を支援する団体に10億円を拠出し、この問題を「最終的かつ不可逆的に解決する」とした合意でした。しかしその後、釜山《プサン》にある日本総領事館前の歩道に無許可で慰安婦像が設置されたり、韓国の裁判所が日本政府に賠償を命じる判決を言い渡したりと、問題が蒸し返されました。これではなんのための日韓合意だったのかわかりません。世界的に、慰安婦は重大な人権侵害とみなされるため、日本の立場を左右しかねない問題なのです。

World situation 30

拉《ら》致《ち》問題など日朝関係はどうなっている？

北朝鮮によるミサイル発射のニュースをよく見聞きする。拉致問題、核開発疑惑など、いつになったら解決するのか……。日本と北朝鮮が抱える問題をここでおさらいする。

北朝鮮が独裁国家になった理由

北朝鮮（朝鮮民主主義人民共和国）は、韓国と同様に１９１０年から日本の植民地となり、**第二次世界大戦が終わるまで日本の統治下**にありました。戦後、朝鮮半島は一つの国家として独立するはずでしたが、アメリカとソ連の**東西冷戦**（➡２８６ページ）のあおりで北緯38度を境に北半分をソ連、南半分をアメリカが占領することになります。

１９４８年、朝鮮半島の北側に建国した北朝鮮は、金日成《キムイルソン》を最高指導者として独裁的な政治体制を確立します。金日成は朝鮮半島出身で、もともとはソ連軍の大尉《たいい》。ソ連が自国に都合のよい国家を作ろうとして指導者に選んだ人物です。金日成は、政治的に対抗する勢力の有力者を次々と粛清《しゅくせい》（反対勢力の追放）・処刑し、権力基盤を強化しましたが、経済的には低迷していきます。1994年に金日成が死去すると、独裁政治は息子の金正日《ジョンイル》に引き継がれますが、水害や干ばつによる食糧難で国力はますます低下しました。

北朝鮮が一貫して行ってきたのは軍事優先の国家作りでした。軍事力を示すことで、アメリカをはじめとする各国から経済的な譲歩を引き出したいとの思惑があるのです。

今私たちは、北朝鮮が日本海に向けてミサイルを発射したというニュースをよく目にします。日本側は抗議するものの、北朝鮮に自制する気配はありません。

日本を脅かす北朝鮮の核兵器

日朝間の大きな問題の一つは核兵器開発。北朝鮮は、1980年代から核兵器の開発に着手していたことが明らかになっています。この動きを阻止しようとしたアメリカは、1994年に北朝鮮への先制攻撃を検討します。

池上＋1プラスワン！

日本人妻

戦後の日本には、朝鮮半島を支配しているときにやってきた朝鮮半島出身者が大勢いました。労働力不足に悩んでいた北朝鮮はこうした人たちに目をつけ、帰国運動を進めました。「帰国者」の中には在日朝鮮人と結婚していた「日本人妻」もいます。こうした人たちは、北朝鮮で厳しい生活を余儀《よぎ》なくされましたが、日本に帰国するめどは立たないままです。

日朝関係の背景にあるもの

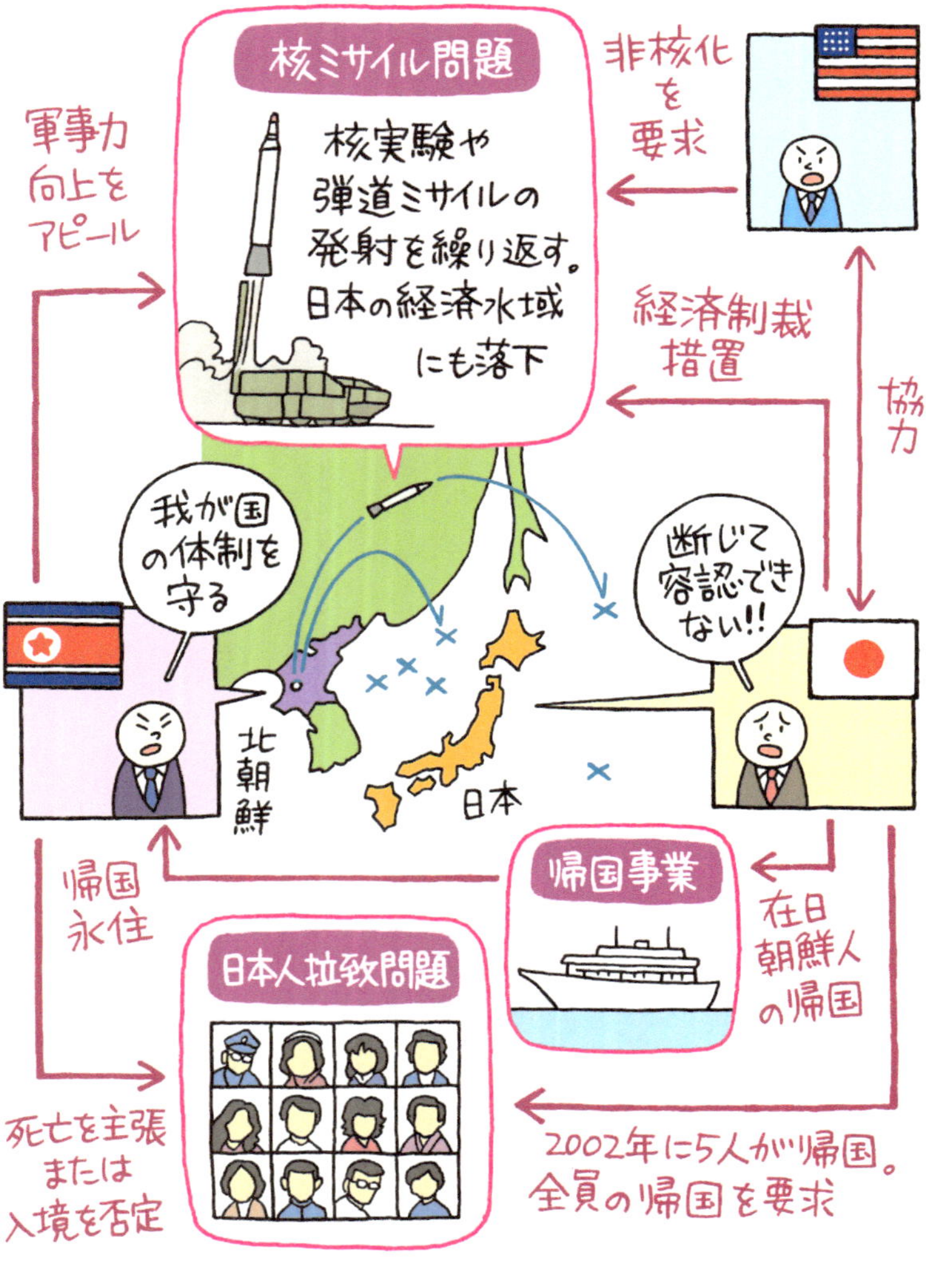

最終的にアメリカは攻撃を回避し、「北朝鮮は核兵器の開発をしない」という約束を取り付けました。その代わりに、アメリカや日本、韓国、ＥＵがお金を出し合い、プルトニウムを取り出しにくい原子炉を作り、原子炉が完成するまで重油を援助することにしました。しかし、北朝鮮はこの約束を反故《ほご》にして、２００２年には核施設の運転再開を表明。事実上の核兵器開発宣言を行います。

この動きに対応するため、アメリカ、中国、北朝鮮の三者は協議を行い、後に韓国、ロシア、日本を加えた「六か国協議」へと発展します。六か国は２００３年から協議を開始しましたが、北朝鮮は核兵器の製造・保有を宣言したかと思うと、今度は破棄を約束するなど態度を変えた挙げ句、２００９年に離脱を表明。協議は２００８年を最後に開かれていません。

北朝鮮は、２００６年から２０１７年までに、実に６回の核実験を実施。その間、２０１１年に金正日が死去し、三男の金正恩《ジョンウン》が最高指導者となりました。２０１８年にはアメリカの**トランプ大統領**（⬇１０８ページ）と金正恩との史上初の米朝首脳会談が行われ、朝鮮半島の非核化をめざすことで合意しましたが、その後の進展は行き詰まりを見せています。

そして最近では、金総書記とロシアの**プーチン大統領**（⬇１０８ページ）が会談するなど、北朝鮮はロシアとの結びつきを強化しています。

解決が待ち望まれる拉致問題

日朝間で一日も早い解決が望まれているのが拉致問題です。拉致問題とは、1970年代から80年代にかけて、日本人が北朝鮮に拉致（連れ去り）された事件をめぐる問題です。事件が起きた理由の一つは、拉致した日本人になりすまして韓国にスパイを潜入させるためでした。また、日本人を装うために、日本語の教師役を確保する必要があったと考えられます。

2002年に日本の小泉純一郎総理が平壌《ピョンヤン》で金正日総書記と会談し、「日朝平壌宣言」に調印。この会談で、北朝鮮は初めて拉致問題への関与を認めて謝罪しました。これで拉致問題についても進展するかと思われましたが、今までのところ被害者5人が帰国しただけで膠《こう》着《ちゃく》状態が続いています。日本政府が認定している拉致被害者は17人ですが、それ以外にも拉致が疑われる不明者の存在が指摘されています。

日本では、被害者の家族による家族会（北朝鮮による拉致被害者家族連絡会）や、家族会を支援する「救う会」（北朝鮮に拉致された日本人を救出するための全国協議会）が結成され、政府や世論に救出を訴える活動を行っています。

World situation 31

ロシアとの北方領土問題がよくわからない

歴史的には「北方領土は日本固有の領土」だったのに、今でもロシアによる実効支配が続いている。どうしてこうなったのか？ 解決のきざしはあるのか？

一貫して日本の領土だった四つの島

「北方領土」とは、北海道の北東に位置する国後島《くなしりとう》、択捉《えとろふ》島、色丹《しこたん》島、歯舞《はぼまい》群島のこと。4島を合わせると、千葉県と同じくらいの面積があります。

北方領土はもともと日本の領土でしたが、今はロシアが実効支配しており、日本が返還を求める状況が長年続いています。どうしてこの問題が起きたのか、歴史的な経緯を確認してみましょう。

江戸時代末期の1855年、江戸幕府と帝政ロシアは「日魯《ろ》通好条約」を結び、北方領土は日本のものであるとの取り決めがなされました。その後も、樺太《からふと》（サハリン）や千島《ちしま》列島

北方領土はどこにある？

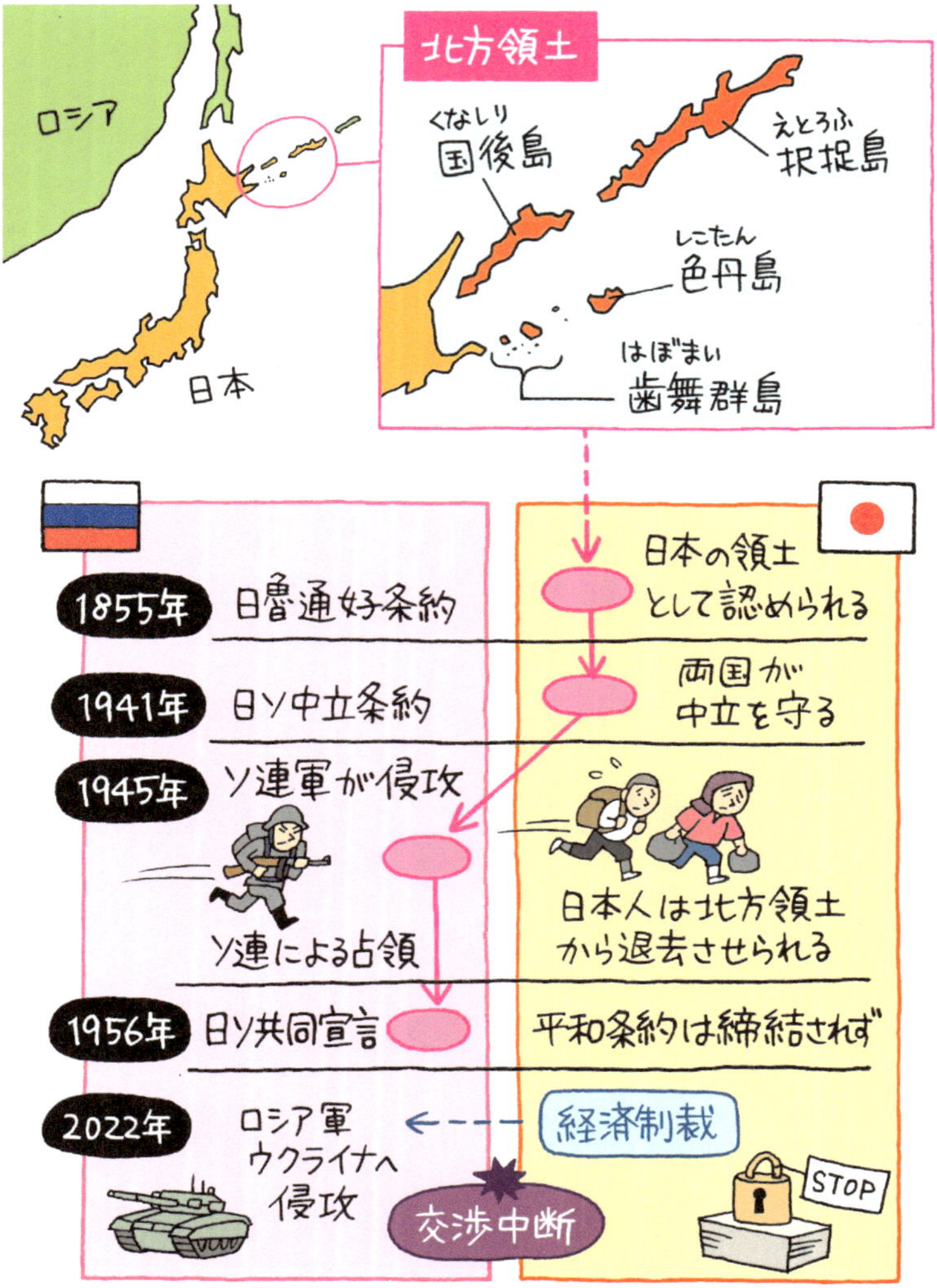

ロシア
日本
北方領土
国後島《くなしり》
択捉島《えとろふ》
色丹島《しこたん》
歯舞群島《はぼまい》
1855年
日魯通好条約
日本の領土として認められる
1941年
日ソ中立条約
両国が中立を守る
1945年
ソ連軍が侵攻
ソ連による占領
日本人は北方領土から退去させられる
1956年
日ソ共同宣言
平和条約は締結されず
2022年
ロシア軍ウクライナへ侵攻
経済制裁
交渉中断
STOP

の帰属をめぐっては何度か変更があったものの、北方領土は一貫して日本の領土として認められてきたのです。

1941年に日本とソ連は「日ソ中立条約」を締結し、お互いに中立を守る約束をしていたのですが、1945年8月9日にソ連側が一方的に条約を破棄。日本軍が駐留していた満州（中国東北部）への侵攻を開始しました。

8月15日に日本が連合国に降伏《こうふく》した後もソ連は戦闘をやめず、9月5日までに北方領土を一方的に占領してしまいます。当時、北方領土に暮らしていた日本人約1万7000人は、1948年までに強制的に島を追い出されてしまいました。そして、現在までその占領が続いているのです。

なぜ交渉がなかなか進まなかったのか？

1951年、日本は「サンフランシスコ講和条約」を結び、占領していた植民地を放棄することになりました。このときも、北方領土は放棄した領土には含まれていません。ところが、このときすでに東西冷戦（⬇286ページ）が始まっていたために、サンフランシスコ講和会議にはソ連が参加しておらず、条約にも署名していませんでした。日本は、ソ連に対して北方領土の返還を求める交渉をしなければならなくなったのです。

1956年、日ソ共同宣言によって日本とソ連の国交が回復しました。このときソ連は「平和条約を結んだら歯舞、色丹を日本に引き渡す」と約束したものの、平和条約の交渉は進みませんでした。日本には「2島を返還してもらえればいい」という考えもあったのですが、ソ連と対立していたアメリカは日本とソ連の対立を望みます。日本に対して4島返還を求めるようプレッシャーをかけた結果、日本国内では4島返還を前提とする主張が強くなります。

また、1960年には日米安保条約が改正され、アメリカが日本を防衛する義務があることが明記されます。ソ連としては、歯舞、色丹を返還した後、そこにアメリカ軍の基地を作られることを恐れています。そういうわけで、日本とソ連の交渉は行き詰まってしまったのです。

平和条約に向けた交渉が中断

1973年には、当時の田中角栄総理とソ連のブレジネフ書記長が会談したものの、両者の主張が折り合わず、交渉はまとまりませんでした。そして、ソ連崩壊後の1997年には、橋本龍太郎総理とロシアのエリツィン大統領とのあいだで2000年までに平和条約の締結をめざすことで合意しました。しかし、橋本総理やエリツィン大統領の退陣によって交渉の動きは勢いを失います。

2018年、ロシアの**プーチン大統領**（⬇108ページ）は突然、「あらゆる前提条件を抜きにして、年末までに平和条約を結ぼう」と安倍総理に提案しました。ロシアには、サハリンでの天然ガス開発に日本の技術や資金を引き出したい思惑があったのです。そこで日本は2島先行返還に舵《かじ》を切り、柔軟に交渉を進める姿勢を示しました。2島返還のうえで、国後、択捉については日ロで共同開発を進めていこうという考え方です。しかし、ロシアは北方領土へのアメリカ軍の駐留など、安全保障上の懸念を主張。領土割譲を禁じる憲法改正を行い、交渉は暗礁《あんしょう》に乗り上げました。

そして2022年、ロシアによる**ウクライナ侵攻**（⬇144ページ）を受けて、日本はロシアに対して石油・石炭の原則輸入禁止や、個人・団体を対象とした日本国内の資産凍結など制裁を発動。ロシアは報復として、平和条約締結に向けた交渉の中断を発表しました。**問題を一気に解決するのは難しい状況**が続いています。

池上＋1 プラスワン！

日ロの相互理解

1992年から、日ロ両国民の相互理解を深めることなどを目的に、北方四島元居移住者、返還運動関係者などが北方領土を訪れ、現地のロシア人との交流を行っています。また、北方四島に住むロシア人を日本に呼び、日本の文化を体験してもらう活動も行われています。

World situation 32

中東和平問題を知っておきたい

いつまでたっても完全な解決には至らないこの問題。そもそもこの問題のきっかけとなったのは何か? 歴史的な背景から、もう一度おさらいしてみる。

パレスチナの分割が発端

「中東和平問題」は、別名「パレスチナ問題」とも呼ばれます。ひと言でいうと「パレスチナ地方をめぐるアラブ人とユダヤ人の争い」ということです。

地中海東岸にあるパレスチナには、2000年ほど前までユダヤ人の王国がありました。これがローマ帝国に滅ぼされ、ユダヤ人は世界各地に離散します。ユダヤ人の後にパレスチナに住んでいたのは、イスラム教徒のアラブ人でした。

パレスチナを出てヨーロッパに渡ったユダヤ人は、キリスト教世界のヨーロッパで差別を受けました。特に第二次世界大戦中はナチス・ドイツによるユダヤ人大量虐殺《ぎゃくさつ》が起きました。

パレスチナ分割への過程

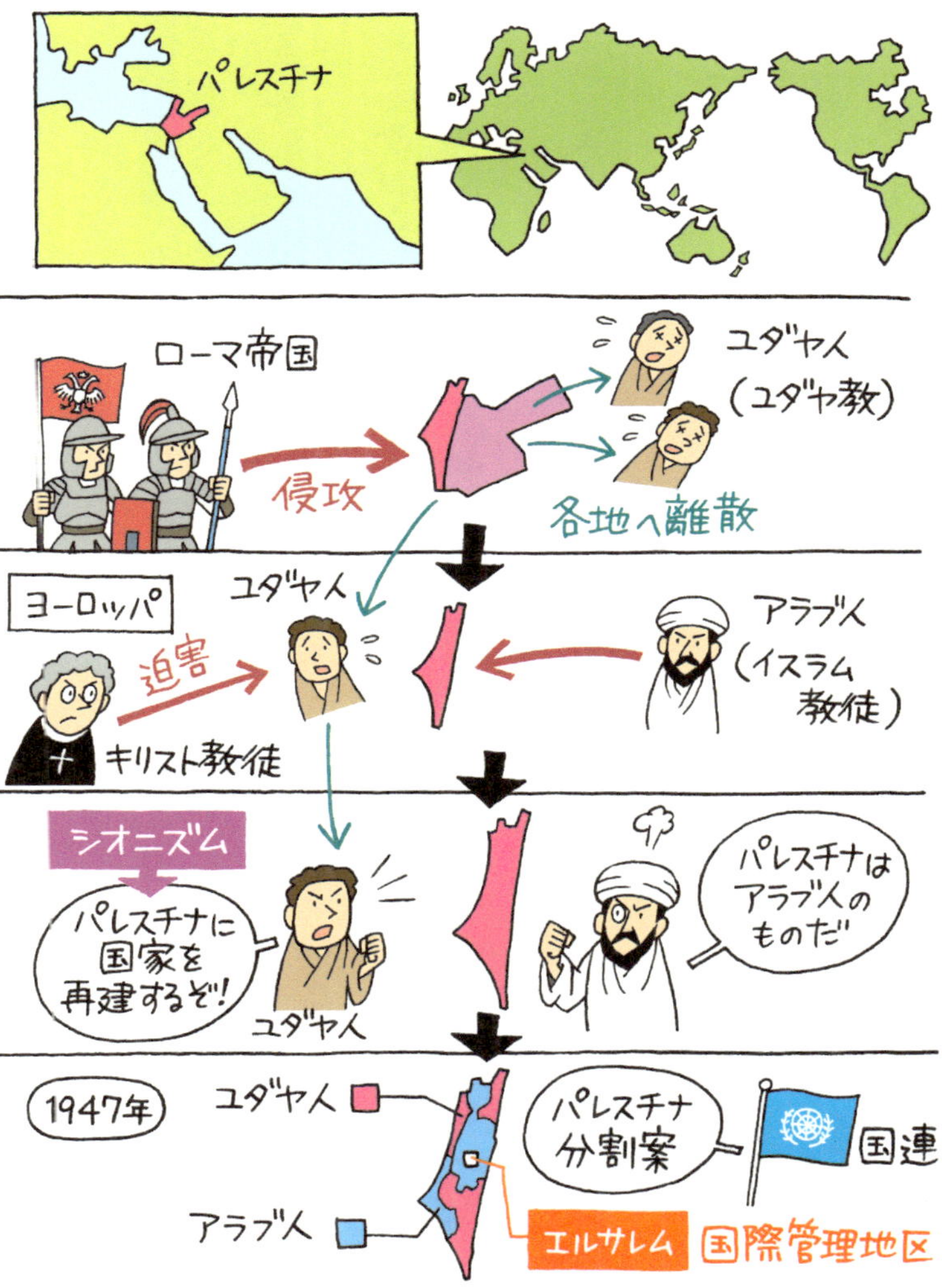

そのため、ユダヤ人は自分たちの手でパレスチナに国家を再建しようする運動を展開します。**国連**（⬇110ページ）は1947年、パレスチナをアラブ人の国とユダヤ人の国とに分ける「**パレスチナ分割**」を決議し、これにもとづいてユダヤ人はイスラエルを建国しました。ユダヤ教、キリスト教、イスラム教の聖地エルサレムは「国際管理地区」として国連が管理することになったのです。

勃発《ぼっぱつ》した中東戦争

しかし、イスラエル建国の翌日、アラブ連合軍（エジプト・シリア・ヨルダン・レバノン・イラク）がイスラエルに侵攻し、「中東戦争」が勃発します。中東戦争は、大きなものだけで4回ありました。この戦争で優勢だったのはイスラエル側で、パレスチナに住んでいた大勢のアラブ人が逃げ出します。これが「パレスチナ難民」と呼ばれる人たちです。

中東和平に転機が訪れたのは1993年のこと。ノル

池上 +1 プラスワン！

パレスチナ分割

パレスチナが分割されるとき、ユダヤ人は自分たちに有利となるよう、国連の調査団に全面協力します。一方、分割に不満を持つアラブ人は調査をボイコット。結果、人口は約3分の1であるユダヤ人にパレスチナの約57%を与えるという決定がくだされたのです。

ウェーのオスロでイスラエルとパレスチナの代表が合意を結びます。パレスチナ人が多く住むヨルダン川西岸地区とガザ地区をパレスチナの自治《じち》区として認めるという和平案でした。ところがその後、対立が再燃します。パレスチナ側を組織するＰＬＯ（Palestine Liberation Organization＝パレスチナ解放機構）は「ファタハ」という穏健《おんけん》派と、「ハマス」という過激派に分裂。ハマスは断続的にイスラエルを攻撃し、イスラエルは反撃。中東和平の見通しはより不透明になりました。

２０１７年、アメリカはエルサレムを「イスラエルの首都」であると承認しました。その後、２０２０年にトランプ大統領とイスラエルのネタニヤフ首相が共同で中東和平案を発表。パレスチナを独立国家とし、ヨルダン川西岸のイスラエル入植地でイスラエルの主権を認める内容であり、パレスチナは反発しました。

イスラエル・ガザ戦争の勃発

２０２３年10月、ハマスがイスラエルに大規模な奇襲攻撃を仕かけ、イスラエル兵や民間人を殺害し、多数の人質を取る事件が起きました。これに対して、イスラエルはガザ地区に激しい攻撃を開始。２０２４年7月時点で、ガザ地区の死者数は3万８０００人を超えたと発表されています。人口の2％が殺され、5％以上が殺傷された計算であり、その中には大勢の女性や子どもが含まれています。

イスラエルはガザ地区北部の住民に避難を警告し、住民の大半を自宅から追放しながら避難先も爆撃。追い詰められた150万人もの人が過密状態で不衛生な環境でテント生活を強いられています。南アフリカはイスラエルの攻撃が「ジェノサイド（民族大量虐殺）」にあたるとして国際司法裁判所に提訴しましたが、イスラエルはこれを否定しています。

アメリカは今回の紛争直後からイスラエルを支持し続けているものの、ガザの惨状を知ったコロンビア大学やハーバード大学をはじめとする名門大学では、学生の一部がイスラエルに抗議し、パレスチナの解放を訴えるデモや集会を行いました。各大学では学生と警察の衝突が起こり、多数の逮捕者が出るなど混乱が広がりました。

そもそもの原因はイギリスに！

中東が混乱するそもそもの原因を作ったのは、実はイギリスです。イギリスは第一次世界大戦で、当時パレスチナを支配していたオスマン帝国と戦いました。このときイギリスは、オスマン帝国弱体化のために「三枚舌《じた》外交」を展開します。

イギリスの「三枚舌外交」

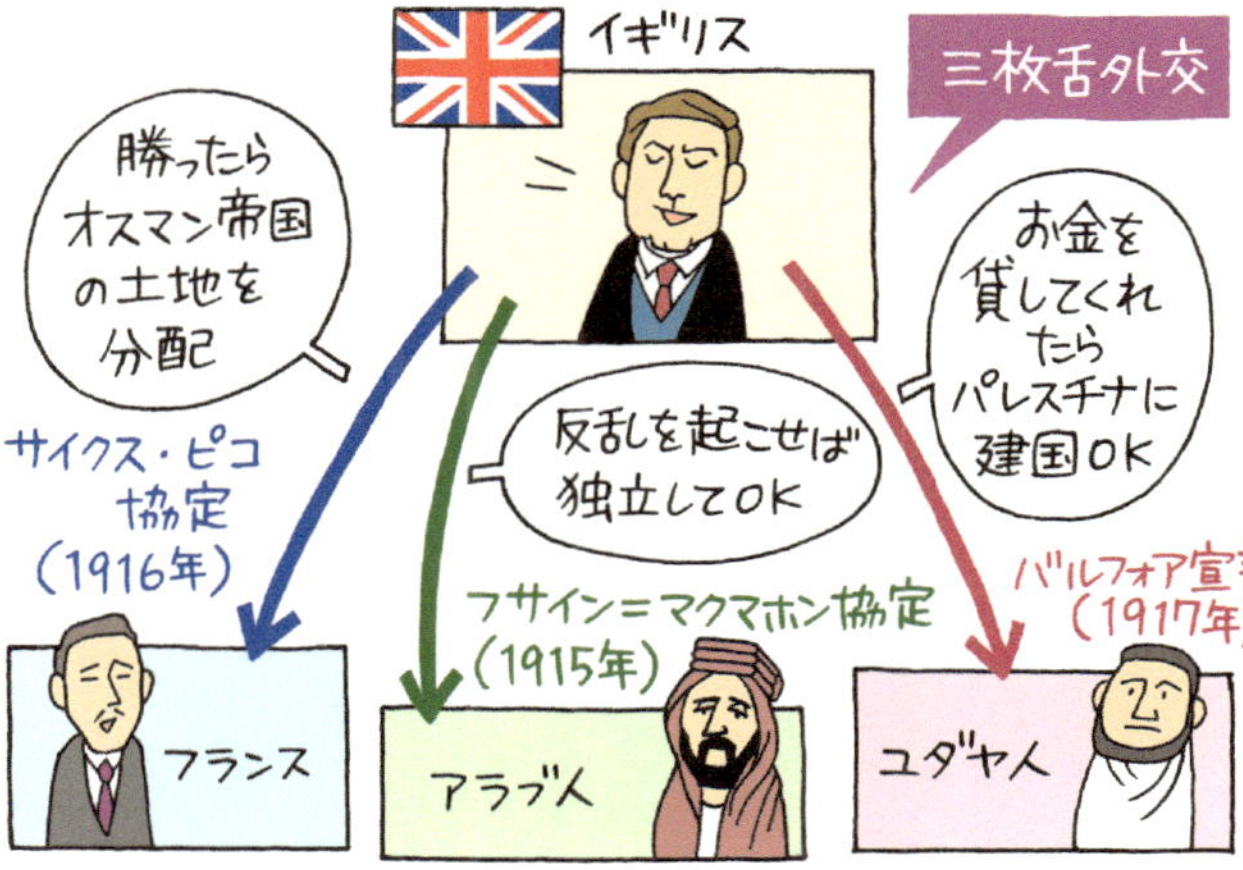

まず、オスマン帝国内のアラブ人たちに「反乱を起こして、オスマン帝国が倒れたら独立国家を作ってもいい」と約束しました。このとき、アラブ軍によるオスマン帝国への反乱を支援したのがイギリス軍人のロレンス大尉《たいい》、「アラビアのロレンス」と呼ばれた人物です。

一方、ユダヤ人には「お金を貸してくれれば、パレスチナの地に国家を建ててよい」と約束。その裏ではフランスとのあいだで「戦争に勝ったらオスマン帝国の土地を分け合おう」と密約していました。その結果、ユダヤ人とアラブ人のあいだでトラブルが起きました。第二次世界大戦後、イギリスはパレスチナ問題の解決を国連に任せますが、中東の混乱はいまだに続いているのです。

World situation
33

ウクライナ侵攻はなぜ起きた？

ロシアによるウクライナへの侵攻が世界中に大きな衝撃を与えた。今も続くこの戦争は、そもそも、どうして始まったのか？

長期化する戦争

２０２２年2月24日、ロシアがウクライナへの軍事侵攻を開始。民間人にも多数の死傷者を出し、多くの人が国外への避難を余儀《よぎ》なくされました。２０２４年2月、ウクライナの**ゼレンスキー大統領**（➡１０８ページ）は、これまでにウクライナ兵約3万１０００人が死亡したと述べ、4月には、イギリスの公共放送ＢＢＣが、ロシア兵の死者数が5万人を超えたと報じています。現在のところ、終戦の見通しは立っていません。

ロシアのプーチン大統領は当初、戦争はすぐに終わると考えていたようです。ゼレンスキー大統領を暗殺するか国外逃亡させれば、戦意がないウクライナは簡単に降伏すると考え、戦車部隊を突入させました。そのとき攻め込んだロシア軍は食料も戦車の燃料も3日分しか持っていなかったのです。

ロシアの楽観は、過去の経験にもとづいています。2014年、ロシアはウクライナのクリミア半島を占領しています。このときウクライナ軍は無抵抗で降伏し、ロシア側に寝返る兵士もいました。だから、同じようにウクライナを簡単に制圧できると見込んでいたのです。

しかし、実際にはそうはなりませんでした。ゼレンスキー大統領は首都キーウにとどまり、ウクライナ軍はロシア軍に激しく応戦しました。ウクライナ軍は過去の失敗を教訓に、ロシアからの侵攻に備えていたということです。

とはいえ、ロシアはかつてドイツとの戦争でも、犠牲をいとわない人海戦術で勝利した国です。長期的な消耗《しょうもう》戦になると、ロシアに有利に働く可能性があります。

NATO《ナトー》加盟を恐れたロシア

そもそも、なぜウクライナ侵攻が起きたのでしょうか。ウクライナの地は、さまざまな国に支配された歴史を経て、18世紀にロシア帝国の一部とされました。1917年に起きたロシア革命を機にウクライナ人民共和国が作られたのですが、その後、ウクライナ・ソビエト

ウクライナ戦争開戦までの流れ

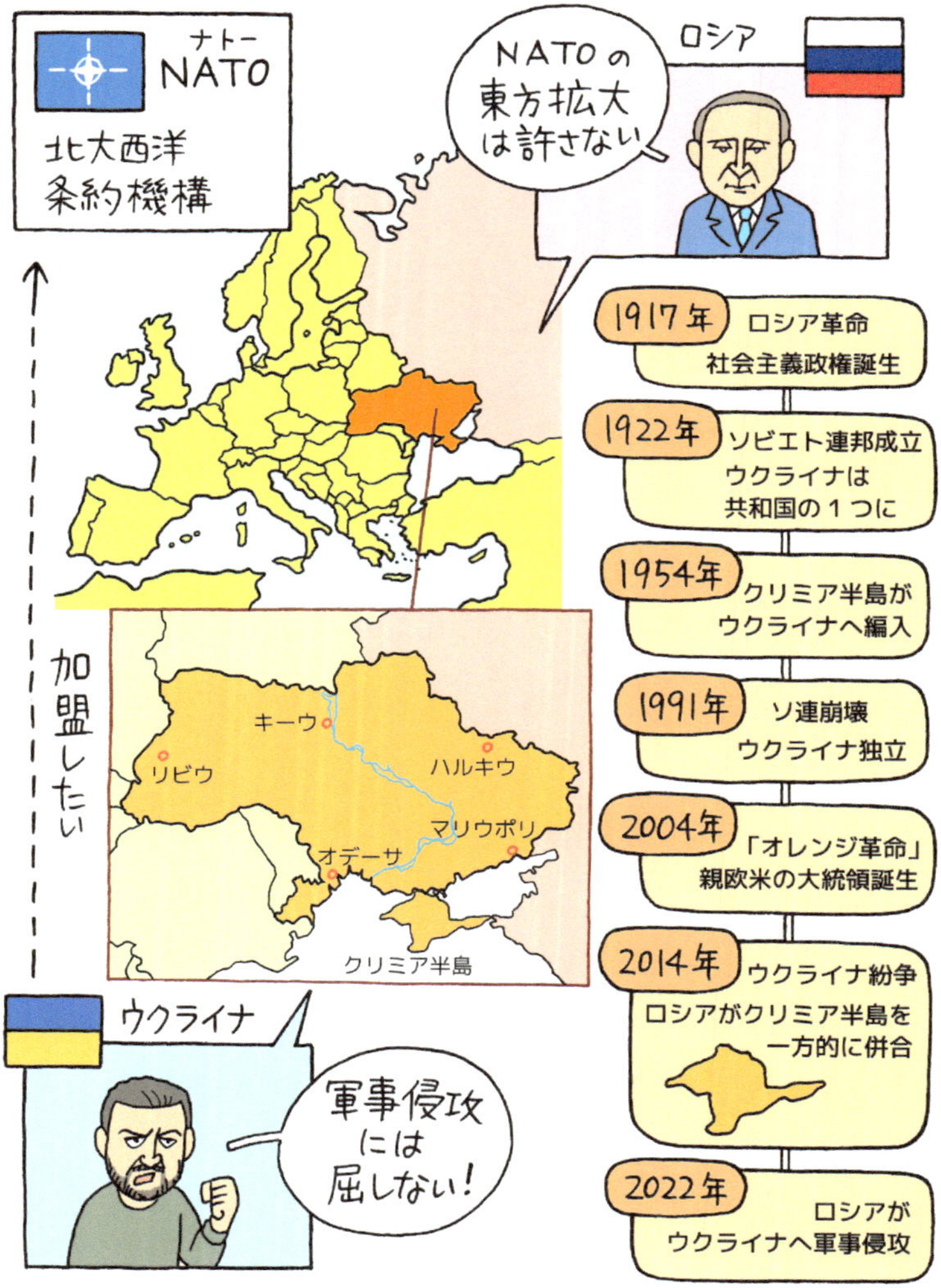

社会主義共和国が成立するとソ連の構成国となります。その後、１９９１年にソ連が崩壊すると、ウクライナは独立をはたします。

２０１９年に誕生したゼレンスキー政権は、**NATO（北大西洋条約機構）**に加盟する方針を立て、欧米寄りの姿勢を取ります。

ＮＡＴＯは、もともとソ連に対抗するために生まれた軍事同盟であり、ソ連を中心に結成したＷＴＯ（ワルシャワ条約機構）とにらみ合ってきました。しかし、ソ連の崩壊とともにＷＴＯは解体されていたのです。

ロシアのプーチン大統領にしてみれば、ウクライナがＮＡＴＯに加盟すると、アメリカをはじめとするＮＡＴＯ加盟国の軍隊がロシアとの国境に迫ることになって大きな脅威です。ロシアには、かつてドイツに西側から攻め込まれた記憶があります。

そこでロシアは、ウクライナのＮＡＴＯ加盟を阻止するため、世界からの非難をよそに侵攻へと踏み切ったのです。

池上＋1プラスワン！

NATO

「NATO」は1949年にアメリカを中心とする12か国で結成されました。本部はベルギーのブリュッセルにあります。1999年にはチェコ、ハンガリー、ポーランドなどの東欧諸国が、2004年には旧ソ連のバルト三国などが加盟。直近では、フィンランドやスウェーデンを加え、32か国が加盟する世界最大の軍事同盟です。

World situation 34

アメリカ大統領選挙はどう行うのか

アメリカ大統領選が行われる年になると、連日、選挙戦のニュースを見聞きすることになる。いったいどうやって選ばれているのか？

4年に一度の選挙

アメリカでは4年に一度、大統領選挙が行われます。アメリカにはいくつも政党がありますが、共和党と民主党の二大政党が圧倒的な力を持つため、事実上2党の候補者の一騎打ちとなります。ざっくりいうと、共和党は新自由主義的で「小さな政府」を目指す保守政党であり、民主党は貧しい人たちに寄り添い「大きな政府」を目指すリベラル政党です。

2党はまず、それぞれの党の候補者を決めます。具体的には、各州で「代議員」を選出します。代議員とは、両党の全国大会で候補決定の投票を行う代表のこと。選出の方法は2通りあり、一つは党員たちが候補者の名前を書いて投票する選挙方式（予備選挙）で、もう一つが地区ごとの集会（党員集会）で討論しながら決めていく方法です。州ごとに選挙が行われるのは、各州が独自に強い力を持ち、地方自治を重視しているからです。

3月初頭の火曜日には、10以上の州で予備選挙が同時に開かれます。そこで候補者が決まる重大な日となることが多いので「スーパー・チューズデー」と呼ばれます。その後に開かれる党大会で、それまでの結果をもとに正式な大統領候補者が決まります。2024年に行われる選挙では、共和党はドナルド・トランプ前大統領が代表候補になりました。民主党は、いったんはジョー・バイデン大統領に決まりかけたのですが、高齢への不安が出て、カマラ・ハリス副大統領に決まりました。

「勝者総取り方式」を採用

11月の第1月曜日の翌日には本選挙が行われます。本選挙も、有権者が候補者に投票しますが、実際に選ばれるのは大統領選挙人です。アメリカは建国当初、読み書きのできない人が多く、国民に代わって見識ある人たちに大統領を選んでもらうしくみを採用しました。この方式が今も続いているのです。計538人の選挙人は全米50州とワシントン特別区に割り振られていて、一部の例外を除き、州ごとの選挙で1票でも多くの票を獲得した候補者が、

アメリカ大統領選とは？

	民主党		共和党
	リベラル（左派）	↔	保守（右派）
主張	社会福祉の充実 「大きな政府」		自由市場、規制緩和 「小さな政府」
支持層	大都市・黒人など 多人種 労働組合		中西部・農業地域・白人 キリスト教 福音派

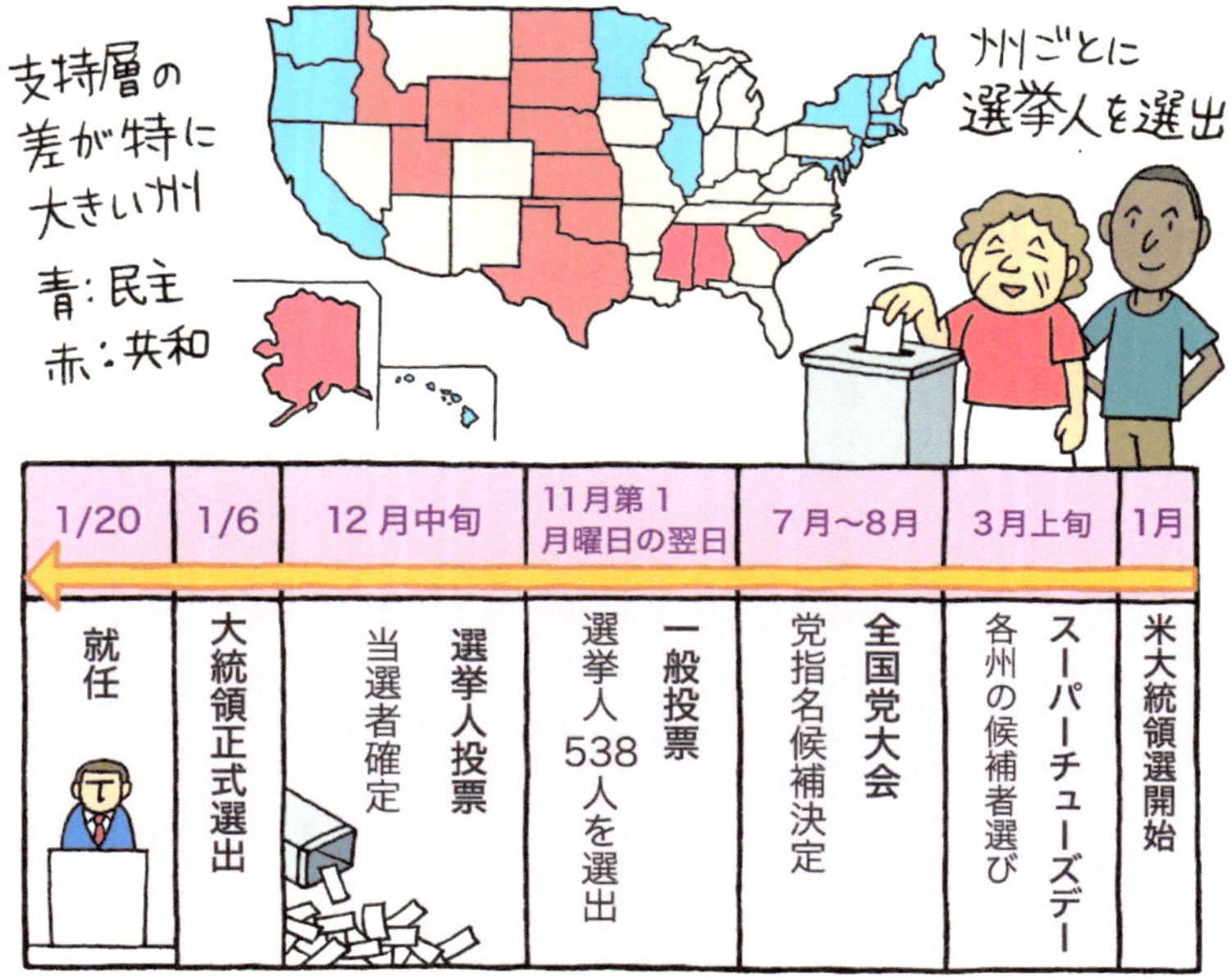

1/20	1/6	12月中旬	11月第1月曜日の翌日	7月～8月	3月上旬	1月
就任	大統領正式選出	選挙人投票 当選者確定	一般投票 選挙人538人を選出	全国党大会 党指名候補決定	スーパーチューズデー 各州の候補者選び	米大統領選開始

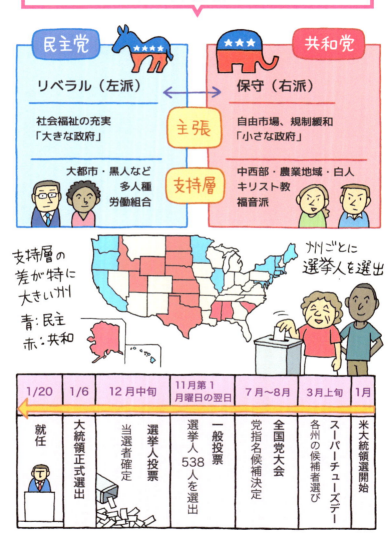

その州の選挙人を総取りします。そして、**選ばれた大統領選挙人による投票**が12月中旬に行われ、過半数の270人以上を獲得した候補者が大統領となります。

この「勝者総取り方式」では、もっとも得票数が多い候補者が当選するとはかぎりません。過去にも、トランプ候補よりも多くの票を獲得したヒラリー候補が敗れるケースが起きています。

ところで、大統領選挙は多くの州で勝つ政党が決まっています。カリフォルニア州やニューヨーク州では伝統的に民主党が強く、シンボルカラーが青なので「ブルー・ステート」と呼ばれます。アラスカ州や中西部で支持されるのが共和党であり、シンボルカラーが赤なので「レッド・ステート」と呼ばれます。勝敗を左右するのは、2党の支持率が拮《きっ》抗《こう》する「スイング・ステート（接戦州）」です。

アメリカの大統領が選ばれるまでの道のりは、およそ1年にもわたる一大政治イベント。選挙期間中には、相手候補を厳しく批判するテレビCMも流されます。候補者は厳しいふるいにかけられ、残った者は大統領にふさわしい能力を身につけていきます。

池上＋1 プラスワン！

選挙人投票

12月に行われる選挙人による投票は、年明けの1月に開票が行われます。ただ、選挙人がどちらの候補に投票するかはあらかじめわかっているので、11月の時点で当選者は確定します。過去には、選ばれた選挙人が、それまで支持していなかった候補者に投票したこともありますが、影響はほとんどありません。

World situation
35

EU《イーユー》はどんな役割をはたしている？

ニュースでよく見聞きするEU。いろいろな逆風もあるようだが、ヨーロッパの〝理想〟をめざしたしくみといえる。その大きな役割をここで理解しておく。

二度の大戦の教訓を生かす

ヨーロッパは、第一次及び第二次世界大戦という二度の大戦で甚大《じんだい》な被害を受け、国土の荒廃《こうはい》を招きました。その教訓から、戦後は二度と戦争を起こさないためのしくみを作る動きが始まります。

１９５２年、石炭産業と鉄鋼業を共同管理する目的で「欧州石炭鉄鋼共同体（ＥＣＳＣ）」が発足《ほっそく》。共同管理すれば、産業が発展している地域を奪い合うことがなくなるだろうという考えからです。参加したのは、フランス、西ドイツ、イタリア、ベルギー、オランダ、ルクセンブルクの６か国。これら６か国は、１９５８年に「欧州経済共同体（ＥＥＣ）」と「欧

現在のEU加盟27か国

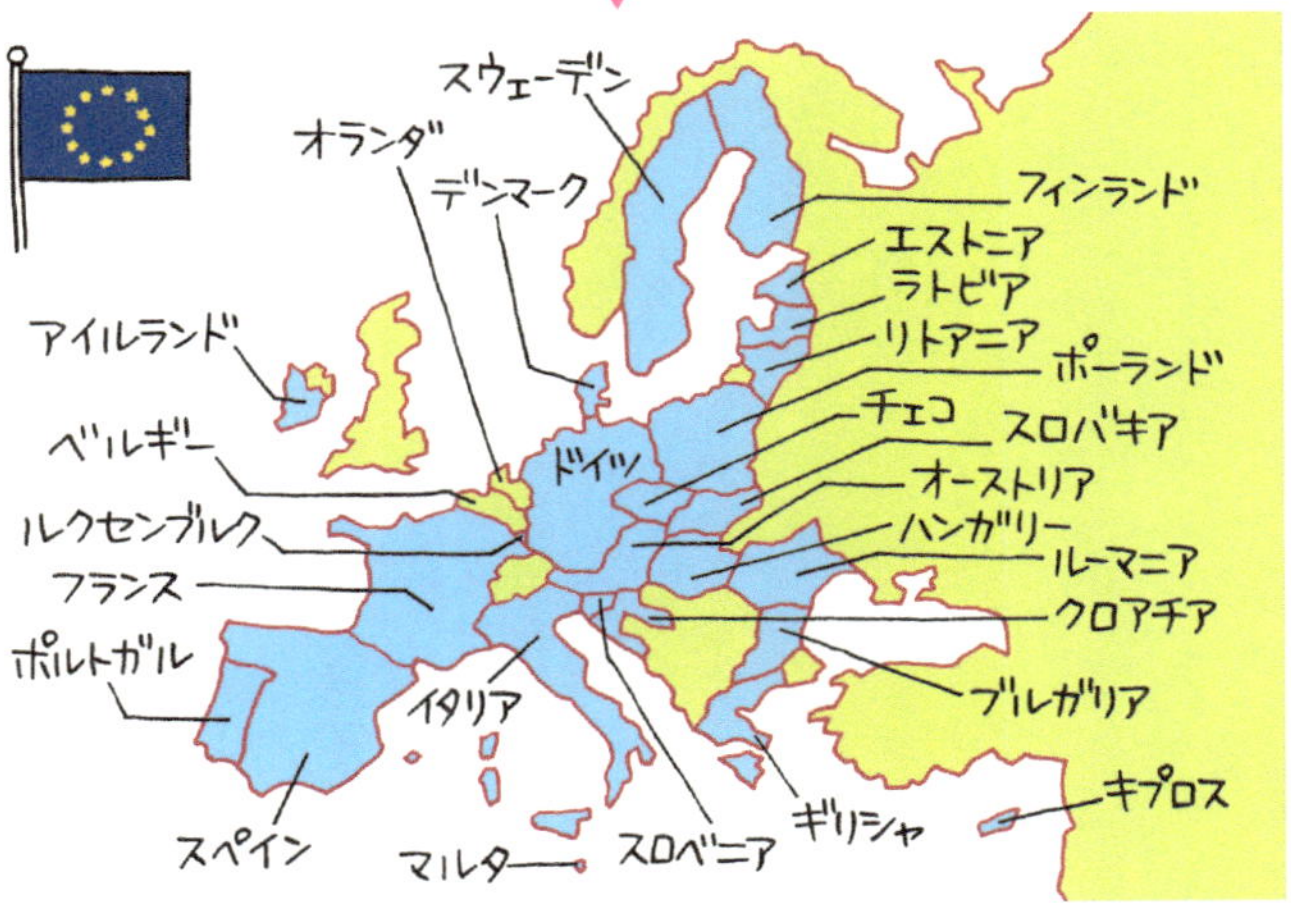

州原子力共同体（Euratom《ユーラトム》）」を発足させました。ＥＥＣがめざしたのは、参加国間の関税を撤廃《てっぱい》したり引き下げたりして、大きな経済圏を作ること。そして、Euratomは共同で原子力開発を進めることによって効率化をはかろうとする取り組みでした。

統一通貨の導入へ

１９６７年に、ＥＣＳＣとＥＥＣ、そしてEuratomが合併する形で「ＥＣ（European Communities＝欧州共同体）」が生まれました。ＥＣは１９９３年に「ＥＵ（European Union＝欧州連合）」へと発展し、ベルギーのブリュッセルに本部が置かれました。ベルギーには自国語がなく、オランダ・フランス・

ドイツ語が公用語とされています。ヨーロッパの縮図のような国なので、本部にふさわしいとされたわけですね。

EUは、ヨーロッパに巨大な経済圏を作ることで、世界的な経済競争に勝ち抜くというねらいも持つようになりました。そして現在、EUの加盟国は27か国にまで達しています。

EUでは、経済を一体化させるために、2002年、統一通貨「ユーロ」の導入に踏み出しました。国ごとに通貨が異なると、隣国に入るときに両替《りょうがえ》の必要が生じますが、通貨を統一するとこうしたロスがなくなります。

また、同じ通貨を使うようになると、他国で売られている同じ商品の値段も一目瞭然《いちもくりょうぜん》。こうなると高い商品は売れなくなるので、ヨーロッパ内での経済競争力がつきます。現在、ユーロの使用国は20か国となっています。

イギリスはなぜEU離脱を決定したのか?

イギリスで2016年、EU離脱の是非を問う国民投票が行われ、離脱派が51・9%の票を獲得し、僅差《きんさ》で勝利。Britain（イギリス）とExit（離脱）を合わせた「**BREXIT**《ブレグジット》」という言葉も生まれました。

なぜ、イギリスはEUからの離脱を目論《もくろ》んだのか。EU圏内では人の行き来が自由であり、東ヨーロッパの国々から西ヨーロッパへ人が流入しました。特にポーランドの人たちは、出稼ぎ目的でイギリスに大挙して押し寄せました。第二次世界大戦中、イギリスに亡命政府があったことから、ポーランド人のコミュニティができていたためです。

ポーランド人が低賃金で働くせいで自分たちの仕事が奪われる。イギリスの労働者のあいだに、そんな反感が募っていきました。また、イギリスの医療保険制度に外国人がただ乗りしているという不満も高まりました。それならEUを離脱して、もとの状態に戻したほうが経済も良くなるし、暮らしも豊かになるだろうと考えたのです。

国民投票では、高齢者を中心に賛成票が集まりました。一方、若者たちにとっては、物心がついてからEUの一員であることは当たり前でした。離脱に賛成する人がそんなに多いとは思わず、わざわざ投票に行かない人もいました。国民投票によって、世代間の分断も深まる結果となったのです。

池上+1 プラスワン！

BREXIT

2020年1月末、イギリスは正式にEUを離脱。しかし、離脱後は労働力が不足し、深刻なインフレに悩まされるようになりました。EUとの貿易手続きも複雑になり、国民の多くは離脱の恩恵を感じていないようです。世論調査では、半数以上が「離脱は間違っていた」と答えています。

World situation

36

グローバルサウスとはなんだろう

気がつくとニュースでよく聞くようになった「グローバルサウス」という言葉。最近影響力が増しているというけれど、具体的にどんな存在なのか、きちんと知っておきたい

存在感を高める南の国々

ここ数年でメディアに登場するようになった言葉の一つに「グローバルサウス」があります。２０２３年5月に広島市で開催された先進国首脳会議（Ｇ７サミット）でも、グローバルサウスとの関係強化が主要議題となりました。

では、グローバルサウスとはいったい何を指しているのか。実は、**グローバルサウスは明確に定義されているわけではありません**。一般的には、南半球寄りのアジアやアフリカ、ラテンアメリカに位置する開発途上国や新興国を総称する言葉です。

北半球には、アメリカ、ヨーロッパや日本などの経済が発展した先進国が集中し、それに比べて南半球寄りの国々は経済が立ち遅れていました。こうした北側の国と南側の国とのあいだで生まれる経済格差を「南北問題」といいます。グローバルサウスは、南北問題でいうと「南にあたる国々」ということです。

また、世界は別の仕方で分類されることがあります。東西冷戦時代（⬇286ページ）に、先進資本主義の国々を「第一世界」、ソ連や東欧の社会主義の国々を「第二世界」といい、そのどちらにも属さないアジア、アフリカ、ラテンアメリカの国々は「第三世界」と呼ばれました。グローバルサウスは、第三世界と呼ばれていた国々を指す言葉でもあります。南北問題の南の国々と第三世界の国々は、ほとんど重なり合っており、代表的な国にはインドやインドネシア、ブラジル、ナイジェリアなどがあります。

なかでもグローバルサウスの旗手と呼ばれているのが、世界第1位の人口を擁《よう》し、GDP世界第5位に位置するインドです。2023年には125か国の代表を集めて「グローバルサウスの声サミット」をオンラインで開催するなど、存在感を強めています。

池上＋1 プラスワン！

中国の除外

グローバスサウスには中国が含まれる場合もありますが、近年は、中国を除外して使われることが多くなっています。日本の岸田総理は2023年1月、中国が経済大国であることを理由に、「中国を含めて考えていない」との見解を示しています。

存在感を増す「グローバルサウス」

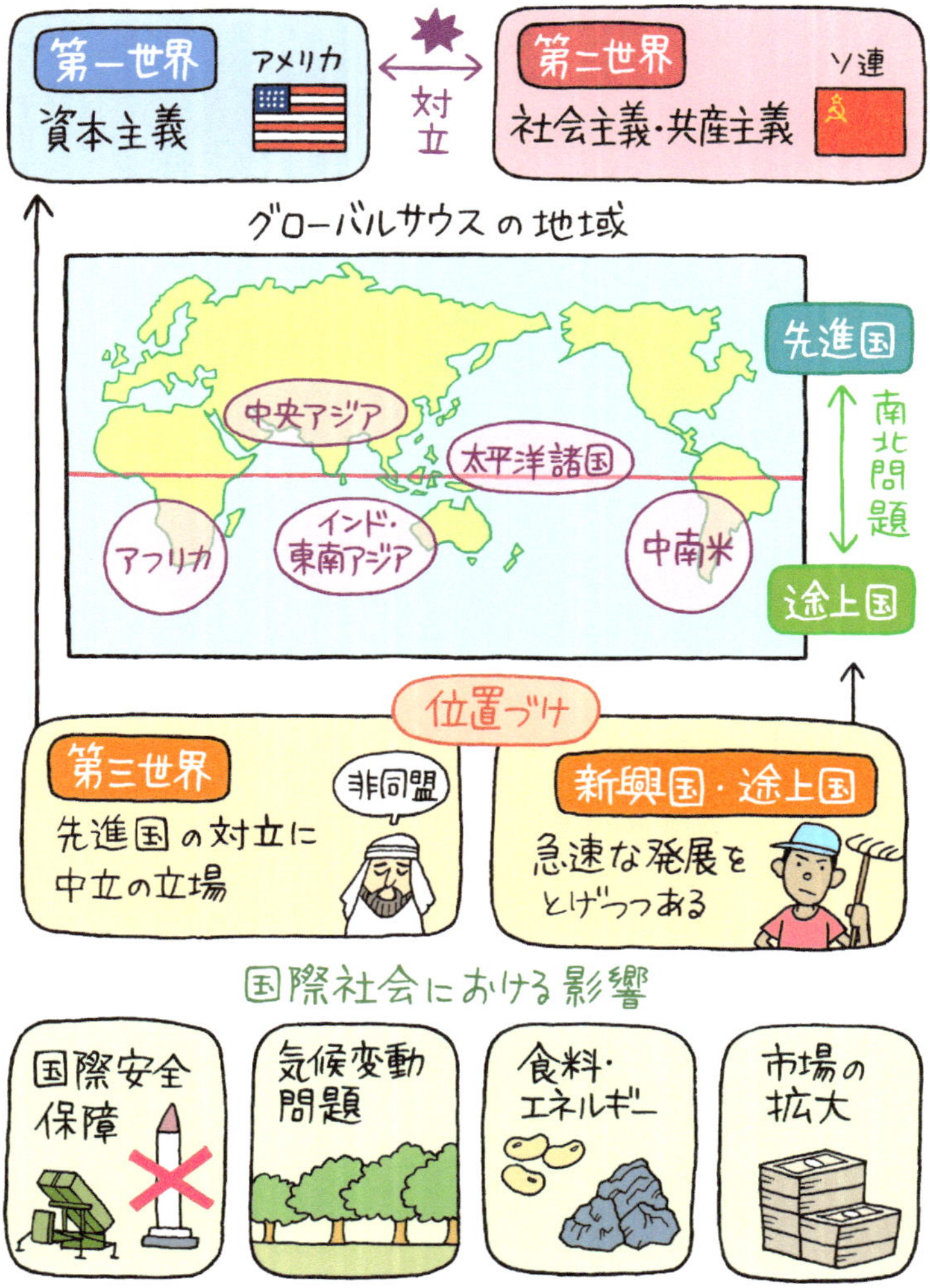

世界に影響力を持つように

グローバルサウスに注目が集まるようになったのは、これらの国々の経済が目覚ましく発展し、世界に影響力を持つようになったからです。アメリカの金融大手ゴールドマン・サックスが予測するGDP（⬇56ページ）ランキングによると、2050年に3か国、75年に6か国がベスト10に入るとみられています。グローバルサウスが躍進する一方で、G7の経済力は低下しています。つまり、世界の問題解決にあたって、もはやグローバルサウスの国々を無視できなくなっているのです。

2022年、ロシアによるウクライナ侵攻（⬇144ページ）が起きると、国連総会ではロシアに対する非難決議が採択され、経済制裁が行われました。しかし、グローバルサウスの中には中立の立場を取り、非難決議を棄権したり経済制裁に加わらなかったりする国が多くみられました。そういった国々はロシアから天然資源などを輸入しており、ロシアの顔色をうかがっているわけですね。

先進諸国は、国際秩序を守るために、グローバルサウスを引き込みたい思惑がありますが、グローバルサウスの国々は中立を保ちながら自国の利益を最大化しようと考えているのです。

World situation

37

核兵器削減は進んでいるのか

核兵器のない世界の実現に向けて人類は努力しているけれど、まだまだ実現にはほど遠い。人類はどうして、核兵器を捨てることができないのか？

核兵器が戦争を抑止《よくし》する!?

核兵器の開発が始まったのは第二次世界大戦（➡282ページ）のころ。当時、アメリカ、ソ連、ドイツ、日本が核兵器の研究を進め、アメリカがいち早く開発に成功します。**世界初の核兵器である原子爆弾は、1945年8月に広島と長崎に投下され、甚《じん》大《だい》な被害をもたらしました**。その後、ソ連も核兵器開発に成功し、米ソによる**東西冷戦**（➡286ページ）の時代、両国の核開発はエスカレートしていきます。

核戦争が起きると、先に核ミサイルを発射した国も、相手国から核攻撃を受けることになります。つまり、両国とも壊滅的な被害を受けるため、おいそれと攻撃できなくなる。そこで、

「相互《そうご》確証破壊」という考え方が出てきました。英語ではMutual Assured Destruction、頭文字をとって「ＭＡＤ（狂気）」と呼ばれ、「核戦争が起きるとお互いが破滅してしまう」とお互いに確認すれば戦争は起きないという考え方です。ここから、核兵器には戦争を抑止する力（核抑止力）があるとされるようになりました。

核兵器を開発したのは米ソだけではありません。イギリス、フランス、中国も核兵器を保有し、このままでは世界中に核兵器が広まる心配が出てきました。そこで１９６８年、「核拡散防止条約（ＮＰＴ）」が結ばれたことで、初めて核兵器削減に向けた取り組みが始まります。

ＮＰＴは、米・ソ・英・仏・中の５か国のみが核兵器を保有できることを明確にしました。この５か国は、国連安保理の常任理事国とも重なります。

ところが、５か国だけ特別扱いすることに反発する国があらわれました。インド、パキスタン、北朝鮮が核兵器を持っているほか、イスラエルは保有が確実視され、イラン、シリア、ミャンマーで核開発疑惑が持たれるな

池上 +1 プラスワン！

非核三原則

世界唯一の被爆国である日本では、核兵器を製造しない、持たない、持ち込むことを許さないという「非核三原則」の方針を堅持《けんじ》しています。これは、1967年の衆議院予算委員会で、当時の佐藤栄作総理が表明したものです。

ど、核保有国はじわじわと拡大しています。

再び核開発競争が加速！

相手の国に直接届いて壊滅させる核ミサイルを「戦略兵器」といいます。アメリカとソ連のあいだで１９９１年に、この戦略兵器を減らすための約束が結ばれました。戦略兵器削減条約（ＳＴＡＲＴ）です。

また、米ソは射程５００〜５５００キロの中距離核ミサイルも開発。ソ連が欧州を標的に配備し、アメリカも欧州に配備して対抗したのですが、これについても全部やめる約束をしました。１９８７年の中距離核戦力全廃条約（ＩＮＦ全廃条約）です。

しかし、アメリカは、ソ連を引き継いだロシアが新型の中距離核ミサイルを開発してきたと非難し、２０１９年にこの条約から離脱すると通告しました。ロシアは違反を否定していましたが、両国の交渉は決裂。条約は失効してしまいました。そしてアメリカ、ロシアに中国を加えた新しい核開発競争が加速することとなったのです。

ロシアのプーチン大統領は、ウクライナとの戦争で核兵器の使用を何度もほのめかしており、西側諸国とのあいだに緊張が高まっています。

World situation 38

地球温暖化対策はどうなっている？

温暖化が進むと地球の環境は危ないといわれている。世界はこの問題にどう対処しようとしているのか？そして、日本はいったいどうする？

地球温暖化がもたらす変化

「地球温暖化」とは、世界の平均気温が上昇すること。温暖化が進むと、海面が上昇して高《たか》潮《しお》や洪水の被害を受けたり、農作物の成長が妨《さまた》げられたり、熱帯の病気が流行したりするなど、**深刻な環境問題**が発生します。

地球温暖化の原因に挙げられるのが、二酸化炭素やメタンガスなどです。こうしたガスによって温室のように地球が暖かくなることから、「温室効果ガス」と呼ばれています。

日本でも、温暖化の影響から熱帯病の一つであるデング熱の感染がニュースになったり、日本にいなかったはずの熱帯の毒グモ・セアカゴケグモの発生も問題化したりしました。マ

➡P165プラスワン！

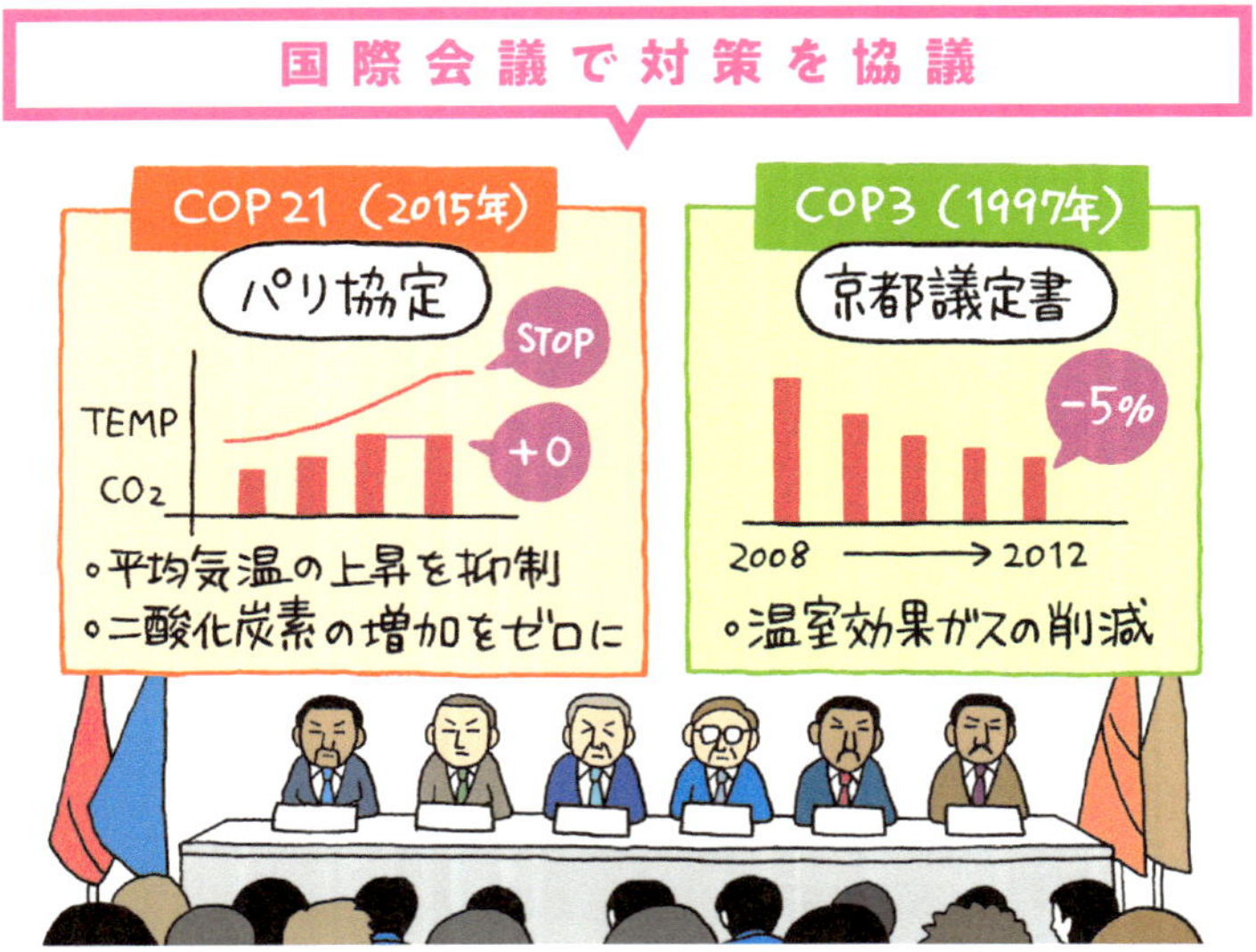

ラリアなどの伝染病の蔓延《まんえん》も、危惧《きぐ》されています。

COP《コップ》で温暖化対策を協議

国連（⬇110ページ）では「国連気候変動枠組《わくぐみ》条約」という合意のもと、温暖化対策を行っています。この条約は198の国と地域が締結し、毎年「締約国会議（COP＝Conference of the Parties）」という会議を開いています。

1997年、3回目の締約国会議（COP3）が京都市で開かれ、「京都議定書」が採択されました。この京都議定書は、2008年から12年までの5年間平均で、先進国全体の温室効果ガスの排出量を少なくとも5％削減することを目標としました。このとき日本は６％の削減を世界に約束し、目標を達成しています。

京都議定書には開発途上国は参加せず、アメリカも途中で離脱しましたが、このときに削減目標を定めなかった中国とアメリカが排出量の４割を占めていたため、すべての国が共通のルールのもと温室効果ガスの排出削減目標を定めることが求められていました。

２０１５年にフランスのパリ郊外で開かれた21回目の締約国会議（ＣＯＰ21）では、地球の平均気温の上昇を産業革命前と比べて２度未満に抑え、二酸化炭素などの増加を今世紀後半にゼロにすることを目標とした「パリ協定」が結ばれました。

パリ協定に関するルールブックは、２０２１年に開催されたＣＯＰ26で完成し、各国が対策を促進して、結果を評価する段階に移行しています。２０２３年のＣＯＰ28では、目標達成に向けて進捗《しんちょく》状況を評価する「グローバル・ストックテイク」が初めて実施されました。採択された決定文書では、２０２５年までに温室効果ガス排出をピークアウトさせ、２０３０年までに43％、２０３５年までに60％を削減する必要性が共有されています。

池上+1プラスワン！

環境への影響

地球温暖化の影響で、北極海の氷が急速に溶け出しています。それにより、大西洋から北極海を経由して太平洋に出る海洋航路「北極海航路」が通行可能となり、ヨーロッパとアジアを結ぶ最短の海上ルートになりました。

World situation

39

SDGs《エスディージーズ》を知っておきたい

「SDGs」という言葉がすっかり浸透してきた。「持続可能性」と関係する重要な目標らしい。ここで、最低限の知識を押さえておきたい。

「SDGs」には17のゴールがある

ジャケットの襟元《えりもと》にカラフルな円状のバッジをつけているビジネスパーソンを見かけることがあります。これはＳＤＧｓのバッジで、バッジをつけることで「私たちの企業はＳＤＧｓに関する事業をしています」とアピールしているのです。

そもそも「ＳＤＧｓ」は「Sustainable Development Goals」を略した言葉であり、日本語では「持続可能な開発目標」と訳されています。２０１５年９月の国連サミットで採択された『持続可能な開発のための２０３０アジェンダ』に記載されている、２０１６年から２０３０年までの国際目標です。２００１年に策定されたミレニアム開発目標（ＭＤＧｓ）の

SDGsの「17のゴール」とは？

SDGs 17の目標

1 貧困をなくそう
2 飢餓をゼロに
3 すべての人に健康と福祉を
4 質の高い教育をみんなに
5 ジェンダー平等を実現しよう
6 安全な水とトイレを世界中に
7 エネルギーをみんなに そしてクリーンに
8 働きがいも経済成長も
9 産業と技術革新の基盤をつくろう
10 人や国の不平等をなくそう
11 住み続けられるまちづくりを
12 つくる責任 つかう責任
13 気候変動に具体的な対策を
14 海の豊かさを守ろう
15 陸の豊かさも守ろう
16 平和と公正をすべての人に
17 パートナーシップで目標を達成しよう

後継として策定されました。

SDGsの目標は**17のゴール**と169のターゲットで構成されています。私たちが住み続けられる地球環境を維持できるように、地球上の誰一人取り残さずに達成していこうというものです。

SDGsに対する関心が高まった背景には、みんなが地球の未来に危機感を抱いているという現状があります。

たとえば、このまま熱帯雨林の伐採《ばっさい》が続いたら、生態系が破壊されたり、異常気象が多発したりするのではないか。そんな危機意識を持つことで、「なんとかしなければいけない」と考え、目標を共有しながら取り組みを始めたのです。

➡P168 プラスワン！

ＳＤＧｓと企業活動が両立する時代

一昔前には、企業はＳＤＧｓに関する議論に消極的でした。企業は営利の追求が第一目的であり、持続可能性の追求との両立は難しいと考えられてきたからです。

しかし現在では、ＳＤＧｓの目標を追求することが利益に直結する時代が到来しています。たとえば、石炭を採掘して販売を続けていたら地球温暖化が進みますし、目先の利益のために長時間労働を強要するブラック企業は、取引先や就活生たちからそっぽを向かれるリスクがあります。あるいは、「あの店はまだプラスチックストローを使っている」と評判になった飲食チェーンが、顧客からの支持を一気に失う恐れもあります。

つまり、今はＳＤＧｓに沿った事業活動をすることが不可欠となっているのです。

池上＋1プラスワン！

ジェンダー平等

SDGsには「ジェンダー平等を実現しよう」という目標があります。日本で以前、医学部の入試で女性合格者を減らすための不正な操作が行われていたことが発覚し、元受験生らが起こした裁判で大学側に賠償を命じる判決が下されたことがありました。女性への差別が行われたのは、女性が結婚して家庭に入ったり出産したりすると働き続けられないという考えがあるからです。しかし、これは明白な差別であり、けっして許されるべきではありません。

World situation 40

世界遺産にはどうやって登録される？

日本の名所が世界遺産に登録されるとニュースになる。いったいどのような過程で登録されているのか？世界遺産を楽しむためのキホンを知る。

世界遺産に登録されるまで

「世界遺産」とは、「世界の文化遺産及び自然遺産の保護に関する条約（世界遺産条約）」にもとづき、ユネスコ（国連教育科学文化機関）の世界遺産リストに登録された普遍《ふへん》的な価値を持つ遺産のことです。ただ、ひと言で「遺産」といっても、遺跡、建造物、モニュメントなどの文化遺産や、地形・地質、生態系、自然景観、生物多様性などの自然遺産、そして文化遺産と自然遺産両方の要件を満たす複合遺産に分けられています。

世界遺産条約は１９７２年にユネスコで採択《さいたく》され、２０２４年現在、１９５の国と地域が締結。現在までに１１９９件もの遺産が世界遺産として登録されています。

「世界遺産」の分類

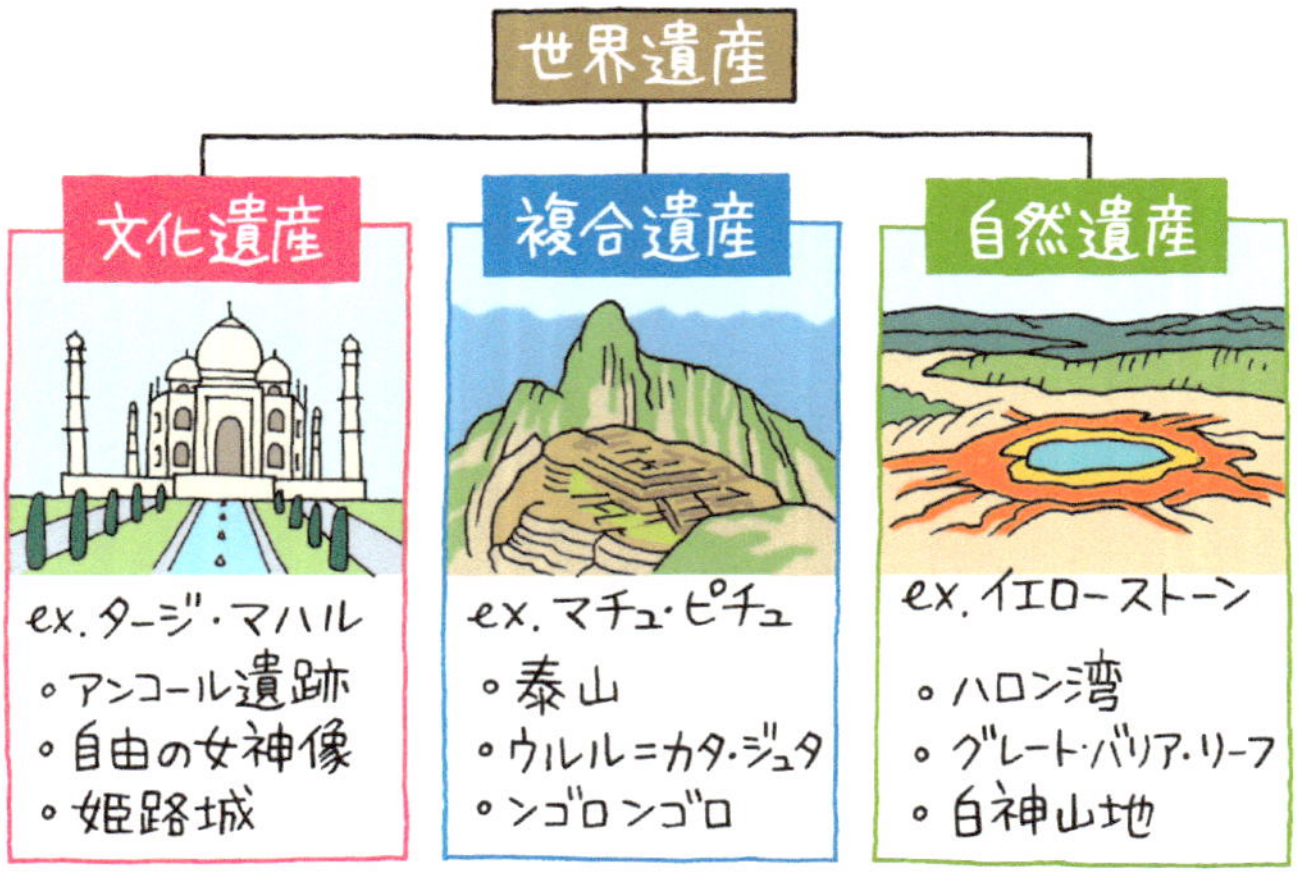

世界遺産には、10の登録基準のうち、一つ以上を満たす必要があります。登録されるまでの手順は、まず各国の政府が登録物件を世界遺産委員会に推薦します。そして、**世界遺産委員会**が専門的な報告書などをもとに登録の可否を話し合い、決定します。

日本の世界遺産登録の歴史

日本は1992年から世界遺産条約の締結国となりました。日本で初めて世界遺産に登録されたのは、「白神山地《しらかみさんち》」「屋久島《やくしま》」「法《ほう》隆寺《りゅうじ》地域の仏教建造物」「姫路城」の4件で、1993年のことでした。

その後、現在までに25件が登録されており、そのうち文化遺産は20件、自然遺産は5

件となっています。文化遺産の中には、広島の「原爆ドーム」のように戦争の悲劇を伝える〝負の遺産〟も含まれています。

世界遺産に登録されると観光客による経済効果が期待できる反面、観光客が増えると生態系の変化やゴミの増加といった環境破壊につながりかねないというジレンマを抱えることにもなります。

現在、日本の世界遺産候補としてリストに挙がっているのは「古都鎌倉の寺院・寺社ほか」「彦根《ひこね》城」「飛鳥《あすか》・藤原の宮都とその関連資産群」「金《きん》を中心とする佐渡《さど》鉱山の遺産群」「平泉《ひらいずみ》－仏国土（浄土）を表す建築・庭園及び考古学的遺跡群」の5件。このうち、平泉はすでに世界遺産に登録されており、登録資産の拡張を目指しています。

このうち佐渡島《さどがしま》の金山《きんざん》は、戦時中の朝鮮半島出身者の強制労働について解説することを条件に、2024年8月に登録が認められました。

池上＋1 プラスワン！

世界遺産委員会

世界遺産委員会は21か国で構成され、委員国は、アジア・太平洋、アラブ諸国、アフリカ、西ヨーロッパ・北米、東ヨーロッパ、カリブ・ラテンアメリカの各地域から均等に代表するよう選出されます。委員国の任期は4年で、任期を終えた国は次の立候補まで6年間空けることとされています。委員会の会議は毎年開催され、日本では1998年に京都で第22回会議が行われています。

COLUMN

世界にある主な国際機関

✔ IAEA（国際原子力機関）

原子力の平和的利用を促進し、原子力の軍事的利用への転用防止を目的とする機関。核拡散防止条約（NPT）に加盟している国は、IAEAによる核処理施設の査察を受け入れることを義務づけられている。本部ウィーン、加盟176か国。

✔ ICJ（国際司法裁判所）

国連の主要な司法機関。国家間の法的紛争を取り扱い、解決に導く。裁判所に紛争を提起できるのは国家だけ。個人や民間機関、国際機関は提起できない。扱う係争の半分以上は領土と国境にかかわる問題であり、日本も竹島の領有問題についてICJに提訴する方針を打ち出しているが、韓国は応じていない。本部ハーグ。

✔ UNICEF（国際連合児童基金）

ユニセフ。子どもたちの権利と命を守るため、世界190以上の国と地域で、保健、栄養、水・衛生、教育などの活動を実施している。その活動によって、1965年にはノーベル平和賞を受賞している。本部ニューヨーク。

✔ WFP（国際連合世界食糧計画）

国連の食糧支援機関。各国から拠出された活動資金をもとに、食糧不足の国に配給を行う。緊急時に備えて食糧の備蓄も行っている。本部ローマ。

✔ WHO（世界保健機関）

「すべての人々が可能な最高の健康水準に到達すること」を目的として設立。医学情報・知識の普及や予防にあたるほか、食品、生物学的製剤、医薬品などの国際基準も策定している。2020年には新型コロナウイルス感染拡大を受けて、その対応に注目が集まった。本部ジュネーブ、加盟194か国。

第4章

キーワード

▼

「社会と技術」

Society & Technology

これだけは
知っておきたい！

Society & Technology

41

警察の組織はどうなっている？

ニュースやドキュメンタリー番組で警察の活動はよく目にするけれど、実は知らないことがたくさんある。日本の警察は、そもそもどういう組織なのか？

「警視庁」と「警察庁」はどう違う？

「警察」という組織をみたとき意外に知られていないのが、「警視庁」と「警察庁」の違いでしょう。まず、「警視庁」というのは東京都警察本部のこと。北海道警、神奈川県警、愛知県警、大阪府警など、各道府県に置かれている警察本部の東京都版です。日本の首都東京の治安と安全を守る役割があるので、これだけ特別な名称がつけられているわけですね。

一方の「警察庁」は、全国の警察の総元締め。警視庁と道府県の警察本部、さらに皇宮《こうぐう》警察本部という警察組織の全体を取りまとめています。

警察庁には、制服警官はいません。スーツ姿の役人が道路交通法の改正案を作ったりするほか、現場の警察官の活動に指示を与えたり、調整を行ったりする役割を担《にな》っています。警察庁は国の行政機関であり、勤務しているのは国家公務員。これに対し、警視庁や道府県警の警察官の多くは、それぞれの地域の地方公務員です。

捜査一課・二課・三課

警視庁の組織をみると、さまざまな部門で構成されていることがわかります。たとえば「地域部」は、各地の交番を取りまとめる部門。「警務部」は、人事異動の管理や警察官による不祥事《ふしょうじ》を摘発《てきはつ》する〝警察の中の警察〟です。「組織犯罪対策部」は、主に暴力団などの犯罪を取り締まり、「警備部」は、要人の身辺警護に携《たずさ》わります。「公安部」は、テロ対策などを受け持ちます。「交通部」は、駐車違反などの交通違反を取り締まり、「刑事部」は、殺人や強盗などの事件を扱います。これはあなたも知っていますよね。

では、刑事部にある捜査一課・二課・三課の仕事はどう違うのか。

捜査一課は、殺人、強盗、誘拐、放火などを、捜査二課は、詐欺《さぎ》事件や汚職《おしょく》事件を、捜査三課は、窃盗《せっとう》やスリなどを扱います。このほか刑事部には、証拠資料を収集する鑑識《かんしき》課もあります。重大な事件や捜査が難航している事件の場合、警視庁と県警本部の捜査一課の刑事

「警察」の主な組織

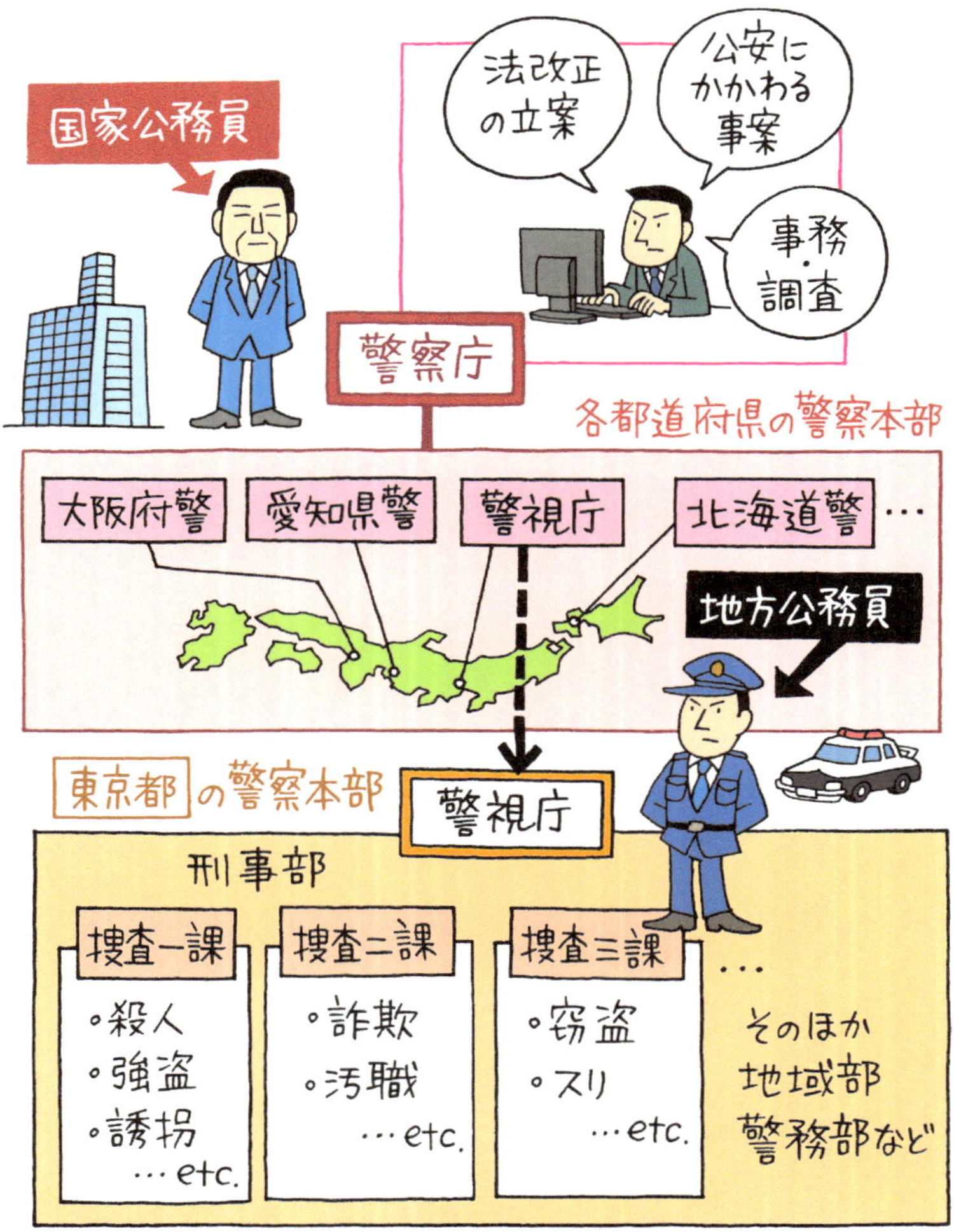
国家公務員
法改正の立案
公安にかかわる事案
事務・調査
警察庁
各都道府県の警察本部
大阪府警
愛知県警
警視庁
北海道警
…
地方公務員
東京都の警察本部
警視庁
刑事部
捜査一課
◦殺人
◦強盗
◦誘拐
…etc.
捜査二課
◦詐欺
◦汚職
…etc.
捜査三課
◦窃盗
◦スリ
…etc.
…
そのほか
地域部
警務部など

が合同で捜査することもあります。

警察は特殊な階級社会

日本の警察には、独特な昇進と階級の制度があります。巡査《じゅんさ》、巡査長、巡査部長、警部補、警部、警視、警視正《せい》、警視長、警視監、警視総監と上り詰めていき、頂点に立つのが警察庁長官です。

つまり、警察庁長官が全国の警察のトップなのですが、実はこれ、警察官の階級ではありません。階級制度を外れた警察庁長官が、警察組織のトップに立つしくみになっているのです。ですから、階級としての最上位はあくまで警視総監であり、この警視総監になれるのは全国で一人だけです。

この階級制度では、階級により就ける役職が決まっています。たとえば、警部補か警部でなければ課長・係長になれませんし、警視・警視正の階級にならないと警察署長にはなれません。

池上＋1プラスワン！

警察用語

使われる用語も独特です。その一例を挙げてみましょう。

- ホシ（犯人）……目星《めぼし》の「星」の読みに由来
- レツ（共犯）……連れ（ツレ）をひっくり返したもの
- ニンチャク（犯人の様子）……人相《にんそう》と着衣に由来
- サンズイ（汚職）……「汚」にさんずいが付いているから

Society & Technology

42

海上保安庁はどんな仕事をしているのか

日本の領海に外国船が侵入したというニュースを見る。このとき、日本の海を守る役割をはたしているのが海上保安庁だ。この組織とは、どんなものなのか？

海上保安官＝海の警察官

「海上保安庁」で働く人は「**海上保安官**」と呼ばれ、法律上は「特別司法警察職員」に分類されています。要するに、海上で仕事をする「海の警察官」ということ。警察官ですから、拳銃を所持することも、容疑者を逮捕することもできるのです。

海上保安庁の第一の役割は治安の維持。主に「不審船の監視」「密輸入・密入国の防止」「沿岸の重要施設の警備」「違法漁船の取り締まり」などに携《たずさ》わります。2010年に**尖閣諸島**《せんかく》（➡120ページ）付近で起きた海上保安庁の巡視船と中国漁船の衝突事件では、映像がインターネット動画サイトに流出し、私たちも領土をめぐる緊張状態を目《ま》のあたりにしました。

「沿岸の重要施設」とは、主に原子力発電所を指します。原子力発電所が攻撃を受ければ被害の大きさはたいへんなものとなるため、警備が必要となっています。また、海外からやってきた漁船が日本の領海で密漁するのも取り締まりますが、もちろん日本人が密漁することもあるので、これも含めて取り締まりを行います。

海難救助にも携わる

海上保安庁の役割には「海難の救助活動」もあります。ニュースなどで漂流《ひょうりゅう》者が救出されるシーンを見ることがありますよね。あの現場で活躍しているのは海上保安官です。なかでも潜水士は、海に潜って人命救助をしたり、犯罪捜査に必要な作業などを行ったりします。潜水士のうち、選《え》りすぐりのスペシャリストは「特殊救難隊（トッキュータイ）」に所属し、大型船の転覆や船上火災など、難しい捜索や特殊な海難にかかわります。

そして「海上交通の安全確保」も海上保安庁の役割。

池上 +1 プラスワン！

海上保安官

海上保安官になるには「海上保安学校」か「海上保安大学校」に入学するのが基本ですが、受験時には、保安学校・大学校ともに30歳未満という年齢制限があります。保安学校は1年か2年で保安官となり、大学校は2年学んで将来の幹部をめざします。

「水上を守る」3つの組織

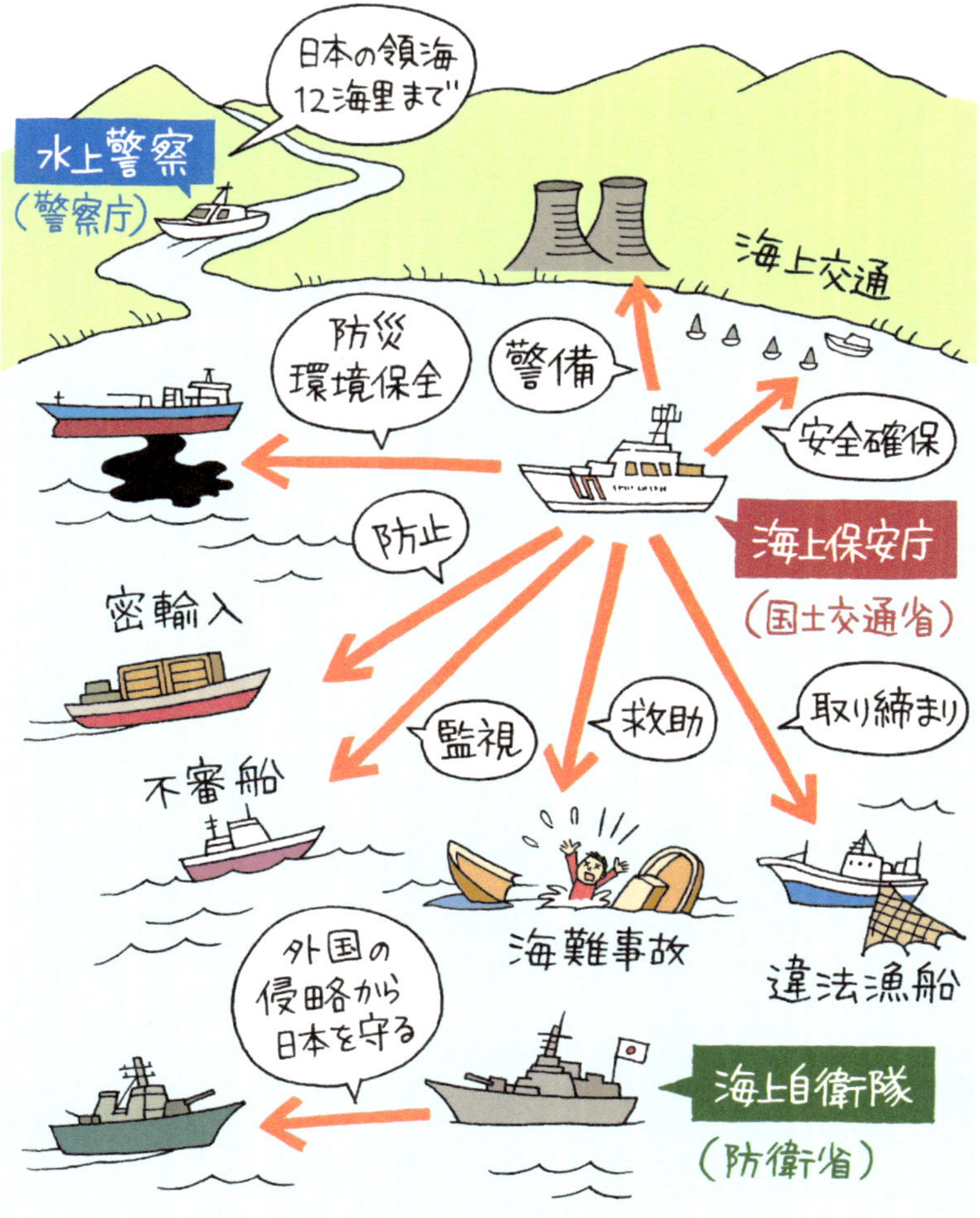
日本の領海
12海里まで
水上警察
(警察庁)
海上交通
防災
環境保全
警備
安全確保
海上保安庁
(国土交通省)
防止
密輸入
監視
救助
取り締まり
不審船
海難事故
違法漁船
外国の
侵略から
日本を守る
海上自衛隊
(防衛省)

安全に必要なブイや灯台などの保守や建設などを行います。それから、「海上防災・海洋環境保全」も重要な役割。原油流出事故が起きたときに船で油を回収したり、海底の地形や海深《しん》などを調査して情報を提供したり、海図を作成したりします。

海上保安庁と海上自衛隊の役割

警察の「水上警察」と「海上保安庁」の違いは、簡単にいうと、水上警察は川を守り、海上保安庁は海を守る、ということです。「海上保安庁」と「海上自衛隊」は、同じように海を守る役割を担っていますが、両者にはどのような違いがあるのでしょうか。

海上保安庁は、犯罪や海難に対応して海の治安と安全を守るのに対し、海上自衛隊は外国の侵略から日本を守る役割です。海上保安庁は国土交通省、海上自衛隊は防衛省の管轄《かんかつ》であるというのも違いの一つでしょう。

なお、海上保安官は領海への侵入者に対し、武力を行使できます。不審船が侵入してきたら、まず停船命令を出して警告し、止まらなければ威嚇《いかく》射撃をします。2001年、鹿児島県奄美《あまみ》諸島沖で不審船を追った海上保安庁の巡視船は、船体を直接ねらった射撃に踏み切りました。

Society & Technology

43

自衛隊の歴史を知っておきたい

日本の安全を守る役割を担い、立派な装備も保持。それなのに、なぜ「軍隊」ではなく「自衛隊」なのか？自衛隊の歴史と今をおさらいする。

自衛隊の成り立ち

「自衛隊」の前身は、１９５０年に発足した「警察予備隊」です。

第二次世界大戦（⬇２８２ページ）の敗戦からまもない当時の日本は、再軍備を禁止され、防衛面では丸腰でした。その状態のまま勃発《ぼっぱつ》した**朝鮮戦争**（⬇２９０ページ）では、日本に駐留する米軍約7万5０００人が朝鮮半島に送り込まれました。

日本の北方にはソ連という社会主義国がありました。日本から米軍がいなくなると、ソ連が侵攻してくるかもしれないとアメリカは恐れました。日本が社会主義国になるのを阻止《そし》するため、アメリカは日本政府に警察予備隊を作ることを命じます。日本人自身による防衛組

自衛隊のルーツ

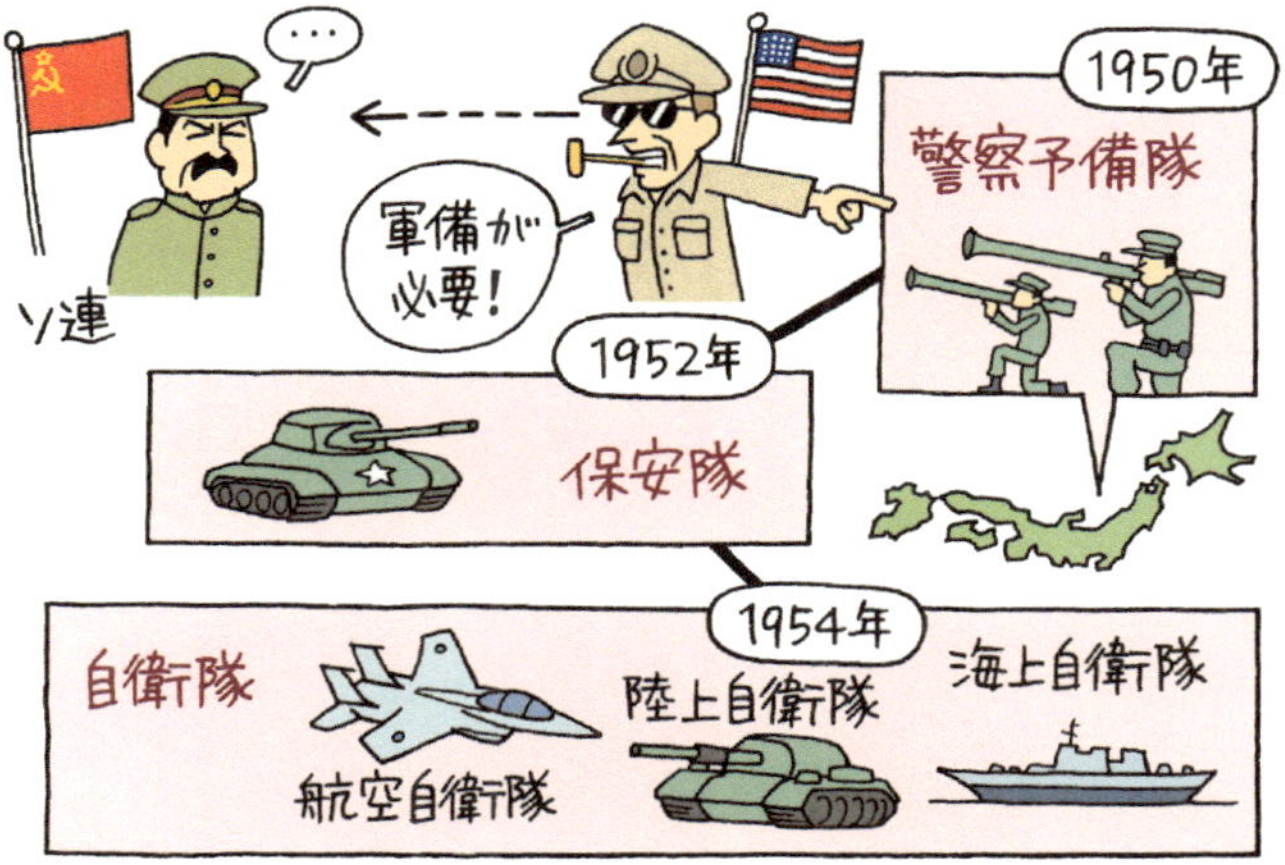

織で、空白になった米軍の穴埋めをさせようとしたわけです。

警察予備隊は、1952年に「保安隊」となり、1954年、「航空自衛隊」「陸上自衛隊」「海上自衛隊」が発足しました。自衛隊は現在、23万人を超える規模へと発展し、装備をみても、国際的には立派な〝軍隊〟とみなされています。

自衛隊は違憲《いけん》!?

では、なぜ自衛隊を「軍隊」と呼ばないのか。そこには**憲法9条**(➡69ページ)との兼ね合いという問題があります。憲法9条では、「戦力を持たない」ことを明記しています。そこで、歴代政府は公式見解として「**自衛**

憲法９条と自衛隊の微妙な関係

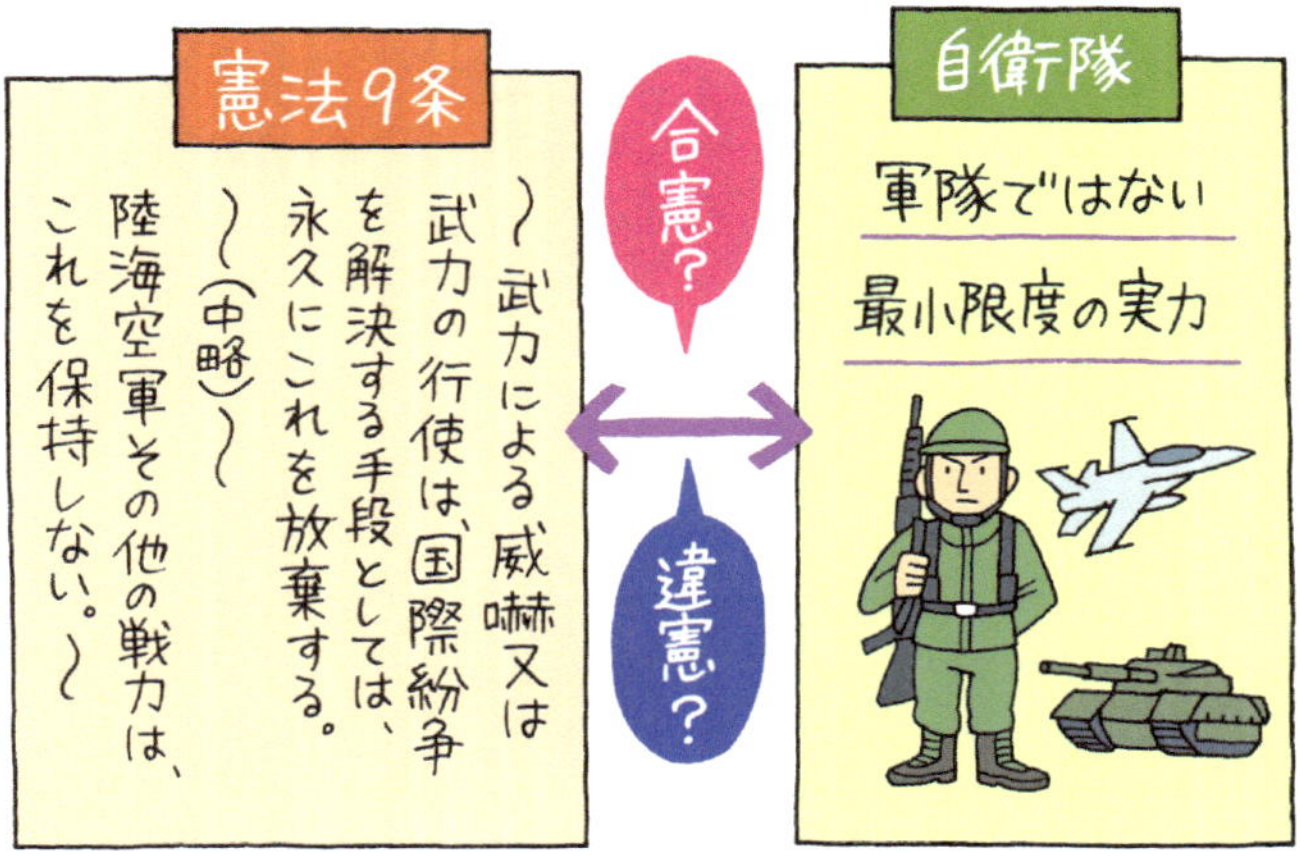
憲法9条
〜武力による威嚇又は武力の行使は、国際紛争を解決する手段としては、永久にこれを放棄する。
〜(中略)〜
陸海空軍その他の戦力は、これを保持しない。〜
合憲?
違憲?
自衛隊
軍隊ではない
最小限度の実力

隊は軍隊ではなく、戦力ではない。自衛のための必要最小限度の実力だ」と説明。つまり「独立国として自衛権を持つのは当然。自衛のための必要最小限度の実力を持つことは、憲法９条と矛盾《むじゅん》しない」としてきたのです。

ところで、この「必要最小限度の実力」には核兵器も含まれます。ただし日本には**「非核三原則」**（➡１６１ページ）があり、核兵器を持たないことになっています。つまり、日本は理論的には核兵器を持つことができるけれど、非核三原則があるから政策として持たない。非核三原則を破棄すれば、現行の憲法でも核兵器を持てるという理屈になります。

自衛隊は戦力ではなくて実力である。実力

の中身には核兵器も含まれる。憲法9条の内容を踏まえると、なかなか苦しい説明ですね。

湾岸戦争が転機に

1990年、イラクがクウェートに侵攻したことから、湾岸危機が起こりました。これに対して翌年、アメリカを中心とした多国籍軍がイラクを攻撃します。これが湾岸戦争（➡310ページ）です。このとき、日本にも多国籍軍に加われとの圧力がかかったのですが、日本政府は「自衛隊は海外の戦争に参加するものではない」と主張しました。その代わりに、合計130億ドルという多額の資金援助をしたのです。

結果的に、湾岸戦争は多国籍軍が勝利しました。クウェートは「ニューヨーク・タイムズ」などの新聞を通じ、支援した国々に感謝の意を表明しましたが、その中に日本は入っていませんでした。

それ以来、日本では「世界でいちばんお金を出しても世界では感謝されない。お金で解決するという

池上＋1プラスワン！

自衛隊の役割

自衛隊には「防衛」「国際平和協力活動」以外にも、「さまざまな事態への対応」という重要な役割があります。たとえば、地震、水害、雪害などの自然災害が起きたときや、大事故、テロ事件などが起きたときに救助や復旧活動を行います。2024年に発生した能登半島地震でも、自衛隊は救援活動を行いました。

考え方ではダメなのではないか?」という議論が起こり、自衛隊を海外に派遣するしくみが議論されました。そして1992年、国連平和維持活動協力法（PKO協力法）が成立するに至ったのです。

自衛隊は「国防軍」になる!?

PKO（Peacekeeping Operations）は「国連平和維持活動」と訳されます。日本は、PKOには軍隊を派遣する部分と、後方で治安維持にかかわる部分の二つがあるとし、後方でPKOに参加している他国の軍隊に水や燃料を補給したり、道路整備をしたりしています。自衛隊員がもし攻撃されたら、個々の自衛隊員は正当防衛として反撃できますが、自衛隊として参戦はできないので、PKOに参加している別の国の軍隊が自衛隊を守ってくれることになります。これは、世界的にみればちょっと奇妙です。

そこで、憲法9条との兼ね合いも含めて、自衛隊のあいまいな立場を解消するために、憲法を改正して自衛隊を「国防軍」として明記すべきだという議論も起きました。一方で、「日本は憲法9条で戦争放棄をしてきたからこそ、ほかの国の戦争に巻き込まれることもなく平和を保つことができた」という考え方もあります。

Society & Technology

44

日本の医療制度はどうなっている？

国民全員が保険証を持ち、自由に診療を受けることができる。実はこれ、世界的にみるととてもすぐれているらしい。当たり前と思っていた医療制度をここで知る。

よくできた日本の医療制度

日本の医療制度には「国民皆《かい》保険制度」と「フリーアクセス」という特徴があります。

まず、国民皆保険制度とは、すべての国民がなんらかの医療保険に加入し、保険料を出し合うという制度です。たとえば、大企業の従業員とその家族は「組合健保」に加入し、中小企業の従業員と家族は「協会けんぽ」、自営業者などは「国民健康保険」に入っています。

私たちは、ふだんは医療保険に保険料を払い、病気で病院に行ったときには、診療費のうち3割を窓口で自己負担します。

なお、70～74歳の人は2割、75歳以上の人は1割を負担（いずれも現役並み所得者は3割）。

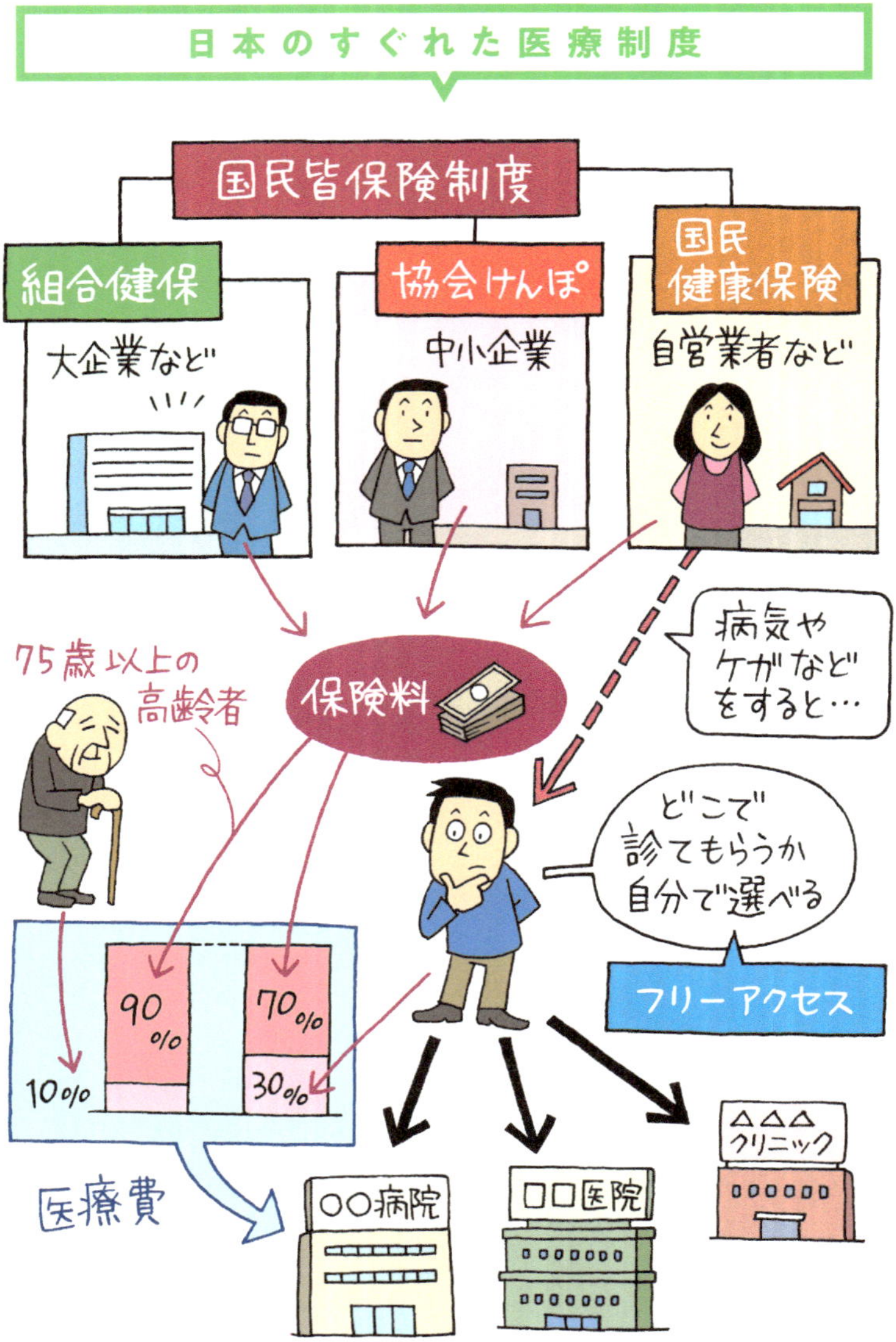
日本のすぐれた医療制度
国民皆保険制度
組合健保
大企業など
協会けんぽ
中小企業
国民
健康保険
自営業者など
保険料
75歳以上の
高齢者
病気や
ケガなど
をすると…
どこで
診てもらうか
自分で選べる
フリーアクセス
90%
10%
70%
30%
医療費
○○病院
□□医院
△△△
クリニック

残りの費用は、健康保険組合や国、市町村が負担します。

一方、フリーアクセスとは、国民が自由に医療機関を選択できるしくみです。これにより、どの病院でも同じような料金負担で診療を受けることができるわけです。

これらの制度のおかげで、日本の国民はいつでも医療機関を頼《たよ》ることができ、**医療費**の自己負担も少なくすんでいます。高齢化が進み、医療費が増大している今、制度を維持するのはけっして簡単なことではありませんが、世界的にも日本の医療制度はよくできているといえます。それは、日本が世界トップクラスの長寿国であるという事実が証明していますね。

診療報酬《ほうしゅう》のしくみ

突然ですが、あなたは「病院」と「診療所（クリニック）」の違いをご存じでしょうか。日本では、ベッドの数が20以上の医療機関を「病院」、それ未満を「診療所」と規定しています。つまり、近所で開業している「お医者さん」は病院ではなく、診療所です。

池上＋1プラスワン！

医療費

医薬品は、特許が切れると同じ成分を使った後発医薬品（ジェネリック医薬品）が流通するようになります。現在の日本では、患者が薬局で値段の安い後発医薬品を選ぶことができるようになっています。これは医療費を抑制《よくせい》させるために導入された制度です。日本での普及率は現在80％に迫っています。

そうした病院や診療所では、患者を治療したときには「診療報酬」という制度によって受け取る収入が決まっています。これは、一つひとつの診療行為が点数化されていて、点数の合計によって診療行為の価格を決定するためのしくみです。

たとえば、初診料は291点で、1点10円で計算されるため、医療費は、291点×10円=2910円となります。

私たちが医療機関で診療を受け、窓口で診療費の3割を支払った後、残りの7割は医療機関がレセプト(診療報酬明細書)を作り、医療保険に請求します。医療機関と医療保険のあいだには「審査支払機関」があり、ここで医療機関からの請求が正しいかをチェックしたうえで、医療保険へ請求し、医療機関への支払い事務を代行しているのです。

診療報酬は、厚生労働大臣の諮問《しもん》機関である「中央社会保険医療協議会(中医協)」が決めています。中医協は、診療側、支払側、公益《こうえき》の代表から成り立ち、2年に一度、診療報酬の点数を改定しています。

後期高齢者医療制度とは?

日本では、人口の約14%にあたる75歳以上の高齢者が、医療費全体の約4割を占めている現状があります。高齢者の医療費は、今後も増大することが必至《ひっし》です。この高齢者の医療費を確保するために２００８年から導入されたのが、「後期高齢者医療制度」でした。

それまで75歳以上の人たちは、医療保険制度に加入しながら「老人保健制度」で医療を受けていましたが、加入していた保険から脱退し、独立した医療制度である後期高齢者医療制度に加入して医療を受けることになりました。

これにより、現役世代と高齢者世代との負担が明確になりました。この制度では、医療費は患者負担（1割）、現役世代負担（4割）、公費（5割）によってまかなわれます。高齢者は、一人あたりの定額の保険料（均等割）＋所得に応じた保険料（所得割）によって計算される保険料を支払います。所得が少ない人は保険料が軽減され、原則として、同じ都道府県に住み、同じ所得の人は同じ保険料を支払うことになります。

将来的に、後期高齢者医療制度の被保険者の増加は確実です。２０２２年10月からは一定の所得がある75歳以上の医療費負担割合が1割負担から2割負担へと変更されましたが、この制度が高齢者医療を支え続けられるのかは不透明です。

安定的な財源を確保するために、高齢者と現役世代の負担をどうしていくのか、課題は尽きません。

Society & Technology
45

年金のしくみがよくわからない

このままだと将来、年金を受給できない!?
みんなが心配している年金の制度。少子高齢化が問題だというけれど、ほかに問題点はないのか？

年金制度は「2階建て」でできている

「年金」とは、定期的・継続的に給付されるお金のこと。働けなくなった高齢者の生活を助けるための「老齢年金」のほか、病気や事故で障害者となった人のための「障害年金」、年金に加入していた人が亡くなったとき遺族に支払われる「遺族年金」があります。

年金制度の基本となるのは「国民年金」です。20歳以上60歳未満の全国民に加入義務があり、基礎年金ともいいます。国民年金は保険料を10年以上払い続ければ、65歳以降に受け取ることができます。会社員と公務員は、さらに「厚生《こうせい》年金」にも加入します。

公的年金制度は「2階建て」でできているといわれます。まずは、すべての国民に支払われる国民年金（1階部分）。厚生年金はさらに上乗せして支払われるので2階部分にあたります。大企業が独自に導入している「企業年金」や、公務員のために設けられている「退職等年金給付」などがあれば、さらに上積みされます。自営業者などは、年金を上乗せするための「国民年金基金」があるほか、個人型確定拠出年金は誰もが積み立てることができます。

自分で積み立てたお金をもらうわけではない

現在の日本の年金制度は、今現役で働いている人たちが払ったお金を、今のお年寄りに分配する制度（賦課《ふか》方式）です。現役世代が受給世代を支えるこのしくみは「世代間扶養《ふよう》」と呼ばれます。自分が払ったお金が自分に戻ってくるしくみ（積立方式）とは違います。

賦課方式は、急激に物価が上がっても保険料の調整で対応できるメリットがあります。しかし、デメリットもあります。日本では少子高齢化が進行しており、社会保障の給付は２０２１年度の１３８・７兆円に対して、２０４０年度には１９０兆円近くにまで達すると予想されています。当然、若者の保険負担料も増え続けます。

今の若い人たちが年をとったときは、さらに若い世代の人たちが保険料を払い続けてくれないと、年金制度を維持できなくなってしまうのです。

「2階建て」の構造

iDeCo（個人型確定拠出年金）
国民年金基金
確定拠出年金（企業型）
確定給付企業年金
厚生年金基金
退職等年金給付
厚生年金保険
（代行部分）
2F
1F
国民年金（基礎年金）
対象
自営業・学生など
会社員など
公務員など
専業主婦・配偶者など

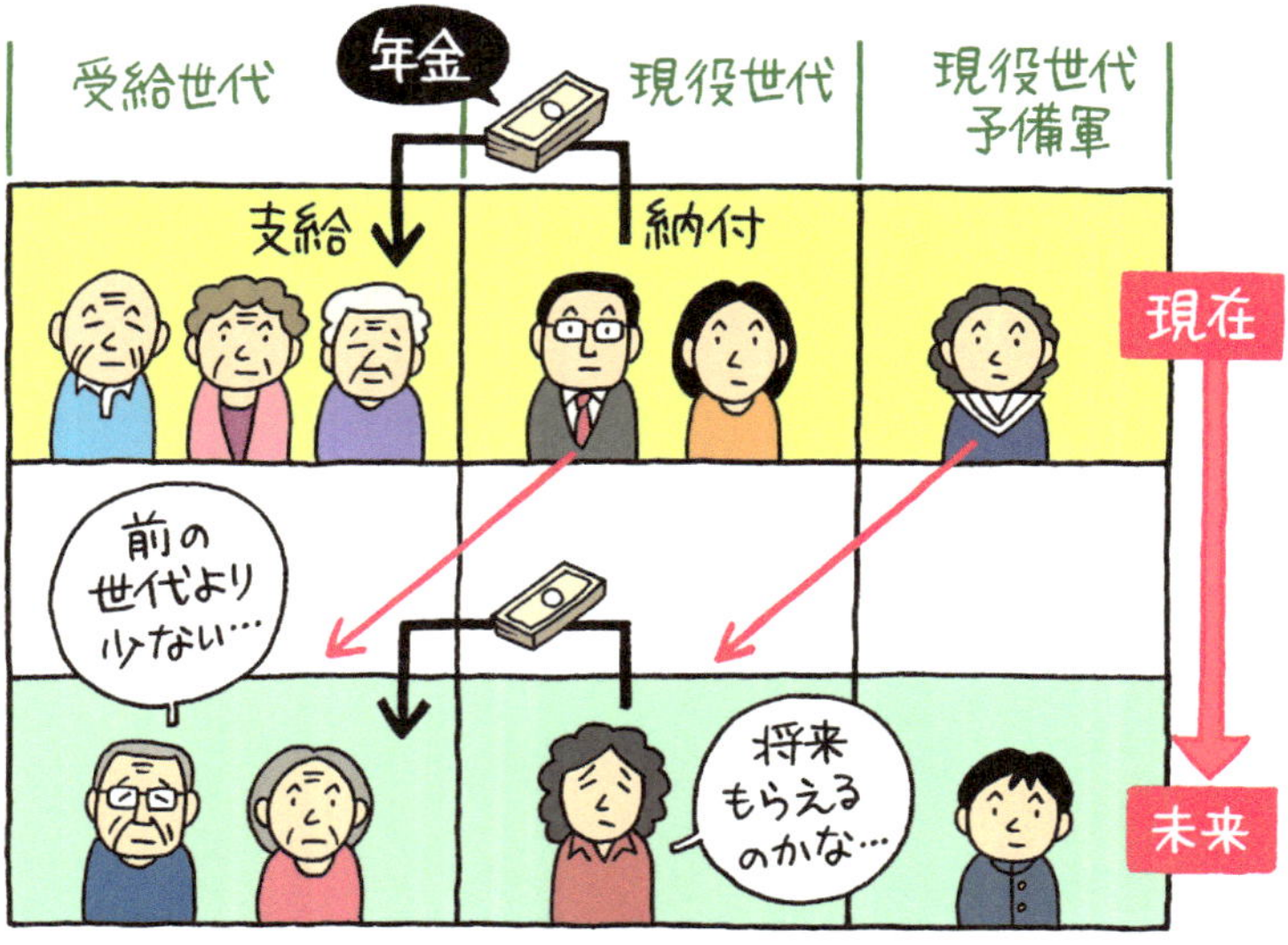
受給世代
現役世代
現役世代予備軍
年金
支給
納付
現在
未来
前の世代より少ない…
将来もらえるのかな…

心配なことに、すでに若い人を中心に、保険料を払うことができなかったり払おうとしなかったりする人がいます。「せっかく払っても将来もらえず損するだけなのでは……」と不信感を持つ人もいます。それでも2023年度の国民年金納付率は77・6%と12年連続で上昇しています。ただし、低所得などで保険料を免除・猶予《ゆうよ》されている人が596万人いて、納付率の計算から除外されています。

現在、高齢者が受給している年金は、保険料に国庫《こっこ》からの支出を加えたものでまかなわれています。国庫からの支出は、2004年の制度改革によって2分の1に引き上げられました。財源不足の心配を解消するために税金を投入するという政策なのですが、当然のことながら、財源の確保が問題となります。そこで、消費税を引き上げて財源を確保することにしたものの、まだ安定的な財源が確保できたとはいえず、**破たんも危惧《きぐ》される状況**です。

池上+1 プラスワン！

公的年金の運用

年金の破たんが心配される原因は、少子高齢化や制度への不信感だけではありません。もう一つの大きな原因は、資金運用です。国民年金と厚生年金の加入者から集めた積立金は厚生労働省所管の年金積立金管理運用独立行政法人（GPIF）が管理・運用しています。年金資金が株式市場に投入された結果、株価の変動に左右されるようになったのです。2023年10～12月の運用実績は、株価の上昇を背景に、5兆7000億円あまりの黒字となっています。

Society & Technology

46

GAFA《ガーファ》の次にきたMATANA《マタナ》の時代

ちょっと前まで「GAFA」の時代といわれていたけれど、今はIT業界の勢力図が変わっているらしい。アメリカビッグテックの基本的な知識を確認しておく。

圧倒的なシェアを誇る6企業

「MATANA」とは、マイクロソフト（Microsoft）、アマゾン（Amazon）、テスラ（Tesla）、アルファベット（Alphabet）、エヌビディア（NVIDIA）、アップル（Apple）の頭文字をとった造語。世界をけん引するビッグテック（巨大IT企業）の代名詞として、近年使われるようになった言葉です。以下、各企業の特徴をみていきましょう。

まず「マイクロソフト」は、ウインドウズやオフィスソフトシリーズなどでよく知られ、近年は、オフィスソフトのサブスクリプションサービス「Microsoft365」やオンラインストレージ「OneDrive」といったサービスにも力を入れています。新しいところでは、❶「Chat《チャット》GPT(⬇

201ページ)」を開発したOpenAI社との資本・業務提携が話題となりました。

「アマゾン」は、ＥＣ（電子商取引）の分野で圧倒的な地位を築いています。創業当初は主に書籍のオンライン販売を行っていましたが、今や多くの人が日常的にアマゾンを通してネットショッピングをしています。「テスラ」は、電気自動車や太陽光発電の製造・販売など、クリーンエネルギー関連事業を幅広く展開しています。ＣＥＯであるイーロン・マスク氏がTwitter《ツイッター》を買収し、Ｘ《エックス》としたことでも知られています。

　グーグルの親会社である「アルファベット」は、検索サービスに大きな強みを持っています。世界における検索エンジンのシェアで、グーグルは約9割のシェアを誇ります。日本でも、「検索すること」を意味する言葉として「ググる」という表現が一般的に使われていますね。

「エヌビディア」は人口知能（ＡＩ）向けの半導体メーカーであり、実に世界のシェア8割を占めています。主にＧＰＵ（画像処理装置）を開発しており、自動運転システムの開発も手がけています。そして「アップル」といえば、２０１１年に亡くなった創業者スティーブ・ジョブズやＭａｃのパソコンをイメージする人が多いかもしれません。今はiPhoneが売上の約6割を担っており、音楽配信などのサービスも手がけています。ＭＡＴＡＮＡの6社に共通していることは、半導体の自前開発に着手していることです。

「MATANA」とは？

会社名	主な事業内容		時価総額（百万ドル／2024年6月末）
マイクロソフト Microsoft		ソフトウェア開発、クラウドサービス、アプリケーション開発	3,321,869.0746
アマゾン Amazon		電子商取引（EC）、クラウドサービス、アプリケーション開発	2,011,080.7479
テスラ Tesla		EV（電気自動車）、太陽光発電などのエネルギー機器の製造	631,078.1375
アルファベット google Alphabet		デジタル家電の開発・製造	2,102,233.6971
エヌビディア Nvidia	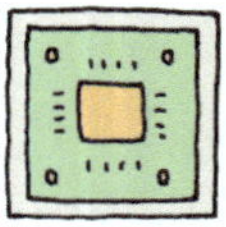	GPU 開発	3,039,084.0000
アップル Apple	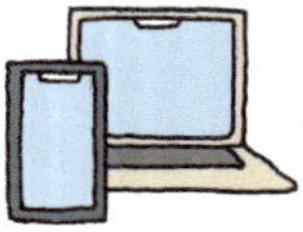	デジタル家電の開発・製造	3,229,664.3508

少し前まで、ビッグテックといえばGAFA（グーグル、アマゾン、フェイスブック〈現メタ〉、アップル）やマイクロソフトのことを指していましたが、今は勢力図が塗り替えられた格好です。なお、MATANAの6社にメタを加え、マグニフィセント・セブン（M7）という呼び方が使われることもあります。

ビッグテックを規制する動きも

MATANAに代表されるビッグテックは、莫大《ばくだい》な売上で、その力は強大です。世界中のデータや富を吸い上げるさまは「ニューモノポリー（新独占）」と呼ばれます。**各国でビッグテックを警戒する動き**が強まり、EU（⬇152ページ）は2018年に個人情報保護を強化する一般データ保護規則を施行し、違反には巨額の制裁金を科すことにしました。2024年からは活動を規制する「デジタル市場法（DMA）」の適用も開始しています。

池上+1プラスワン！

デジタル課税

2021年、OECD（経済協力開発機構）加盟国を含む約140の国と地域は「デジタル課税」の導入で合意。デジタル課税とは、特定の拠点を持たずに世界中で事業を展開する収益の高い多国籍企業に対して課税するしくみです。しかし、対象企業の多いアメリカでは根強い反対論があり、当初は2023年に予定していた署名式が先送りとなっています。

Society & Technology

47

AI《エーアイ》によって生活はどう変わる？

AIが発展すると、多くの仕事が奪われるといわれている。そう考えると将来が不安になるけれど、本当はどうだろう。ここで、そもそものキホンを解説する。

AIとは「人口知能」のこと

一時期、雑誌やインターネットの記事などに「AIの発展でなくなる仕事」のリストが掲載され、**多くの仕事がAIに奪われる**という予測を頻繁《ひんぱん》に目にしました。「仕事がなくなってたいへんだ」と悲観する人もいれば、「人間が単純労働から解放される」と楽観する人もいたようです。

そもそも「AI」とは、「Artificial Intelligence」を略した言葉。日本語では「人工知能」と訳されます。AIの研究は1950年代から始まり、技術の発達に伴って進化してきました。その進化を支えているのが「ディープラーニング」。日本語で「深層学習」と呼ばれるものです。簡単にいうと、人間の脳の神経細胞のつながりをシミュレートした学習方法で、これによりＡＩは、自力で大量のデータを解析・学習できるようになっています。たとえば、ＡＩが過去の将棋の棋譜《きふ》データをディープラーニングすることで、どう駒を動かせば勝てるかを判断できるのです。すでに、将棋やチェス、囲碁ではＡＩが人間を上回っています。

このままＡＩが進化していくと、２０４５年ごろに「シンギュラリティ」がくるとする予測もあります。これを日本語では「技術的特異点」といい、ＡＩの能力がすべての領域で人間の知性を上回る時点のことです。

「生成ＡＩ」がブームに！

２０２３年には「生成ＡＩ」がブームとなりました。そもそも生成ＡＩとは、文章や画像、音声など、さまざまなコンテンツを自動で生成するＡＩのこと。アメリカのOpenAI社が開発した「ChatGPT《チャット》」が一躍有名とな

池上＋1 プラスワン！

新技術への恐怖

新しい技術に仕事を奪われそうになり、恐怖を感じる。この構図は今に始まったことではありません。産業革命の時代にも似たような状況が起きました。イギリスで織物の機械が登場し、それによって仕事を奪われることを恐れた労働者が機械を打ち壊す動き（ラッダイト運動）が生じました。歴史は繰り返すのです。

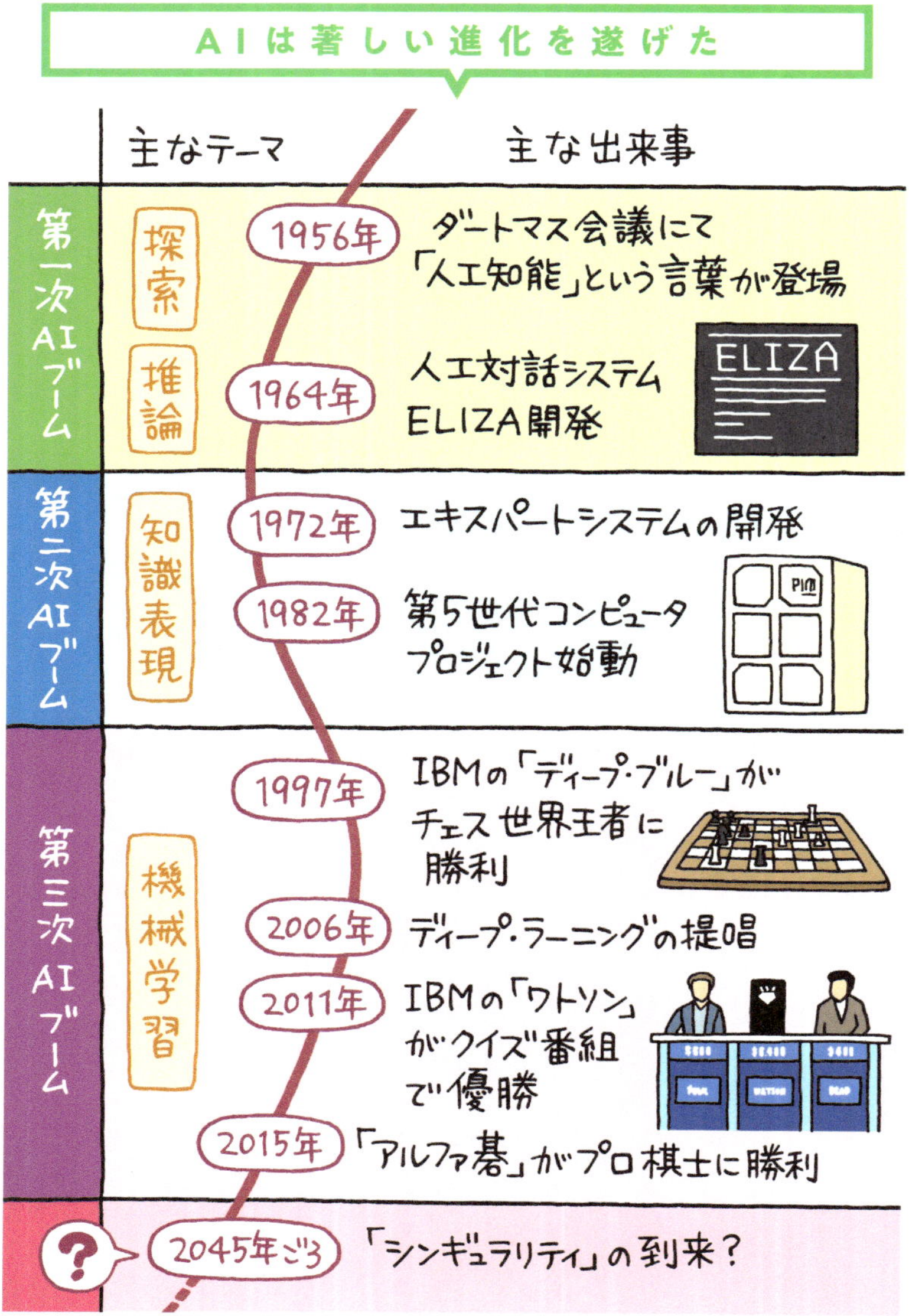
AIは著しい進化を遂げた
主なテーマ
主な出来事
第一次AIブーム
探索
推論
1956年
ダートマス会議にて「人工知能」という言葉が登場
1964年
人工対話システムELIZA開発
ELIZA
第二次AIブーム
知識表現
1972年
エキスパートシステムの開発
1982年
第5世代コンピュータプロジェクト始動
PIM
第三次AIブーム
機械学習
1997年
IBMの「ディープ・ブルー」がチェス世界王者に勝利
2006年
ディープ・ラーニングの提唱
2011年
IBMの「ワトソン」がクイズ番組で優勝
2015年
「アルファ碁」がプロ棋士に勝利
?
2045年ごろ
「シンギュラリティ」の到来？

りました。

生成ＡＩを使えば、表現したいイメージを単語や文章で入力するだけで、瞬時にイラストが生成され、とても便利です。一方で、生成ＡＩはネットに公開されているデザイナーやイラストレーターによるオリジナル作品を勝手に学習データとして使ってイラストを生成しています。これは著作権の侵害にあたるのではないかという問題もあり、各国でルール作りが進められています。

また、生成ＡＩは「もっともらしいウソ」をつくことがあります。以前、私がChatGPTに「池上彰ってどんな人物？」と質問したら、ＴＢＳに入社して、その後日経新聞にも入社したことになっていました。実際に入社したのはＮＨＫですから、これは間違っているのですが、知らない人が見たら信じてしまうかもしれませんね。

生成ＡＩは、フェイク画像や動画も生成します。２０２２年にはウクライナの**ゼレンスキー大統領**（⬇１０８ページ）がウクライナの兵士にロシアへの投降を呼びかける偽動画がネット上で拡散しました。また、有名人や一般の人になりすました投資詐欺《さぎ》による被害も拡大しています。私たちには生成ＡＩを活用しながら、リスクに対応していく力が求められているのです。

Society & Technology

48

サイバー攻撃は なぜ脅威になるのか

インターネット経由の「サイバー攻撃」が問題化する今、こうした攻撃から企業や国家を守る方法が世界中で真剣に問われている。

「サイバー攻撃」は戦争の一種!?

サイバーとは「インターネットの」という意味で、「サイバー攻撃」はネットを悪用した攻撃のこと。金銭目的で個人情報が不正に入手されるケースもあれば、企業や省庁のウェブサイトを攻撃して世間を混乱させる愉《ゆ》快《かい》犯のような犯行もあります。そして、近年は国家間においてインターネット上で行われるサイバー戦争が激化しています。

２０２２年に起きたロシアによる**ウクライナ侵攻**（➡１４４ページ）では、実際の戦闘に先駆け、ウクライナに対するサイバー攻撃が激化。政府機関や軍、メディア、インフラなどが攻撃の対象となりました。

そもそも「サイバー攻撃」とは？

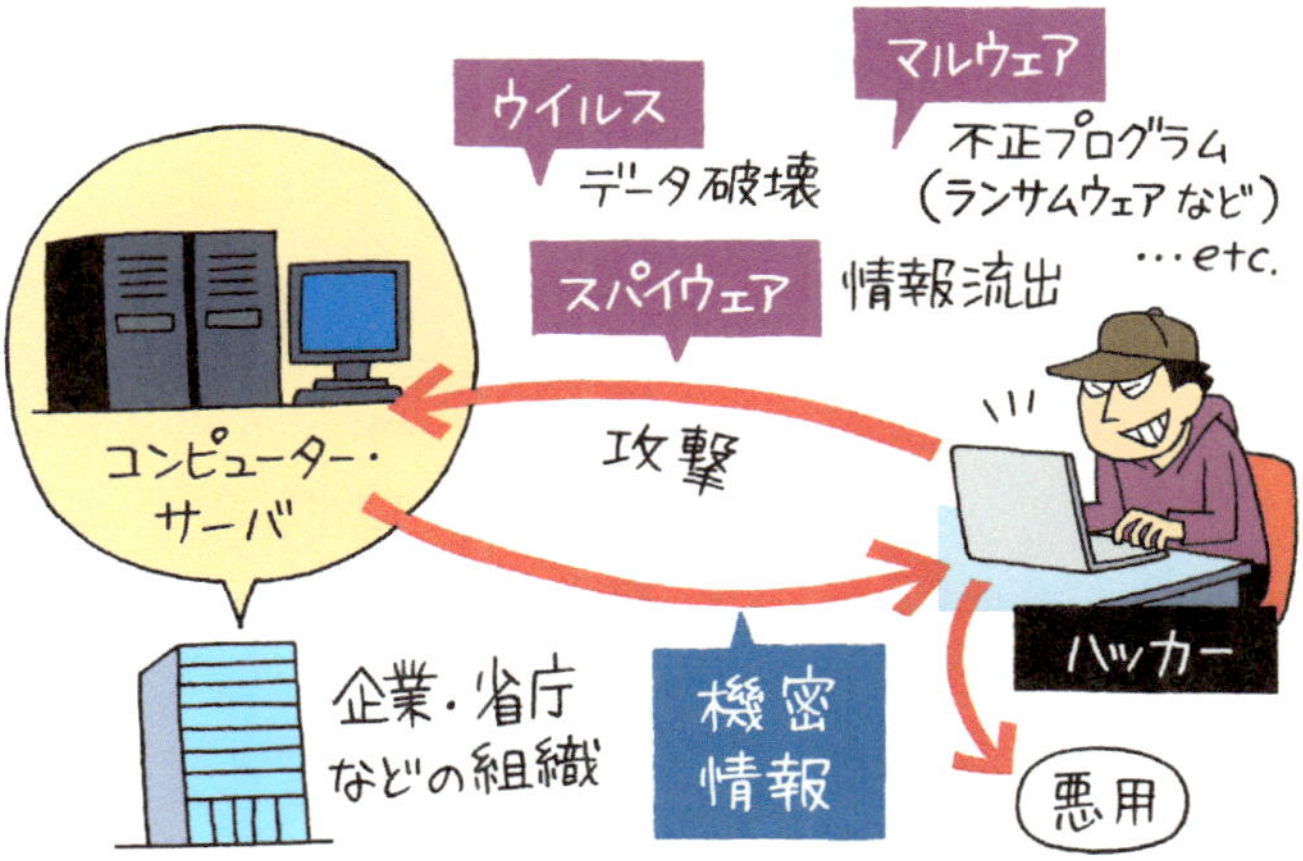

その後もサイバー攻撃は続き、携帯電話やインターネットサービスが停止したり、空襲警報システムが停止したりするなどの被害が出ています。実際の攻撃とサイバー攻撃などを組み合わせる軍事戦略は「ハイブリッド戦」と呼ばれています。

この戦争では、ウクライナとロシアのそれぞれを支持するハクティビスト（社会的・政治的な主張を目的にサイバー攻撃を行う個人や組織のこと）同士によるサイバー攻撃の応酬へと発展しました。ウクライナのＤＸ（デジタル・トランスフォーメーション）担当大臣は「ウクライナＩＴ軍」を立ち上げ、世界中からボランティアのハッカーを募り、ロシアへのサイバー攻撃を行っています。

サイバー攻撃に対する備え

日本では、２０１５年に「サイバーセキュリティ基本法」が全面施行され、内閣官房長官を本部長とする「サイバーセキュリティ戦略本部」を設置。国家レベルでサイバーセキュリティを強化する体制を作りました。また、防衛省・自衛隊では「サイバー防衛隊」を組織し、サイバー攻撃についての情報収集、分析、調査研究などに取り組んでおり、警視庁でも、サイバー捜査を行う特別捜査官を採用するようになっています。

しかし、日本ではＩＴ人材の人手不足が問題となっており、サイバーセキュリティ人材の不足はさらに深刻となっています。**高度化するサイバー攻撃**への対応は急務の課題といえます。２０２４年、日本はサイバー攻撃を受ける前に対抗措置をとる「能動的サイバー防御」の導入に向け、政府の有識者会議が初会合を開催。関連法案の提出を目指しています。

池上 +1 プラスワン！

サイバー攻撃の被害

2024年６月、宇宙航空研究開発機構（JAXA《ジャクサ》）が前年からサイバー攻撃を複数回受け、大量の文書ファイルが不正閲覧されていたことがわかりました。関連企業や防衛省の情報も流出した可能性があり、中国系ハッカーの攻撃とみられています。

Society & Technology

49

Z《ゼット》世代とはなんだろう

若者の話題がニュースになるとき「Z世代」というコトバがよく使われる。いったい、どういう特徴を持つ世代なのか？あらためてここでおさらいしておく。

あなたは何世代？

あなたは**自分が何世代にくくられているか**を知っていますか。日本では、団塊《だんかい》・ポスト団塊世代（１９４６～50、51～59年生まれ）、バブル世代（１９６０～70年生まれ）、団塊ジュニア・ポスト団塊ジュニア世代（１９７１～75、76～82年生まれ）、ゆとり世代（１９８７～95年生まれ）、脱ゆとり・デジタルネイティブ世代（１９９６年以降生まれ）といった区分がなされています（出所：野村総研）。

「団塊世代」は、第二次世界大戦後の第一次ベビーブームに生まれた世代で、「ポスト団塊世代」とともに最大の人口集団を形成しています。「バブル世代」は好景気のバブル時代に社会に出

➡P209 プラスワン！

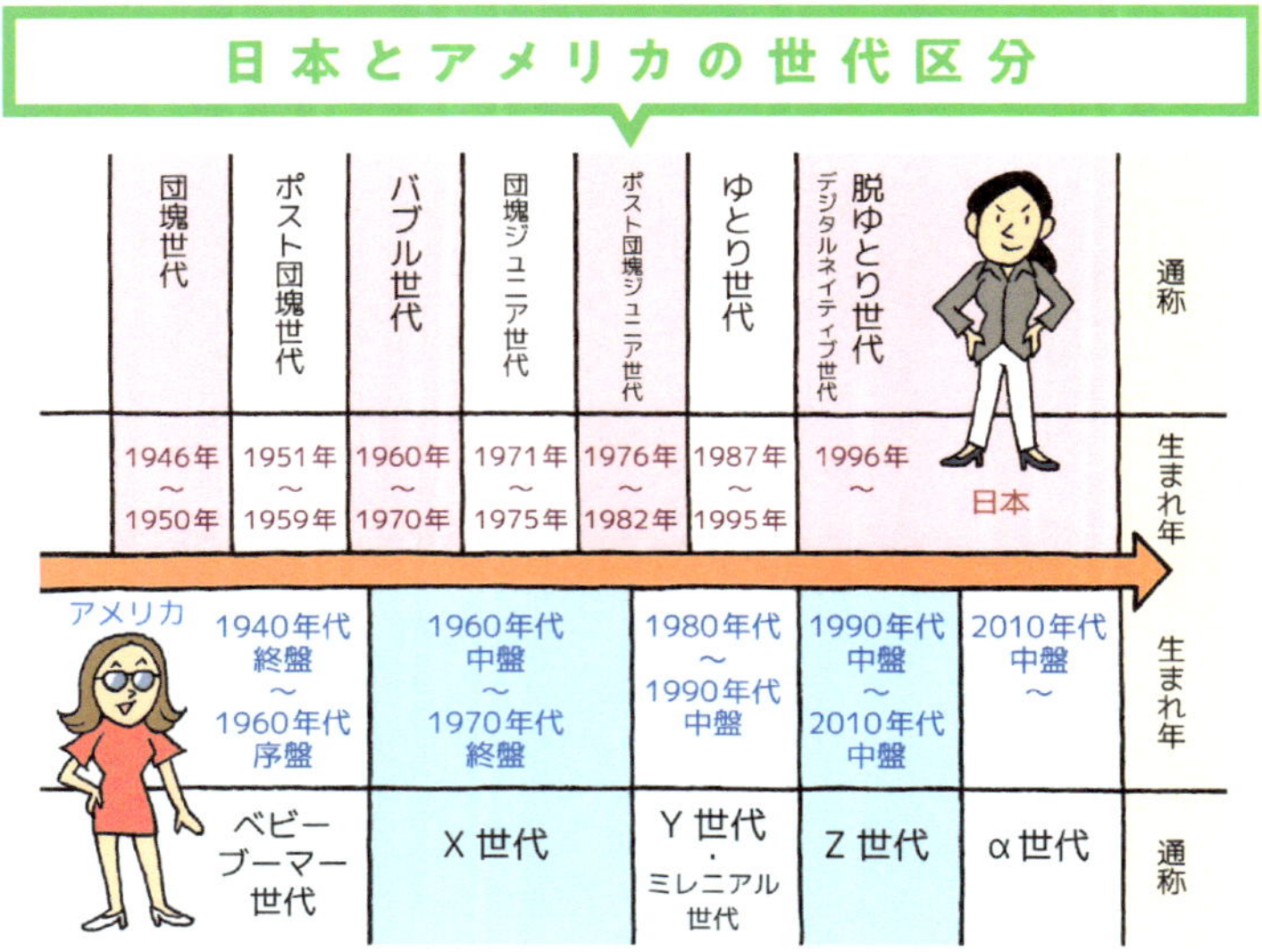

							通称
団塊世代	ポスト団塊世代	バブル世代	団塊ジュニア世代	ポスト団塊ジュニア世代	ゆとり世代	脱ゆとり世代 デジタルネイティブ世代	通称
1946年~1950年	1951年~1959年	1960年~1970年	1971年~1975年	1976年~1982年	1987年~1995年	1996年~ 日本	生まれ年

1940年代終盤~1960年代序盤	1960年代中盤~1970年代終盤	1980年代~1990年代中盤	1990年代中盤~2010年代中盤	2010年代中盤~	生まれ年
ベビーブーマー世代	X世代	Y世代・ミレニアル世代	Z世代	α世代	通称

た人たちで、第二次ベビーブーム世代である「団塊ジュニア」、そして「ポスト団塊ジュニア世代」へと続きます。詰め込み型の学習からの脱却を目指し、学習内容や授業時間の削減を行った〝ゆとり教育〟を受けた人たちは「ゆとり世代」、今の若者は「脱ゆとり・デジタルネイティブ世代」と呼ばれます。

アメリカでは、主に1950年代に生まれた人たちを「ベビーブーマー世代」、1960年代から70年代に生まれた人を「X世代」といいます。ベビーブーマー世代からすると「何を考えているのかわからない」ということで、わからない＝Xと名づけたのです。

1980年代～90年代半ばに生まれた人は「Y世代」「ミレニアル世代」と呼ばれます。

X世代の次だからY世代、西暦２０００年を迎える世代だからミレニアル世代です。

「Z世代」の特徴

１９９０年代半ば～２０１０年代中盤に生まれた世代を「Z世代」、２０１０年代中盤以降に生まれた人は「α《アルファ》世代」です。Z世代は物心ついたときからスマホやパソコンなどのデジタル機器に触れていて、格差の拡大や気候変動や異常気象を経験してきた世代でもあります。そのため社会問題や環境問題に敏感で、SNSを通じた情報発信力を持っています。

日本でも若者のことをZ世代と呼びますね。日本のZ世代は生まれたときから不景気に直面していて、金銭面では保守的です。安くていいものを好み、コスパ（コストパフォーマンス）に敏感。効率を意識し、時間対効果（タイパ＝タイムパフォーマンス）を重んじるため、映画やドラマは倍速や飛ばし見で視聴するなどの傾向があります。

池上＋1 プラスワン！

世代論との向き合い方

私たちはついつい人を世代で分類し、「○○世代はこれだから……」などとお互いに批判しがち。でも、人は世代で明確に区分されるものでもありませんし、人の特徴はそれぞれの生き方で決まるものです。世代間の分断を深めるのではなく、お互いに尊重し合う世の中にしたいものですね。

Society & Technology
50

ノーベル賞はどうやって決まる？

ノーベル賞は世界的な栄誉。日本人もこれまで28人が受賞している。そもそもこの賞は、どうして誕生したのか？受賞者はどうやって選考されるのか？

ノーベルの遺言によって設立

「ノーベル賞」は、スウェーデンの化学者アルフレッド・ノーベルの遺言によって誕生しました。ノーベルは、数々の特許《とっきょ》を取得した発明家として知られ、なかでも有名なダイナマイトの発明により、ヨーロッパ有数の大富豪となりました。

ただ、ダイナマイトは建設業や鉱山開発に大きく貢献《こうけん》した一方で、爆弾として戦争に利用されるという負《ふ》の側面ももたらしました。

ノーベルは、自分が発明したダイナマイトが兵器として軍事利用され、多くの犠牲者を出したことに心を痛めました。そこで、これまで築き上げてきた財産をもとに基金を設立し、人類の進歩に役立つ研究や開発をした人に賞を与えてほしいと遺言しました。これにより、物理学賞、化学賞、医学生理学賞、文学賞、**平和賞**の五つの賞が制定されたのです。

その後、スウェーデン国立銀行が「アルフレッド・ノーベルを記念する経済学賞」を創設しました。これは、厳密にはノーベル経済学賞とは呼べないのですが、一般にはノーベル賞の一つとして報道されています。

賞の選考はどのように？

ノーベル各賞はスウェーデンの王立アカデミーなどで選考されますが、平和賞だけはノルウェーのノーベル平和委員会が選考します。ノーベル賞を設立した当時、ノルウェーはスウェーデンとの連合王国の一部で、スウェーデンからの独立を求めていました。スウェーデンは武力によって独立を阻止《そし》しようとしていましたが、ノルウェーはあくまで平和的な解決を模索《もさく》していました。ノーベルはノルウェーの外交を評価し、スウェーデンと

池上+1 プラスワン！

ノーベル平和賞

過去にはなんと、ナチス・ドイツのヒトラーがノーベル平和賞に推薦されたという驚くべき出来事もありました。これには、ヒトラーの台頭《たいとう》に危機感を持ったドイツの政治家が、平和賞を受賞させることで国際的な圧力を高めようとしたという背景がありました。いわば“ほめ殺し”で独裁政治をやめさせようとしたわけですね。

ノルウェーの関係改善を願う観点からも、平和賞の選考をノルウェーに委《ゆだ》ねたとされています。ノーベル賞は、毎年9月に各賞を選考する組織が各分野の専門家や過去の受賞者などに候補者の推薦を依頼し、それにもとづいて候補者を厳選していきます。この選考過程は50年間公表されないことになっています。なお、平和賞はノルウェーの元国会議員5名からなる委員会が選考にあたっています。

２０１８年には、ノーベル文学賞を選考するスウェーデン・アカデミー会員の夫によるセクハラ・スキャンダルをきっかけに、複数の会員がアカデミーからの辞任を表明。その年のノーベル文学賞の発表が見送られる事態へと発展しました。

ところで、ノーベル賞の授賞式は、ノーベルの命日である12月10日にスウェーデンのストックホルムで行われます（平和賞はノルウェーのオスロ）。

賞金は、ノーベルの遺産を運用するノーベル財団の利益からあてられています。２０１２年には財政事情の悪化を理由に減額されたこともありましたが、２０１７年になって、財務が改善したとして引き上げられました。２０２３年には8万４０００ユーロ相当を積み増し、過去最高の92万４０００ユーロ（１１００万スウェーデンクローナ）へと引き上げられています。

Society & Technology 51

働き方改革で社会はどう変わったか

働き方改革の関連法が施行された。長時間労働が禁止されて、違反すると処罰されるという。これから日本人の働き方はどう変わっていくのか？

法改正で何がどう変わった？

日本では2019年4月から働き方改革関連法が施行されました。この法律のポイントは二つあります。「長時間労働の見直し」と「公正な待遇の確保」です。

長時間労働の見直しとして導入された制度の一つ目が「残業時間の罰則付き上限規制」です。これまでは、残業時間の上限を規制する法律はありませんでしたが、上限を超える残業はできなくなりました。具体的には、原則月45時間、年360時間とされ、繁忙《はんぼう》期など特別な事業があるときも、年720時間以内、複数月平均80時間以内、そして単月100時間未満を超えることはできません。

「働き方改革」の主な内容

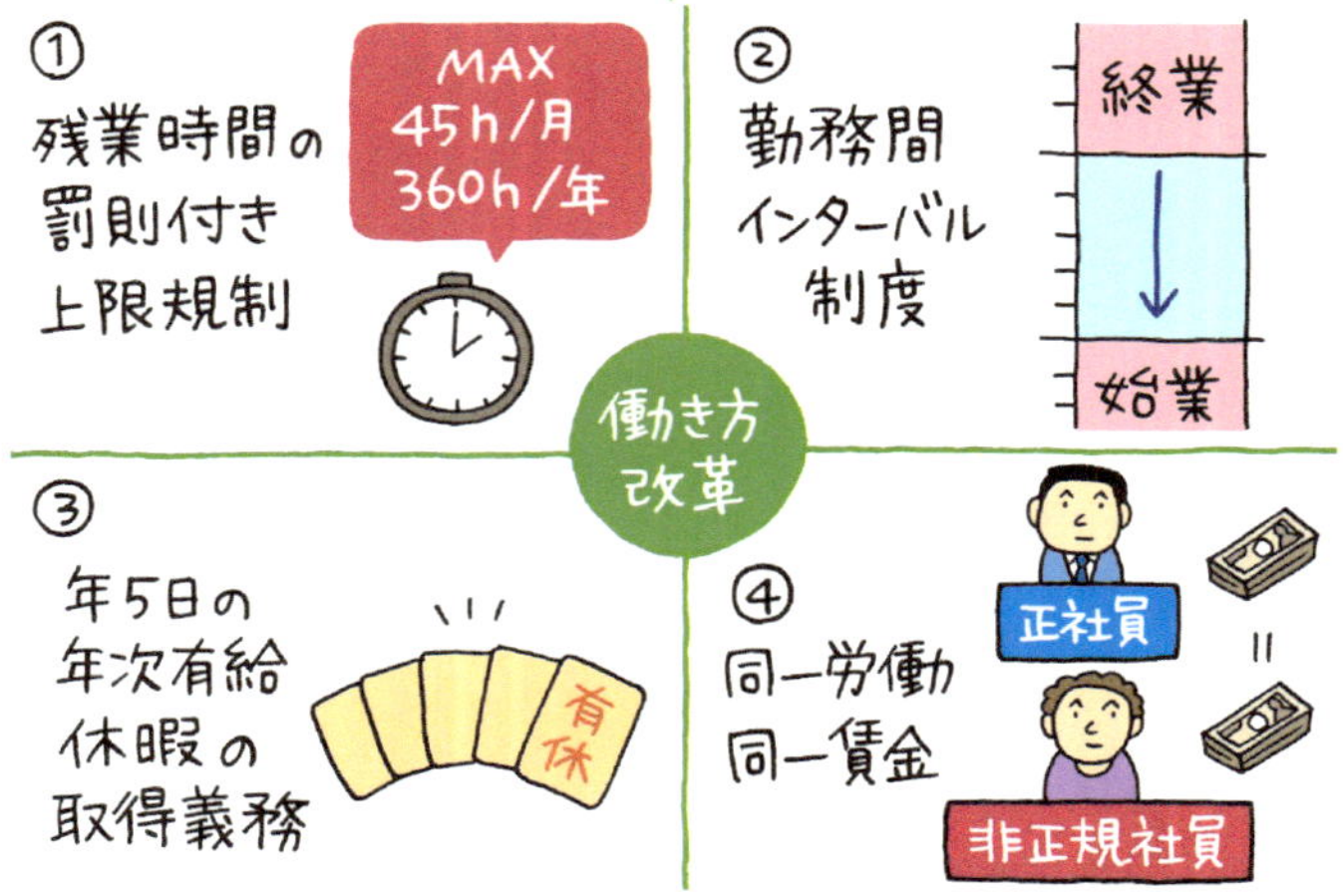

運送業や建設業、医師などには5年間の適用猶予《ゆうよ》期間が設けられていましたが、2024年4月から規制の適用が始まりました。これにより「荷物が届かない」「路線バスがなくなる」「入院患者の受け入れが制限される」といった心配があり、「2024年問題」と呼ばれています。

二つ目は「勤務間インターバル制度」です。これは1日の勤務後、翌日の出社までのあいだに一定時間以上の休息時間（インターバル）を確保するしくみです。十分な生活時間や睡眠時間が取れるようにする目的がありますが、企業の努力義務となっており、実際の導入はまだ進んでいません。

三つ目は、年5日の年次有給休暇の取得義

務です。これまでは会社が「有休を取りなさい」といっていても、現実には仕事のスケジュール上、取得できない状況がありました。そこで、法律で義務化したのです。

一方、公正な待遇の確保として導入されたのが、同一労働同一賃金の制度化です。これは正社員と非正規社員のあいだの不合理な待遇差を禁止したものです。要するに、「同じ仕事をするなら待遇に差をつけてはいけません」ということです。基本給だけ同じでも、通勤手当や役職手当、賞与などで差をつけたのでは制度の意味がなくなるので、厚生労働省がガイドラインを示しています。

なぜ働き方改革が必要だったのか？

そもそも、**どうして政府は働き方改革を進めることにしたのか**。一つには、過労死が大きな問題となったことが挙げられます。２０１５年に電通の新入女性社員が過労自殺するという痛ましい事件が起き、長時間労働の改善に向けた社会的な機運が高まりました。

池上＋1プラスワン！

労働生産性が低い

そもそも日本企業の働き方は世界的にみて効率が悪いという評価が定着しています。OECDのデータにもとづく2022年の日本の時間当たり労働生産性は38か国中30位。先進7か国ではデータのある1970年以降、連続して最下位を記録しています。政府は働き方改革を通して、効率良く働き、景気を良くしていくことをめざしているのです。

そして、もっと大きな背景としては少子高齢化による深刻な労働力不足があります。これを解消するために外国人労働者の受け入れについても議論が進んでいますが、外国人労働者の受け入れには文化の違いなどの不安もあります。そこでまず、女性にもっと労働に参加してほしいと考えました。かつて日本では、結婚や出産を機に仕事を辞めてしまう女性の数が多かったのですが、女性が結婚や出産後も働き続ければ、ある程度労働力不足をカバーできるというわけです。

ただし、女性の労働参加を促すには、女性が働きやすい環境を作らなければなりません。そこで、仕事と家庭を両立しやすくするために長時間労働を見直したり、休暇を取りやすくしたりする制度を導入したということです。また、男性の育児休業取得も促進しており、企業側から従業員に育休制度の通知・取得促進が義務付けられるようになりました。取得率は30・1％に伸びています（2023年度）。

企業は働き方改革を推進することで、従業員の幸福感や充実感を指す「ウェルビーイング」を向上させ、人材の確保に力を入れています。岸田内閣は主要政策「新しい資本主義」の中で「人への支援」を強化することを掲げ、多様な働き方の促進やリスキリング（職業能力の再開発、再教育）による能力向上支援を行うとしています。

Society & Technology

52

LGBTQ《エルジービーティーキュー》について知っておきたい

日本ではLGBTQへの偏見が根強いと聞く。そもそも「LGBTQ」とは何か？　何が問題となっているのか？　世界の情勢も踏まえ、ここで考えてみる。

LGBTQに該当する人は約10％

LGBTQとは、レズビアン（Lesbian）、ゲイ（Gay）、バイセクシャル（Bisexual）、トランスジェンダー（Transgender）、クィア／クエスチョニング（Queer／Questioning）の頭文字をとった言葉です。「レズビアン（女性同性愛者）」は、身体と心の性別は女性で、性的指向も女性である人のこと。「ゲイ（男性同性愛者）」は、身体と心の性別は男性で、性的指向も男性である人のことです。

「バイセクシャル（両性愛者）」は、身体と心の性別にかかわらず、性的指向が両性である人のこと。身体と心は男性で、男女の両方が好きになる人、あるいは、身体は女性で心は男

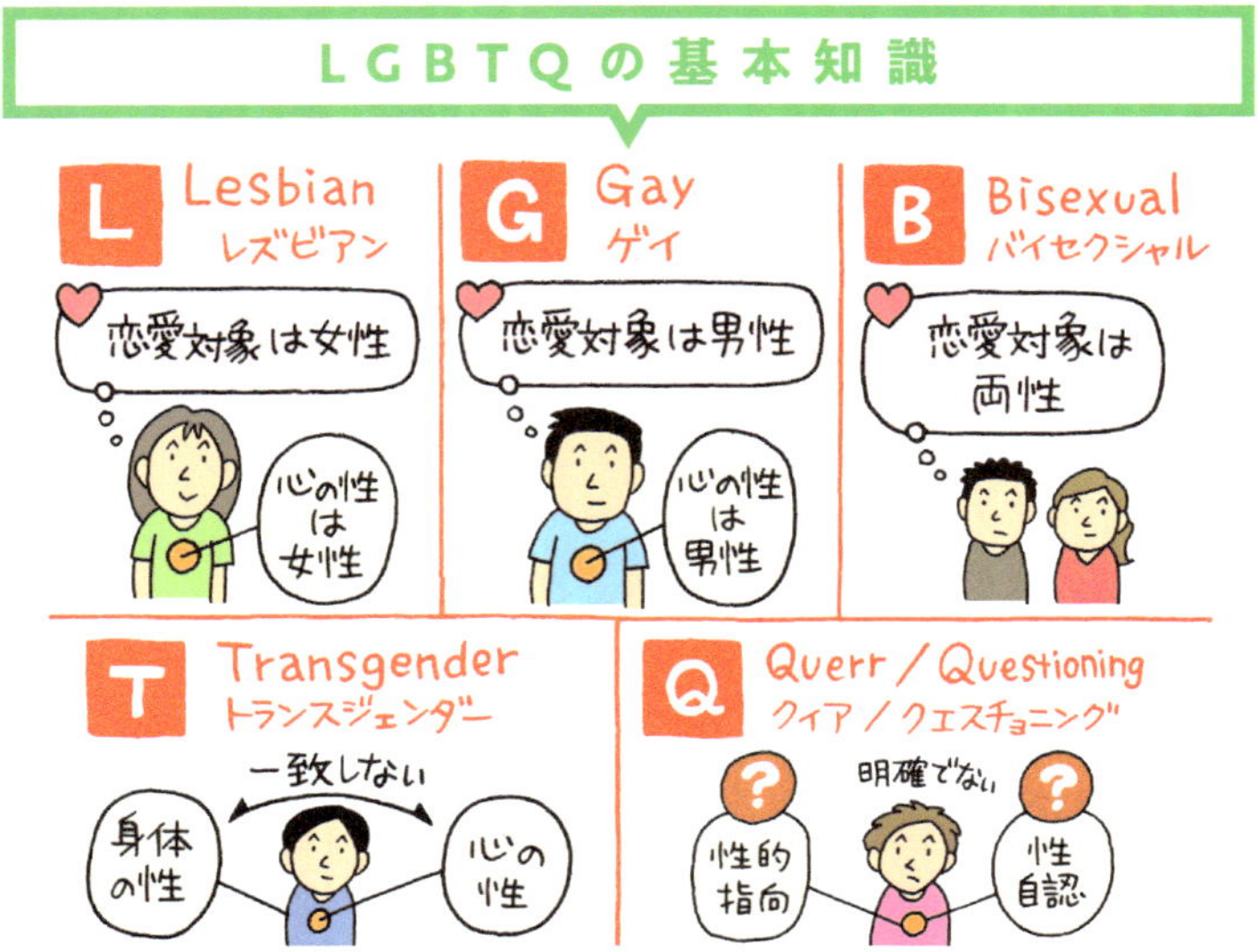

性でありながら男女の両方が好きになる人などを指します。「トランスジェンダー（出生時に診断された性と自認する性の不一致）」は、外見は男性ながら心は女性、外見は女性で男性の心を持つ人が分類されます。

そして、「クエスチョニング」は性自認や性的指向を決められない・わからない人、「クィア」は明確ではないとされる性のあり方を包括的にあらわす言葉です。これ以外にも、さまざまな性のあり方があるという意味で「LGBTQ＋《プラス》」という表現も使われています。

電通が全国20～59歳の約5万7000人に実施した調査（2023年）では、LGBTQなどの性的少数者に該当する人は全体の9・7％であることが判明。一方で、誰にもカミングアウトしていない当事者は57・4%と半数以上を占めています（2020年）。周囲にLGBTQの人がいても、気づかないケースも多いと考えられます。

権利を認める動きは進んでいる

LGBTQについて「保守派」と呼ばれる人たちを中心に、「日本の伝統に反する」と主張する声があります。しかし、歴史の資料を見ると、戦国時代に男性の同性愛は一部の階級においてごく普通にあったことがわかっています。

世界的には**LGBTQの権利を認める動き**が進んでおり、37の国と地域で同性婚が可能となっています。また、欧米の街中では、虹色の旗（レインボーフラッグ）が掲げられている光景を目にする機会があります。「性のありかたにはあらゆる色がある」という意味で、LGBTQのシンボルとなっています。

日本でも、同性のカップルをパートナーとして認める独自の制度を導入する自治体が増えつつあります。

池上＋1 プラスワン！

差別や偏見を防ぐ

2017年には厚生労働省がセクハラ指針を改正し、LGBTQへのセクハラも指針の対象になることを明記しました。企業にはLGBTQなどの性的少数者への差別や偏見をなくし、働きやすい職場環境を作ることが求められています。

Society & Technology

53

そもそもオリンピックとはなんだろう

4年に一度行われている、スポーツの祭典。楽しみにしていた東京開催はほとんど無観客で行われた。この大会についてのキホンをおさらいしておく。

東京オリンピック開催延期

２０２０年夏の東京オリンピックは、**新型コロナウイルス**（➡226ページ）の世界的な流行を受けて延期が決定。翌２０２１年に開催され、ほとんどの競技が無観客で行われる異例の大会となりました。大会経費は大幅にふくらむ一方、期待した**インバウンド消費**（➡40ページ）による経済効果は得られないことに。新設された国立競技場などの恒久施設の多くで収支が赤字になっており、負のレガシー（未来への遺産）だと指摘する声もあります。

歴史を振り返ると、過去にもオリンピックが予定どおり開催されなかったケースがあります。１９４０年に開催予定だった東京オリンピックは、日中戦争の激化によって開催返上を余儀なくされました。また、1980年のモスクワオリンピックでは、**東西冷戦（⬇286ページ）**の影響で日本選手団が参加ボイコットを決断。開催のわずか2か月前の出来事でした。ボイコットの理由は、当時の開催地であるソ連がアフガニスタンに侵攻したことへの抗議でした。

世界的なスポーツ大会

近代オリンピックを最初に始めたのは、フランスの貴族出身であるピエール・ド・クーベルタン男爵《だんしゃく》。古代ギリシャで行われていた競技会「オリンピアの祭典（古代オリンピック）」を知り、平和の祭典として現代によみがえらせることを提案しました。

そのクーベルタン男爵が1894年に設立したのが、「IOC（International Olympic Committee＝国際オリンピック委員会）」という組織。当初はヨーロッパの貴族が集まって資金を出し合い、第1回アテネオリンピックを開催しました。

以後現在まで、IOCは国連と無関係の国際的任意団体となっています。いわば、「世界的なスポーツ大会を開催する、スポーツ好きの集まり」にすぎません。ただ、国連にもIOCの活動が認められ、2009年に国連の「オブザーバー資格」を与えられています。

現在、IOCに加盟している国と地域は206。国連加盟国193か国を上回っています。

ＩＯＣは最大１１５人の委員で構成され、委員の経歴は、王族、貴族、元オリンピックメダリスト、実業家、経営者などです。ヨーロッパに委員が偏《かたよ》っており、現会長のトーマス・バッハ氏もドイツ出身です。

近年、オリンピックは**商業主義**といわれており、ＩＯＣにとても大きな影響力を持つ組織が、アメリカのテレビ局であるＮＢＣです。ＩＯＣにとって最大の収益源は、テレビの放映権料。テレビ局がオリンピックを中継するために支払うお金です。

ＮＢＣは２０１４年～32年までの夏冬大会分の放映権を１２０億ドル（約1兆３０００億円）で購入しています。そうなると当然、ＩＯＣはＮＢＣの意向を尊重することになります。ＮＢＣとしては、アメリカンフットボールやヨーロッパのサッカーリーグといった人気競技のオフシーズンである夏場にスポーツの人気コンテンツがほしいという思惑があります。日本では猛暑の時期のオリンピック開催も危惧《きぐ》されましたが、ＩＯＣの判断に従うほかなかったのです。

池上＋1 プラスワン！

大会の収入源

オリンピックのあり方を大きく変えたのが、1984年のロサンゼルス夏季大会でした。この大会では、世界各国のテレビ局の一社独占放送を認め、放送権料を大きく引き上げました。また、大会スポンサーを一業種一社に限定し、多額のスポンサー料も得た結果、巨額の黒字を出すことに成功したのです。

Society & Technology
54

ウイルスはなぜ人類の脅威なのか

新型コロナウイルスの感染拡大を体験した世界各国。
いったいどうしてこんなことになったのか？
まずは、ウイルスについて正しい知識を持つことが大切だろう。

「ウイルス」と「細菌」の違い

あなたは「ウイルス」と「細菌」の違いをご存じでしょうか。

細菌は細胞膜を持ち、その細胞膜の中には核《かく》があって、そこに遺伝子が入っています。細胞は栄養を取り込んで次々に自力で分裂していくため、細菌は「生き物」として分類されます。たとえば、大腸菌や乳酸菌なども生き物の一種ということですね。

これに対し、ウイルスには細胞膜がありません。遺伝子がたんぱく質で包まれているだけです。ウイルスは自分自身で分裂することはできず、ほかの生き物の細胞にとりついて、その細胞を支配し、自分のコピーを増やしていくのです。

細胞の中で大量のコピーができると、ウイルスは細胞を破って飛び出し、別の細胞に移ります。こうして細胞が次々に破壊されることで、人間は病気になるわけです。

ウイルスは細胞を持たないため、生き物とは定義されていません。ウイルスは生き物と物質の中間にあるような存在なのです。このため、細菌の細胞を破壊する抗生《こうせい》物質はウイルスに効果がなく、抗ウイルス薬が用いられています。

人は数々のウイルスと戦ってきた

ウイルスによる感染症が世界的な脅威となったのは1970年ごろからでした。70年代後半に中央アフリカで確認されたのが「エボラ出血熱」です。これは、エボラウイルスによる急性熱性疾患《しっかん》で、血液や体液との接触によって人から人へと感染が拡大し、多くの死者を出す危険性の高い感染症です。エボラ出血熱は流行を繰り返し、2014年ごろ西アフリカを中心に拡大を続けましたが、2015年後半になってようやく終息《しゅうそく》宣言が出ました。ただ、その後も感染事例が何度か報告されています。

2005年に脅威となったのが「鳥インフルエンザ」です。カモやアヒルなどの鳥類が腸内に保有しているA型インフルエンザウイルスのことを、「鳥インフルエンザウイルス」と

ウイルスの基礎知識と流行したウイルス

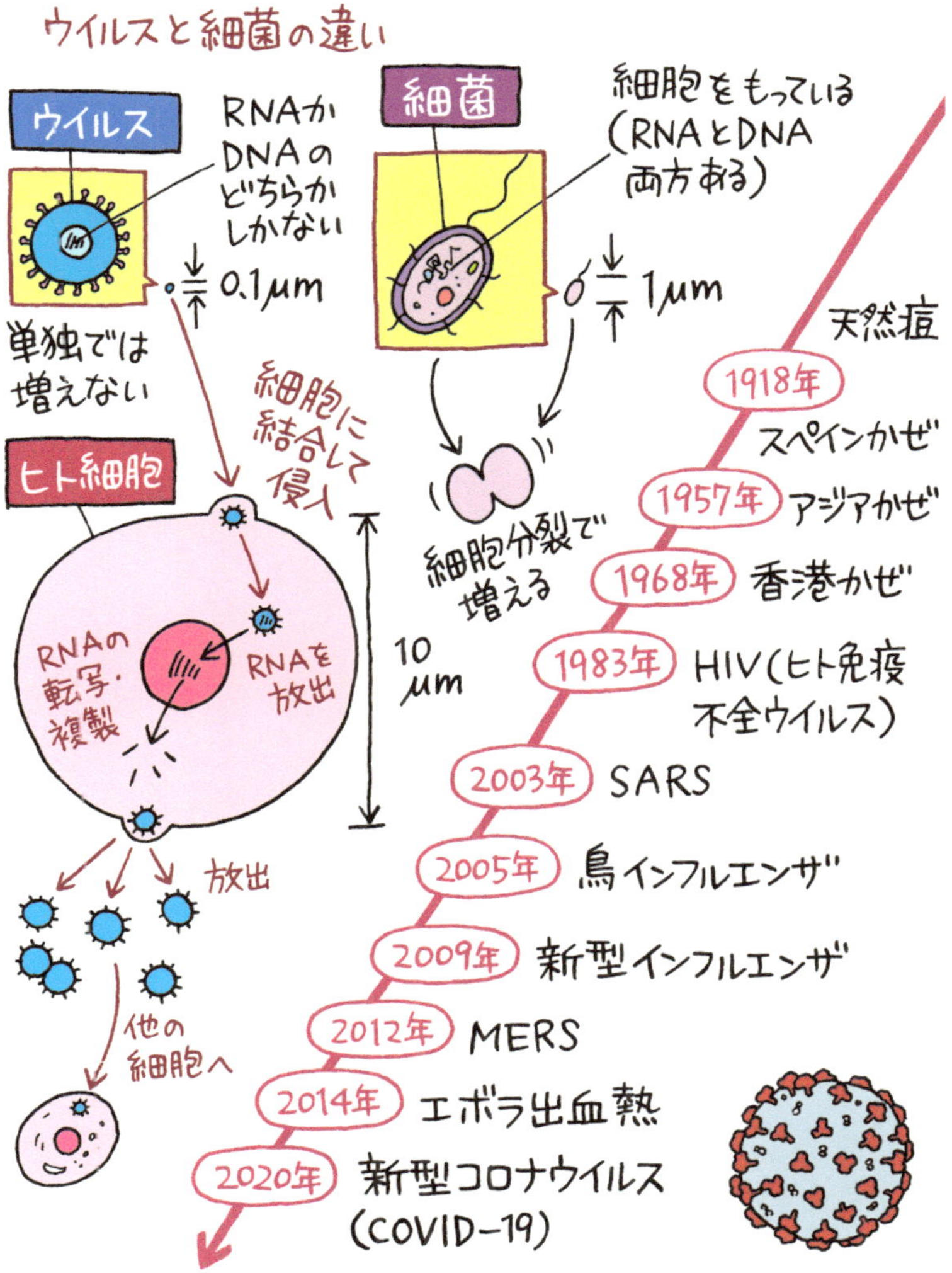

いいます。鳥インフルエンザウイルスが鳥との濃厚接触で人に感染することがありますが、通常は人から人には感染しません。しかし、一部の国で人から人への感染が疑われる事例が報告されています。

また、人のインフルエンザと鳥インフルエンザの感染が豚や人の呼吸器で同時に起きると、人から人に感染する「新型インフルエンザ」の原因ウイルスとなる可能性が指摘されていて、世界的な流行が心配されています。

2003年に中国から32の国と地域に広がったのが「SARS《サーズ》（Severe acute respiratory syndrome＝重症急性呼吸器症候群）」で、8000人を超える症例が報告されました。

そして2015年には、韓国で「MERS《マーズ》（Middle East respiratory syndrome＝中東呼吸症候群）」が拡大し、大きな騒ぎとなります。MERSはMERSコロナウイルスを感染源とするウイルスで、2012年にサウジアラビアで初めて確認。致死率が40～50％と高いため、感染の拡大が心配されました。

新型コロナウイルスで世界中が大混乱に！

2020年になって全世界をパニックに陥れたのが「新型コロナウイルス」です。コロナウイルスには複数の種類があり、そのうち4種類のウイルスは一般的な風邪の原因のうち10～15％（流行期には35％）に相当するとされます。前述したＳＡＲＳ、ＭＥＲＳも実はコロナウイルスの一種です。新型コロナウイルスは、人に感染する7種類目のコロナウイルスであり、もともとはコウモリが持っていたウイルスとみられています。

この新型コロナウイルスは、中国・武漢のウイルス研究所から流失したという説と、武漢の海鮮市場で売られていた動物から飛び火したという説が指摘されていますが、瞬《また》く間に全世界へと波及しました。

２０２０年3月にはＷＨＯ（世界保健機関）が「パンデミック（感染症の世界的な大流行）とみなすことができる」と表明。ヨーロッパを中心に各国で都市封鎖が行われ、**日本でも緊急事態宣言が発布されるなど非常事態に発展**しました。

今後、世界で人口増や高齢化、グローバル化、都市の過密化などが進めば、新たなウイルスが脅威になることが心配されています。

池上＋1 プラスワン！

「2類」から「5類」へ

2023年、日本では新型コロナウイルス感染症の感染症法上の位置付けが2類から5類に移行しました。これによって行動制限などは行われなくなり、患者は医療費の1～3割を自己負担することになりました。マスクの着用は個人の判断に委《ゆだ》ねられ、飲食店でもアクリル板が相次いで撤去《てっきょ》されました。

Society & Technology

55

STEAM《スティーム》教育とはなんだろう

昔と今では教育のあり方が大きく変わっている。
「STEAM」が重要だというけれど、
いったい何を指しているのか？

アメリカで提唱された教育

「STEAM」はスティームと読み、Science（科学）、Technology（技術）、Engineering（工学）、Art（芸術・リベラルアーツ）、Mathematics（数学）の五つの単語の頭文字を組み合わせた造語です。これらに分野横断的に取り組む教育がSTEAM教育と呼ばれています。

STEAM教育は、もともとアメリカの国立科学財団（NSF）によって2000年代初頭に「STEM《ステム》教育」として提唱されました。アメリカは国の経済力や国際競争力を高めるためにSTEM領域の学びが不可欠であるとして、これを国家戦略に位置付けます。当時のオバマ大統領が演説でSTEM教育の重要性を訴えたことで、広く世界に知られるようになりました。

「STEAM教育」とは？

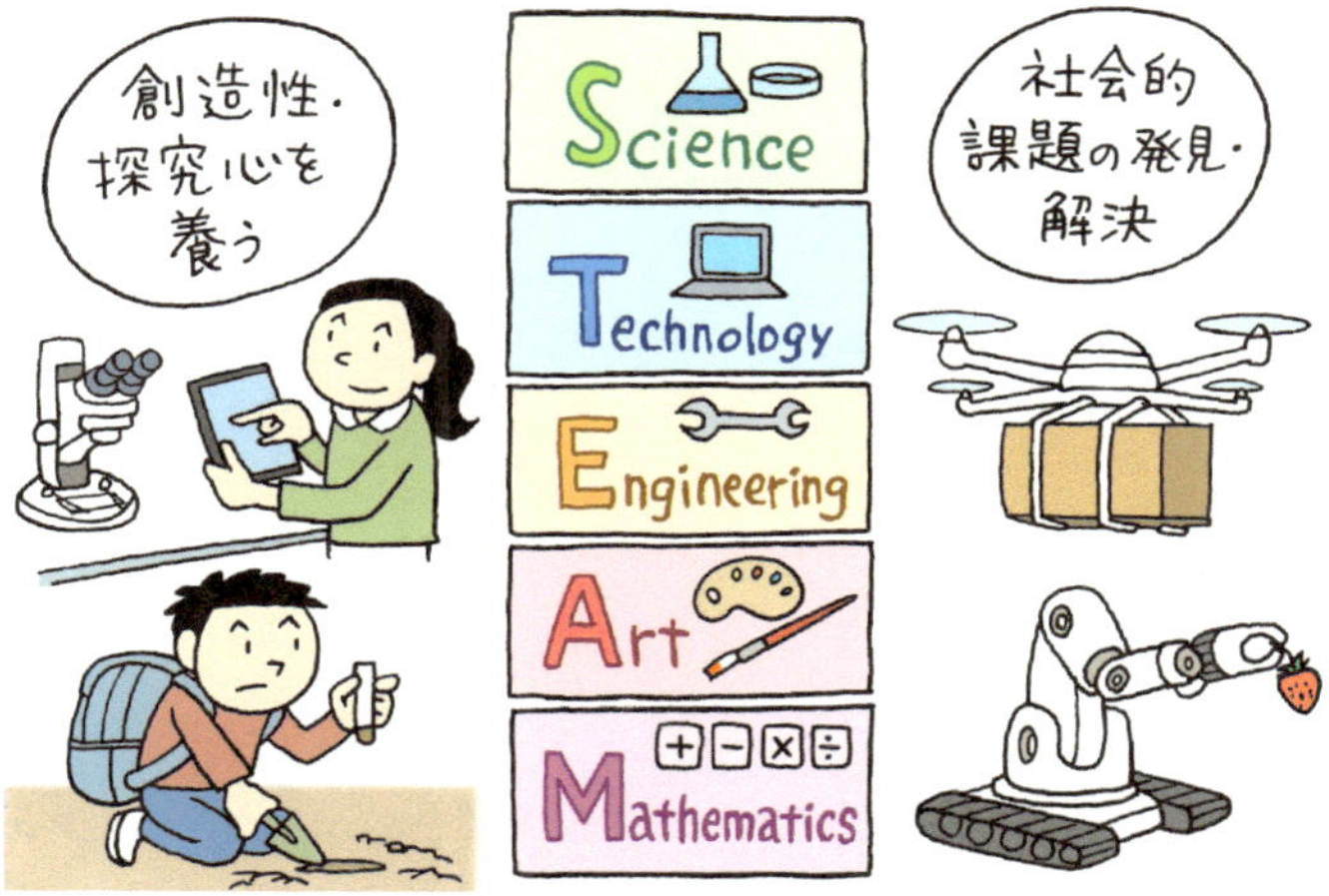

その後、STEMに「Art」を加えたSTEAM教育と呼ぶことが主流となっています。

日本では、めざすべき未来社会の姿としてSociety《ソサエティ》5.0を提唱したのを機に、STEAM教育への関心が集まるようになりました。Society5.0とは、AIやIoT、ロボット、ビッグデータなどの革新技術をあらゆる産業や社会に取り入れ、経済発展と社会的課題の解決を両立する人間中心の社会を意味します。

Society5.0の実現にあたっては、新たな価値と感性が不可欠であるため、STEAM教育が推進されるようになりました。特に日本では、AIやデジタル技術を担う人材を育て、**高等教育機関で理系分野を学ぶ女子学生を増やす**ことが期待されています。

➡P230 プラスワン！

「アクティブラーニング」を重視

２０２０年度から、日本では小学校でプログラミング教育が必修化され、21年度以降は中学校、22年度から高校で新学習指導要領が実施され、「アクティブラーニング（能動的学習）」を重視する教育がスタートしました。

アクティブラーニングとは、先生が黒板の前で一方的に話し、生徒は与えられた問題に答えたり暗記したりする学習ではなく、自分で課題を見つけて、対話をしながら主体的に解決する学習を指します。

現在課題となっているのが、ＳＴＥＡＭ教育の専門知識を持つ教員や、適切に教えられる教員の不足です。ただでさえ学校の先生は多忙で不足しているのに、新たな知識やスキルを習得する時間を確保するのは難しいというわけです。また、ＩＣＴ（情報通信技術）環境の整備の遅れや、理数系科目に苦手意識を持つ生徒・児童が多いこともネックとなっています。

池上 +1 プラスワン！

女性の理系進学

経済協力開発機構（OECD）の調査（2021年）によると、高等教育機関の卒業・修了生に占める女性の割合は、自然科学・数学・統計学分野で27％、工学・製造・建築で16％と、加盟38か国の中で最下位となっています。「女性は理系に向かない」という無意識の偏見が影響していると考えられます。

Society & Technology

56

天気予報の用語がよくわからない

高気圧、低気圧、前線など、お天気ニュースでよく聞く用語。そもそも天気はどういうしくみで変わるのか？天気図を読み解くためのヒントとは？

大気の流れで天気は変わる

私たちが飛行機に乗る際、北海道から九州に行くときと、九州から北海道に行くときとでは飛行時間が違うのをご存じでしょうか。

実は、西（九州）から東（北海道）に飛ぶときのほうが速く飛べるのです。これは、日本列島の上空に強い西風（偏西風《へんせいふう》）が吹いているから。偏西風はジェット機のエンジンから吹き出す気流のように強いので、「ジェット気流」とも呼ばれています。

この偏西風は、日本の天気に大きな影響を与えています。日本の天気は基本的に西から変化します。たとえば、関西で雨が降った翌日、関東で**雨が降る**ことがよくあります。偏西

➡P234プラスワン！

風が雲を西から東へと動かすことで、日本の天気は変化しているのです。つまり、天気の変化は、地球を覆《おお》っている空気（大気）の流れしだいということなのです。

低気圧・高気圧の違い

天気予報でよく聞く「低気圧」や「高気圧」も、大気の流れと大きく関係しています。赤道付近で暖められた空気は、上昇気流となって上空に上がります。これは熱気球が上昇するしくみと同じです。上昇した空気は上空で冷やされ、空気中の水分が雲を作ります。暑いときに氷水の入ったコップを置いておくと、コップに水滴がつくのと同じ原理です。

上昇気流が起きた場所は、地表に近いところで空気が薄くなります。これが低気圧の発生です。上空では雲ができますから、天気が悪くなります。つまり、低気圧が発生すると天気が悪くなるのです。上空で雲ができると空気は乾き、やがて遠く離れた場所に降りてきます。もともと空気があるところに空気が降りるので、空気は濃くなります。これが高気圧です。高気圧は空気が乾燥しているので、天気が良くなります。

高気圧は空気が濃く、低気圧は空気が薄いので、高気圧から低気圧に向かって空気が流れ込みます。つまり、高気圧から低気圧に向かって風が吹くわけですね。

天気図の主なポイント

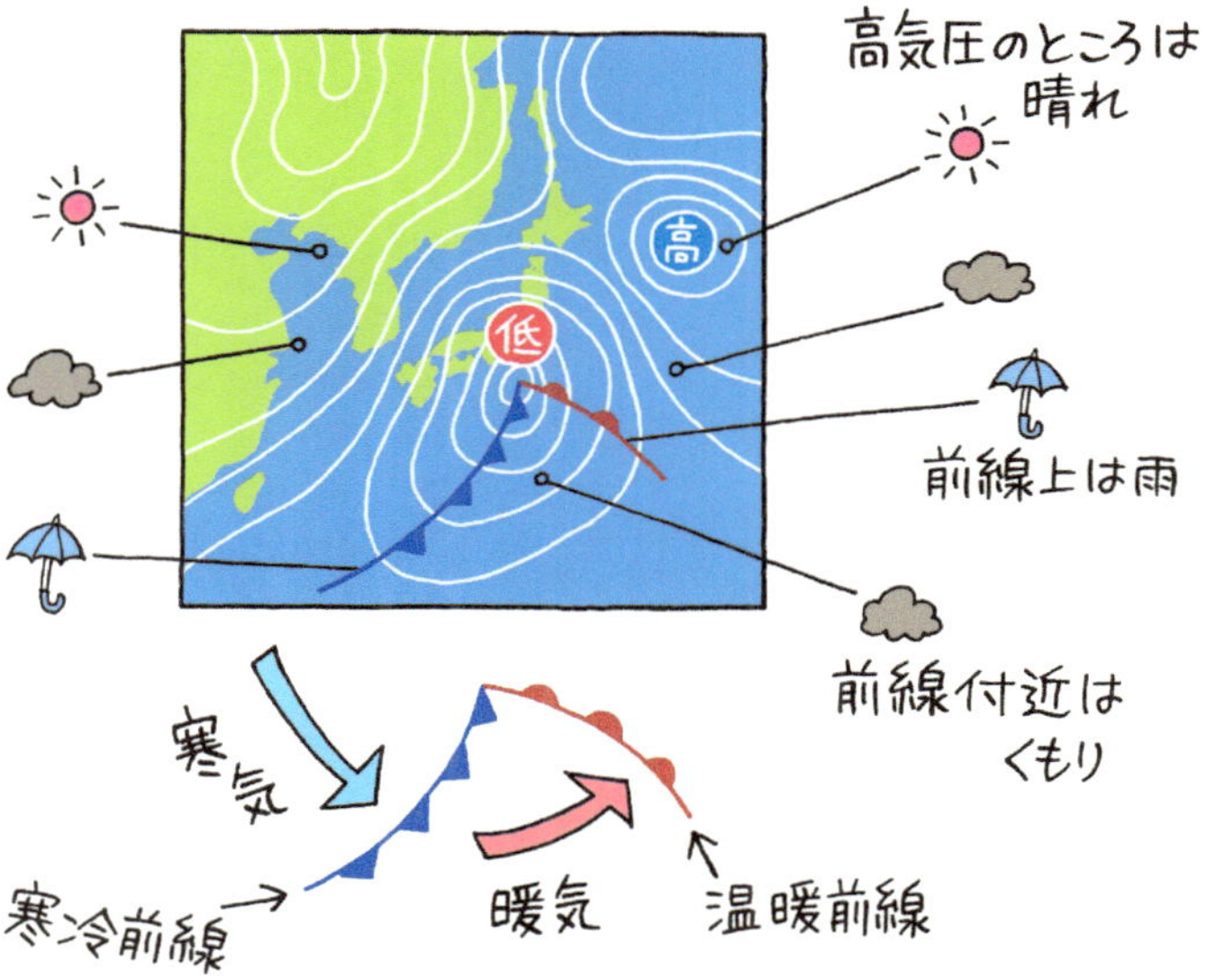
高気圧のところは晴れ
高
低
前線上は雨
前線付近はくもり
寒気
暖気
寒冷前線
温暖前線

① 赤道付近で空気が暖められて上昇
② 離れた場所に降りてくる
風
低
高
赤道

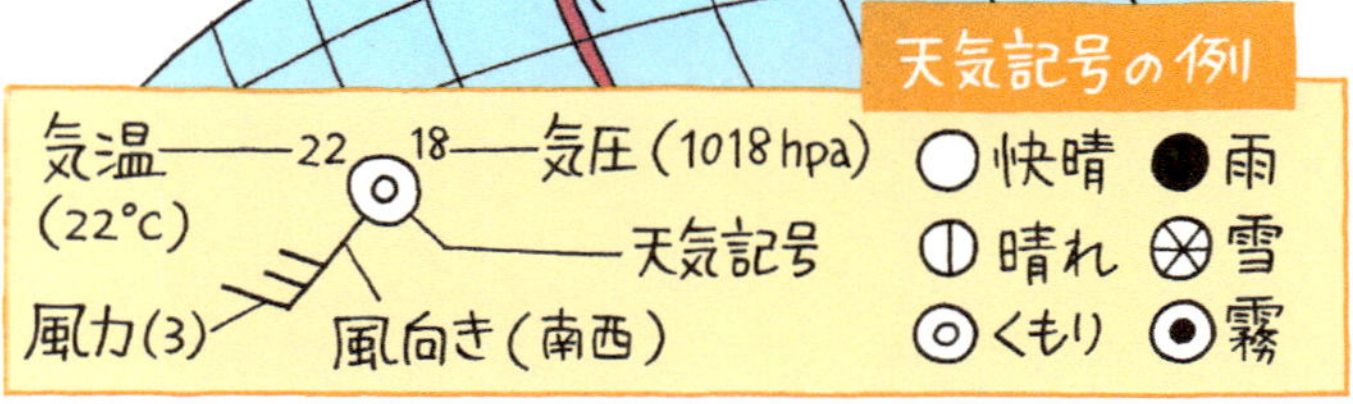
天気記号の例
気温(22°C)
22
18
気圧(1018 hpa)
天気記号
風力(3)
風向き(南西)
快晴
雨
晴れ
雪
くもり
霧

前線はどうやってできる？

春から夏にかけて、赤道の北側で暖められた空気が上昇し、日本の小笠原諸島《おがさわら》付近に降りてきます。これが夏の高気圧（小笠原高気圧）です。小笠原高気圧は暖かい空気です。これが北上すると、日本の上空で冷たい空気とぶつかり合います。このとき、コップに水滴がつくのと同じ原理で雲が発生し、雨が降りやすくなります。これが梅雨《ばいう》前線の成り立ちです。小笠原高気圧はやがて日本列島を覆い、梅雨《つゆ》明けとなります。

秋になると、小笠原高気圧の力が弱まり、今度は北からやってきた冷たいオホーツク高気圧と日本の上空でぶつかり合います。これが秋雨《あきさめ》前線です。やがてオホーツク高気圧が日本列島を覆うと、秋晴れの日が続きます。天気図に前線があるのは、暖かい空気と冷たい空気がぶつかっているということです。

上記のしくみを知ると、天気図をもとに天気予想ができます。

池上＋1 プラスワン！

降水量の目安

気象庁では、1時間雨量で雨の強さを分類しています。

10 ～ 20mm 未満→やや強い雨（ザーザーと）

20 ～ 30mm 未満→強い雨（土砂降り）

30 ～ 50mm 未満→激しい雨（バケツを引っくり返したような）

50 ～ 80mm 未満→非常に激しい雨（滝のような）

80mm 以上→猛烈な雨（恐怖を体感）

Society & Technology
57

自然災害について知っておきたい

2024年の正月に発生した能登《のと》半島地震は日本中に衝撃を与えた。今後、どのような災害が予測されているのか？

発生が危惧《きぐ》される南海トラフ地震

２０２４年1月1日、石川県能登地方で最大震度7を観測する大地震（令和6年能登半島地震）が起きました。震源の深さは16キロ、地震の規模を占めるマグニチュードは7・6でした。これは、阪神・淡路大震災（１９９５年）、熊本地震（２０１６）のマグニチュード7・3よりも大規模です。

実は、能登地方では前年の5月に最大震度6強の地震が発生するなど、地震が頻発していました。しかし、ニュースでは「引き続き、地震に注意してください」とアナウンスをするにとどまっていました。

地震大国・日本

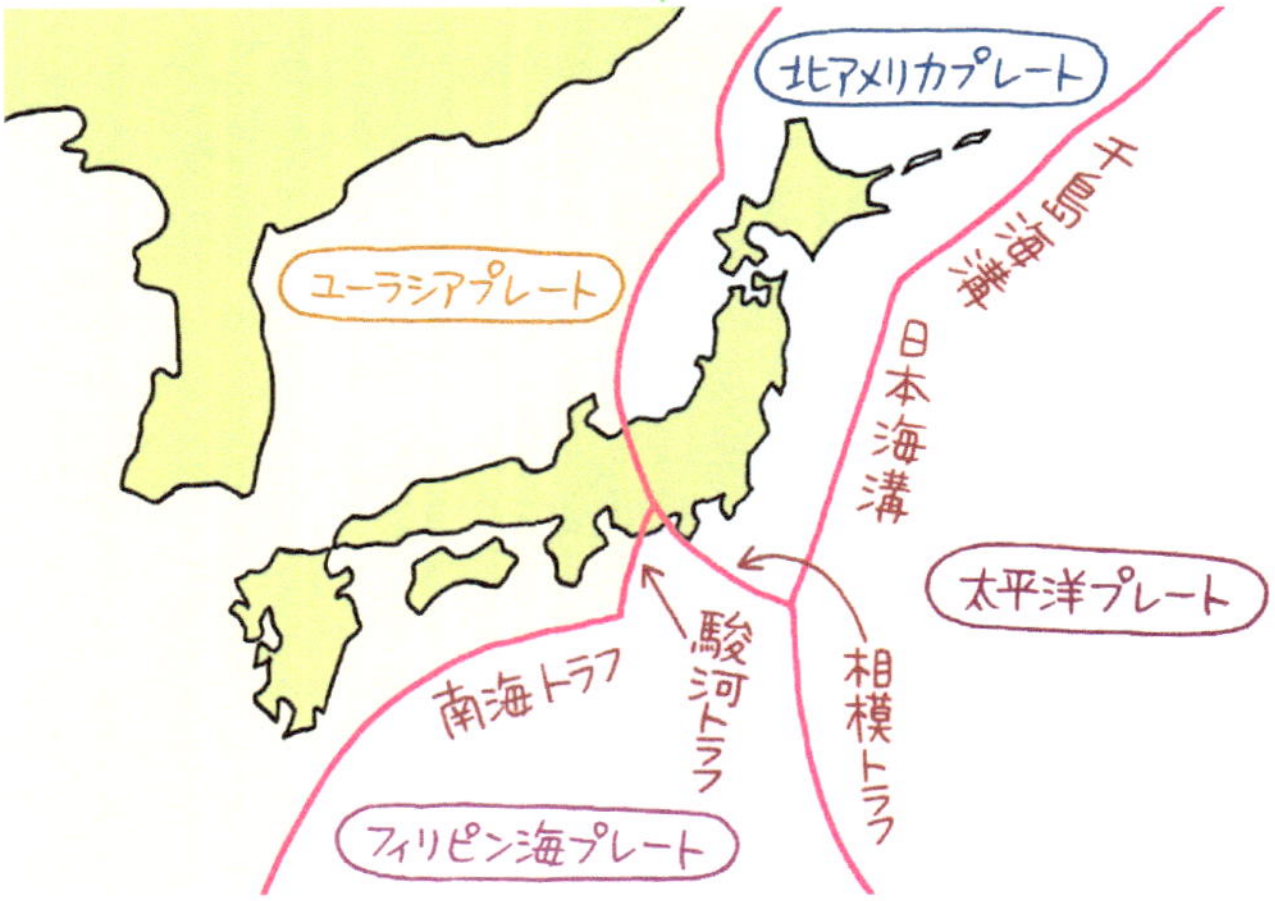

政府の地震調査委員会による「全国地震動予測地図（２０２０年版）」では、石川県の大部分で今後30年以内に震度６弱以上の揺れに襲われる確率は０・１〜３％とされていました。能登では大地震が起きる可能性が低いとみられていたのです。

以前から日本で発生が危惧されてきたのは、南海トラフ地震です。トラフとは「水深６０００メートルまでの海底のくぼみ」を指します。

静岡県の駿河《するが》湾から四国沖まで約７００キロメートルにわたって続く海底のくぼみが南海トラフです。この南海トラフを震源とするマグニチュード９クラスの地震が発生すると心配されているのです。

災害はいつどこで起こるかわからない

実際に、南海トラフ付近では１００～１５０年周期でマグニチュード８クラスの地震が繰り返し起きています。昭和東南海地震・昭和南海地震からは約80年が経過しており、今後30年以内に発生する確率は70～80％とされます（もっと可能性が低いとする専門家の声もある）。

政府は２０１３年に南海トラフ地震が発生した場合の最大被害を想定しました。これによると、震度７の揺れや10メートルを超える大津波が太平洋沿岸を襲い、被害が最大となれば死者・行方不明者は32万３０００人、全壊２３８万６０００棟に及ぶと想定。経済被害の合計は２２０・３兆円にも上ると公表しています。

もっとも、地震はいつどこで発生するかわかりません。また、**日本は自然災害が多い国**であり、台風や大雨、洪水、土砂災害、火山噴火などの自然災害が起きています。日ごろから避難のシミュレーションを行い、災害への備えをしておくことが肝心です。

池上＋1プラスワン！

日本の災害発生割合

内閣府によると、世界全体に占める日本の災害発生割合は、マグニチュード6以上の地震回数が20.8%、活火山数7.0%、災害被害額18.3%など、世界における0.25%の国土面積と比べて非常に高くなっています。

Society & Technology
58

原子力エネルギーの何が問題？

東電福島原発の事故以来、日本では原子力エネルギーの是非《ぜひ》をめぐる議論が繰り返されている。世界では、脱原発に舵《かじ》を切っている国も出てきたけれど……。

核兵器開発を経た「平和利用」

自然界でもっとも質量の大きい元素であるウランの原子核が分裂すると、膨大《ぼうだい》な原子エネルギーが発生します。このエネルギーを爆弾に応用したのが原子爆弾で、発電に利用したのが原子力発電所。両方とも、同じしくみです。

原子力エネルギーの研究は、当初は核兵器開発とセットで進められました。核兵器開発は、第二次世界大戦後の**東西冷戦**（➡286ページ）を迎え、ますます加速します。その一方で、開発された核技術を平和利用しようとする動きが生まれました。1953年、アメリカのアイゼンハワー大統領は国連本部で演説し、原子力の平和利用を呼びかけます。この演説では、核保有国が持つ情報を一か所に集め、国際機関が管理することを提案しました。しかし、アメリカの知らない敵側で核開発が進むのを防ぎたいというのが本当の思惑だったのです。

原発事故の発生の歴史

1986年4月26日、当時のソ連を構成していた**ウクライナ共和国**(⬇144ページ)のチェルノブイリ原子力発電所で事故が起こりました。飛び出した放射性物質は上空2000メートルにまで達し、放射能の雲となりました。そして南寄りの風に乗り、ベラルーシやバルト海沿岸諸国、フィンランド、スウェーデン、ノルウェーにも到達。その後、風向きの変化によって、ドイツやイタリアなどにも放射性物質が飛来し、農地や土壌《どじょう》が汚染されました。

事故発生後、現地付近の住民に避難指示が出たのは翌日の午後になってからでしたが、事故によって60万人に「顕著《けんちょ》な被ばく」が認められたとされています。ベラルーシでは、子どもたちの多くに甲状腺《せん》がんが発生したことがわかっています。

日本では1956年に「原子力委員会」が設置され、アメリカから濃縮ウランの無償提供を受けて、原子力開発の研究がスタートしました。1963年には茨城県東海村の原子炉で日本初の原子力発電に成功。原子力発電所を受け入れた地域には補助金を交付するしくみも

原子力エネルギーの利用法

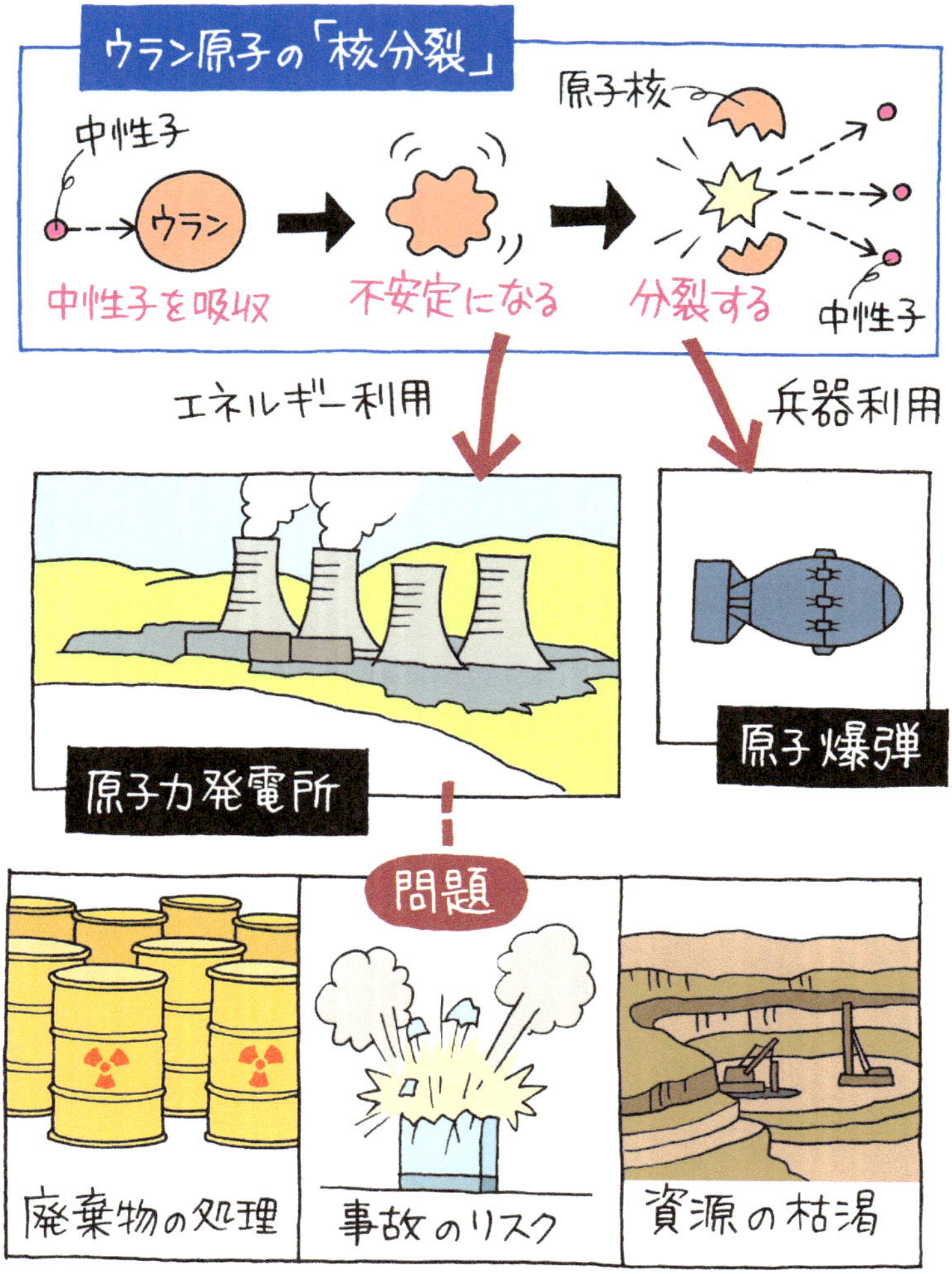

整えられ、全国の、財政難に苦しむ過疎《かそ》の自治体で誘致が進められました。

しかし1999年、東海村のJCO東海事業所で臨界《りんかい》事故が発生。作業員2人が亡くなり、650人を超える被ばく者が出る大事態が起きてしまいました。

そして2011年3月11日に発生した東日本大震災では、福島県沿岸部を襲った津波により、東京電力**福島第一原発で全電源喪失《そうしつ》の非常事態**が起きます。この事故では、日本初の「原子力緊急事態宣言」が発令、原発から半径20キロ以内の住民に避難指示が出されました。この事故で発生した放射性物質を含む水の処分が課題となっていましたが、東京電力は基準を下回る濃度にしたうえで、2023年8月から海への放出を始めました。

原発を運転すると、放射性廃棄物が発生します。しかし、これらの放射性廃棄物の最終処分場は決まっていません。日本の原子力発電所が〝トイレのないマンション〟と批判されるゆえんです。日本では、地中深くに埋める「地層処分」を検討していますが、候補地の反対運動もあり、計画は具体化していません。

池上+1 プラスワン！

原発技術の輸出計画

福島原発の事故により、脱原発を訴える声が大きくなった後も、政府は官民一体となって原子力発電所の技術を海外に輸出する施策《しさく》を進めました。しかし、計画はことごとく頓挫《とんざ》。輸出政策は行き詰まっています。

COLUMN

科学に関するキーワード

✔ iPS細胞

自分の体から取り出した細胞に数種類の遺伝子を導入し、受精卵のように、体のどの細胞にも変化できる能力を持たせた細胞のこと。簡単にいえば、体のさまざまな細胞に変化させられる万能細胞。京都大学の山中伸《しん》弥《や》教授が2006年に開発に成功し、2012年にノーベル医学生理学賞を受賞している。

✔ ナノテクノロジー

ナノとは「10億分の1」のこと。ナノテクノロジーとは、こういった小さい材料を扱う技術を総称したものである。ITやバイオテクノロジー、医学などの分野に応用することで、将来の産業を支える技術になることが期待されている。

✔ ヒッグス粒子

物質に質量を与える粒子。イギリスの物理学者ピーター・ヒッグスは、宇宙が始まったときに無秩序に飛びかっていた粒子に重さを与える粒子があるとの仮説を立案。2012年、欧州合同原子核研究所の実験チームがヒッグス粒子を発見し、これによって宇宙誕生の謎の一部が解き明かされた。

✔ 量子コンピューター

量子力学を応用したコンピューターのこと。電子コンピューターが「0」「1」のいずれかをとる「ビット」を基本単位とするのに対し、量子コンピューターは同時並行的に計算することができるため、処理速度が圧倒的に速くなる。現在、実用化に向けての研究が進められている。

第5章

キーワード

▼

「宗教」

Religion

これだけは知っておきたい！

Religion

59

イスラム教はどういう教えなのか

イスラム教というと、断食《だんじき》や礼拝《れいはい》のイメージが強い。
一部には、過激なテロ組織があると聞くけれど、
この宗教の教えとは、そもそもどんなものなのか？

イスラム教と『コーラン』

イスラム教は、ムハンマドが伝える「神の言葉」をもとに広まった宗教です。ムハンマドは神の言葉を聞いたとされ、その言葉を預《あず》かった人間＝預言《よげん》者と呼ばれました。未来を予言する「予言者」ではなく、言葉を預かった「預言者」です。

ムハンマドは、５７０年ごろ、現在のサウジアラビアにあるメッカの地に生まれました。ある日のこと、洞窟《どうくつ》の中で瞑想《めいそう》していると何者かに羽交《はが》い締《じ》めにされ、「誦《よ》め（声に出して読め、という意味）」と命じられたとされます。ムハンマドはそれを、天使ジブリール（ガブリエル）が神の言葉を伝えたのだ、と理解するようになりました。

ムハンマドは読み書きができなかったため、神の言葉を一生懸命《けんめい》に暗記して人々に伝えるようになります。その後、ムハンマドが亡くなり、戦乱が続く中でムハンマドの言葉を覚えていた人たちが次々に亡くなると、このままでは神の言葉を残せなくなるという危機感が生まれます。そこで、神の言葉を書物に残そうとする作業が行われました。こうしてできたのが**経典《きょうてん》『コーラン』**でした。

「コーラン」とは、「声に出して読むべきもの」という意味です。ですから、イスラム教徒（ムスリム）は『コーラン』を黙読《もくどく》せず、声に出して読むわけですね。

キリスト教・ユダヤ教と同じ神!?

イスラム教は一神《いっしん》教で、唯一《ゆいいつ》絶対の神を信仰しています。イスラム教の神のことを「アッラーの神」と呼ぶことがありますが、これは正確な表現ではありません。「アッラー」というのはアラビア語で「神」のこと。英語の「ゴッド」と同じです。イスラム教では『旧約聖書』も『新約聖書』も認めており、もっとも重要な経典が『コーラン』であるとしています。つまり、

池上＋1 プラスワン！

経典『コーラン』

『コーラン』には、男性は4人まで妻を娶《めと》ることができると書かれています。これは、夫を戦争で亡くした未亡人や、父親を亡くした子どもたちを救うために面倒をみる、という考え方から生まれたものでした。

経典『コーラン』の誕生

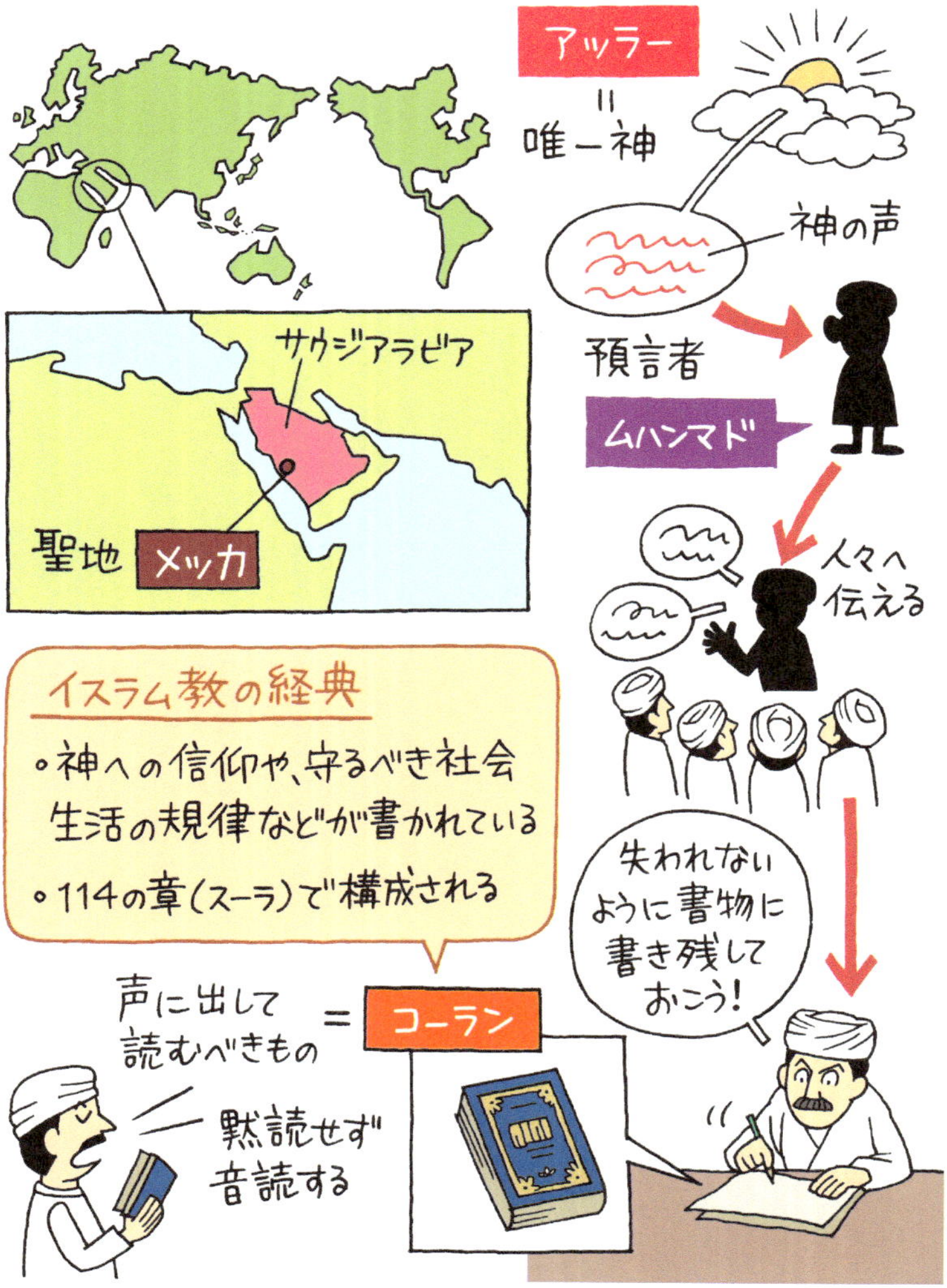
アッラー
=
唯一神
神の声
預言者
ムハンマド
人々へ
伝える
サウジアラビア
聖地
メッカ
イスラム教の経典
・神への信仰や、守るべき社会生活の規律などが書かれている
・114の章（スーラ）で構成される
失われないように書物に書き残しておこう！
声に出して読むべきもの
=
コーラン
黙読せず音読する

ユダヤ教の神、キリスト教の神、イスラム教の神はすべて同じ神、ということなのです。

ただし、イスラム教ではキリスト教のように司教や司祭などの聖職者がいません。一人ひとりが神と向き合うので、神と人間を仲介する特別な階級を認めていないのです。

またイスラム教では、唯一絶対である神の偶像崇拝《すうはい》を禁止しています。イスラム教にとって、ムハンマドは神の預言者ですから、ムハンマドの絵を描くことも許されないと考えます。2015年1月には、フランスの新聞がムハンマドの風刺《ふうし》画を掲載し、テロリストに本社を襲撃される事件が起きています。イスラム教徒の一部の過激派が、神を冒瀆《ぼうとく》したとしてテロを行ったのです。

イスラム教の教え

イスラム教には、「六信五行《ろくしんごぎょう》」という教えがあります。六信は「アッラー」「天使」「啓典《けいてん》」「預言者」「来世《らいせ》」「天命《てんめい》」を信ずることであり、五行は「信仰告白」「礼拝」「断食《だんじき》」「喜捨《きしゃ》」「巡礼《じゅんれい》」を守ることです。

イスラム教では1日5回、夜明け前、正午から昼すぎ、昼すぎから日没、日没直後、寝る前に、聖地メッカの方角に向かって礼拝を行います。そのため、たとえば旅行時に方角を調

「スンニ派」と「シーア派」とは？

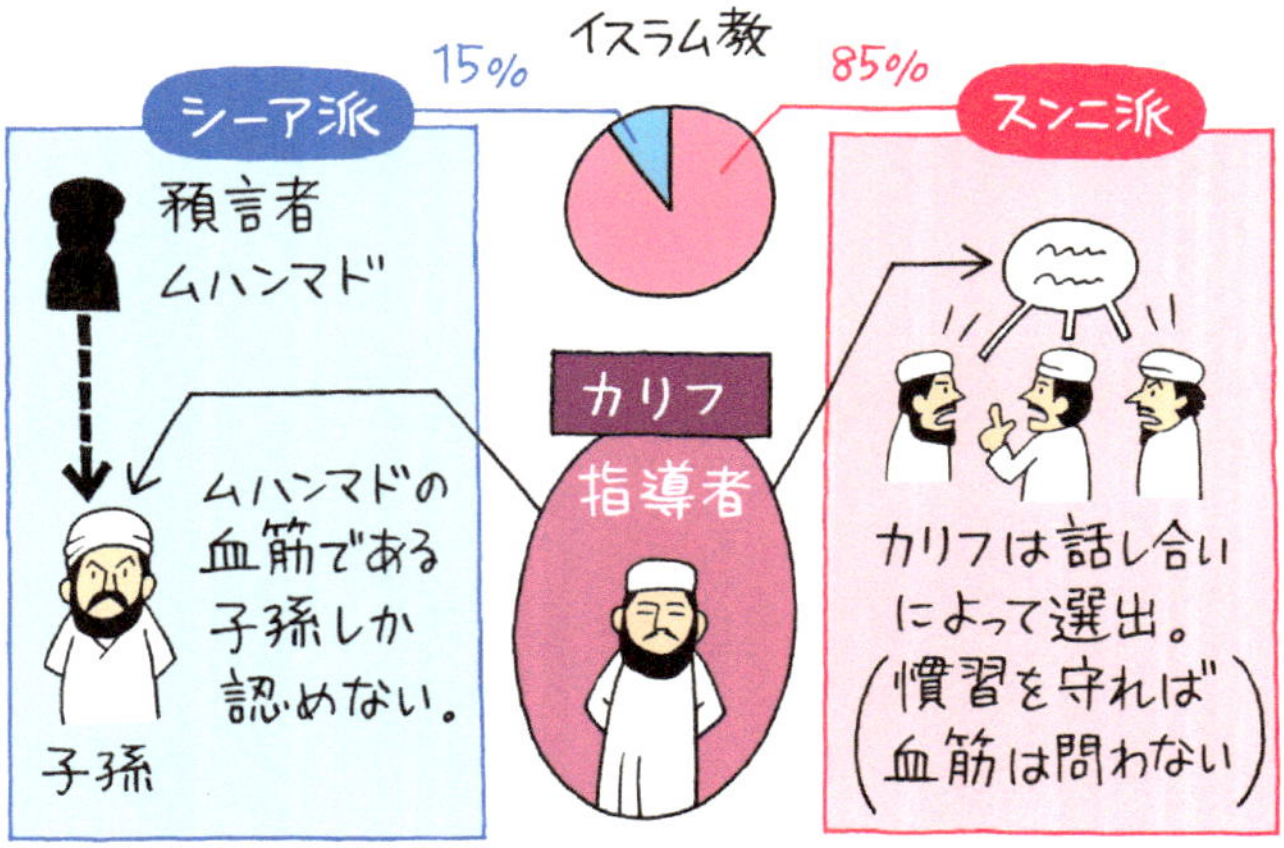

べられるコンパスや、スマートフォンのアプリなどもあります。

喜捨とは、貧しい人や困っている人への寄付のこと。年収の2・5％の割合で寄付するのが基本です。

断食は一般的にもよく知られています。1年のうち、イスラム暦の第9月（ラマダン月）には1か月にわたって断食します。日の出から日没までのあいだ、食事もできませんし、水分補給も禁止されます。そして、可能であれば一生のうちに一度はメッカに巡礼することが望ましいとされています。

「スンニ派」と「シーア派」

イスラム教は大きく「スンニ派」と「シー

ア派」に分かれます。二つの派に分裂したのは、預言者であるムハンマドの死後のことです。ムハンマドが亡くなった後、信者から信頼の篤《あつ》い人物や長老たちが、イスラム教の指導者である「カリフ」を選びました。そして、4代目のカリフに選ばれたのが、ムハンマドのいとこで、ムハンマドの娘と結婚したアリーでした。

ところがアリーは、信者の内紛に巻き込まれ、暗殺されてしまいます。それ以降、「アリーこそが正統な後継者である」とする人々が、「アリーの党派」と呼ばれるグループを作ります。アラビア語で「党派」は「シーア」といいますから、そこから「シーア派」と呼ばれるようになったのです。シーア派はカリフではなく「イマーム」と呼ばれるアリーの血筋を引く者が指導者になります。

一方、スンニ派の「スンニ」とは、慣習や伝統のこと。血筋には関係なく、慣習を守ればいいというのがスンニ派の考え方です。

シーア派は、イスラム教徒のうち15％ほどの少数派で、スンニ派は85％を占める多数派です。シーア派はイランに多く、スンニ派はサウジアラビアやカタールなどに多いという特徴があります。シリアはスンニ派が7割を超えていますが、シーア派に近いアラウィ派のアサド政権が国を治めています。

Religion

60

イスラム原理主義とはなんだろう

イスラム原理主義＝テロリズム、というのは大まちがい。では、この「イスラム原理主義」とはいったい何か？イスラムを理解するためのキホンを身につける。

「イスラム原理主義」の正体

ニュースでテロ関連について伝えられるとき、「イスラム原理主義組織の過激派による犯行」という言葉を見聞きすることがあるはずです。そこから、「イスラム原理主義は怖い」というイメージを持つ人も多いようですね。

しかし、そもそもイスラム原理主義＝テロリズムではありません。イスラム原理主義とは本来、イスラム教の基本原理に立ち返って世の中を変えていこうという政治運動のことなのです。実は、イスラム原理主義というのは欧米のメディアが付けた呼び方であって、実際にそのもとで運動しているイスラム教徒はみずからをイスラム原理主義者と呼んでいるわけではありません。そのため、「イスラム復興運動」「イスラム主義」などという言葉を使うイスラム研究者もいます。

イスラム原理主義は、18世紀ごろに生まれたとされますが、19世紀以降になると、西洋の帝国主義によって植民地化されたイスラム地域による反植民地運動と結びつくようになりました。そして、1979年にはイランで「イラン革命」が起き、それまでの西洋的な近代化路線が否定され、イスラム法学者のホメイニ師が最高指導者として国の最高権力を持ちました。そこから、イスラム原理主義が世界的に知られるようになったのです。

相次いだ過激派によるテロ行為

問題なのは、イスラム復興運動をしている人の中に、武力を使ってでもイスラムの理想社会を作ろうと考える勢力が出てきたことです。イスラム過激派と呼ばれる人たちは、テロや破壊行為のことを、イスラムの教えを守るための「**ジハード（聖戦）**」であると主張し、イスラムのための

池上＋1プラスワン！

ジハード（聖戦）

ジハードは、日本では一般に「聖戦」と訳され、戦争を指しているものとされます。ジハードが戦争と結びついたのは1973年の中東戦争のときで、エジプトのサダト大統領がイスラエルとの戦争を「ジハード」と呼んだのが最初です。

イスラム原理主義はテロリズムではない

本来の「イスラム原理主義」の意味

○ イスラム教の原理原則に立ち返ろうという動き

× 主なイスラム過激派組織

アルカイダ → 314ページ
国際テロ支援組織

ボコ・ハラム
ナイジェリアのテロ組織

イスラム国(IS)
イラク・シリアを中心に活動する過激派組織

ハマス → 141ページ
イスラエル抵抗組織
パレスチナ政党

タリバン → 315ページ
アフガニスタンの武装集団

戦いで命を落としたときには天国に行ける、と考えています。

もともとジハードとは、「イスラムのために努力する」という意味であって、お祈りや断食などもジハードに含まれています。『コーラン』(⬇245ページ)では、防衛のための戦いもジハードとして認めていますが、こちらから戦いを仕かけることは禁じています。

本来、イスラム教は平和を重んじる宗教ですが、過激派によるテロ行為は後を絶ちません。２００１年には、アメリカで航空機による同時多発テロ事件が起きました。これは過激派組織アルカイダ(⬇314ページ)が引き起こしたものです。同年には、アフガニスタンのバーミヤンで、2体の仏像が過激派タリバン(⬇315ページ)によって破壊されました。

２０１２年には、武装勢力のパキスタン・タリバン運動が、マララ・ユスフザイ（２０１４年にノーベル平和賞受賞）を銃撃。２０１４年、アフリカのナイジェリアでは、テロ組織であるボコ・ハラムによって女子生徒２７０人以上が拉致《らち》される事件も起きています。

また、イラクとシリアの一部では、２０１４年ごろから国を自称する「イスラム国（ＩＳ）」も勢力を拡大。２０１５年にはフランスのパリ同時多発テロ、16年にはブリュッセル同時テロを起こしました。その後、ＩＳは組織的に弱体化しましたが、ＩＳを支持する武装勢力が各地でテロを繰り返しています。

Religion
61

仏教はどういう教えなのか

お墓参りには行くのに、仏教についてよく知らない人も多い。
仏教はどうやって生まれたのか？
教義の基本的な考え方は、どうなっているのか？

出家《しゅっけ》して悟《さと》りを開いたブッダ

「仏教」とは、文字どおり「仏の教え」のことで、「仏」とは「ブッダ」のことを指しています。ブッダは紀元前5世紀ごろ、古代インド（現在のネパール領）のルンビニーで、釈迦《シャカ》族の王子として生まれたことから「お釈迦様」とも呼ばれます。「ブッダ」とは、サンスクリット語で「真理に目覚めた人」という意味です。ブッダは、中国に広まる過程で「仏陀」という漢字があてられ、日本にも伝来し、「仏さま」という言い方が生まれたのです。

ブッダの本名はゴータマ・シッダールタ。生後7日で実母の摩耶《マーヤー》を亡くしますが、何不自由なく成長し、16歳で結婚、長男も授かります。しかし、あるとき王宮の外に出ると、病気の人、年老いた人、愛する人と死別する人々と出会い、生老病死《しょうろう》を目《ま》のあたりにします。そこで「人はなぜ生きるのか?」と悩んだ末、29歳で妻子を残して出家するのです(四門出遊《しもんしゅつゆう》)。

ブッダは悟りを求めて6年間も苦行《くぎょう》を重ねましたが、なかなかうまくいきません。ふと菩《ぼ》提樹《だいじゅ》の下で座禅を組んで思索《しさく》したところ、35歳にして、ついに悟りを開くことができたとされます。以降、ブッダはインド中を旅して弟子を増やし、弟子たちがさらに教えを広めてアジア各地に仏教が広まったのです。

生き物は生まれ変わり続ける

仏教の基本的な考え方に「輪廻《りんね》」の思想があります。人間を含めたすべての生き物は死んでも再び別の生き物に生まれ変わり、そのサイクルを繰り返すという考え方です。

輪廻の思想は、古代インドのバラモン教の影響を受けています。ブッダはもともと、バラモン教徒だったのです。熱帯に属するインドでは、たいへんな暑さで生き物があっけなく死んでしまう一方で、次々に新たな命が生まれてきます。輪廻という思想の背景には、こういう自然条件があると考えられるようです。

仏教では、生き物が輪廻する世界を6種類に分けています。「天道」(天上にある楽の多い

ブッダの教え＝仏教

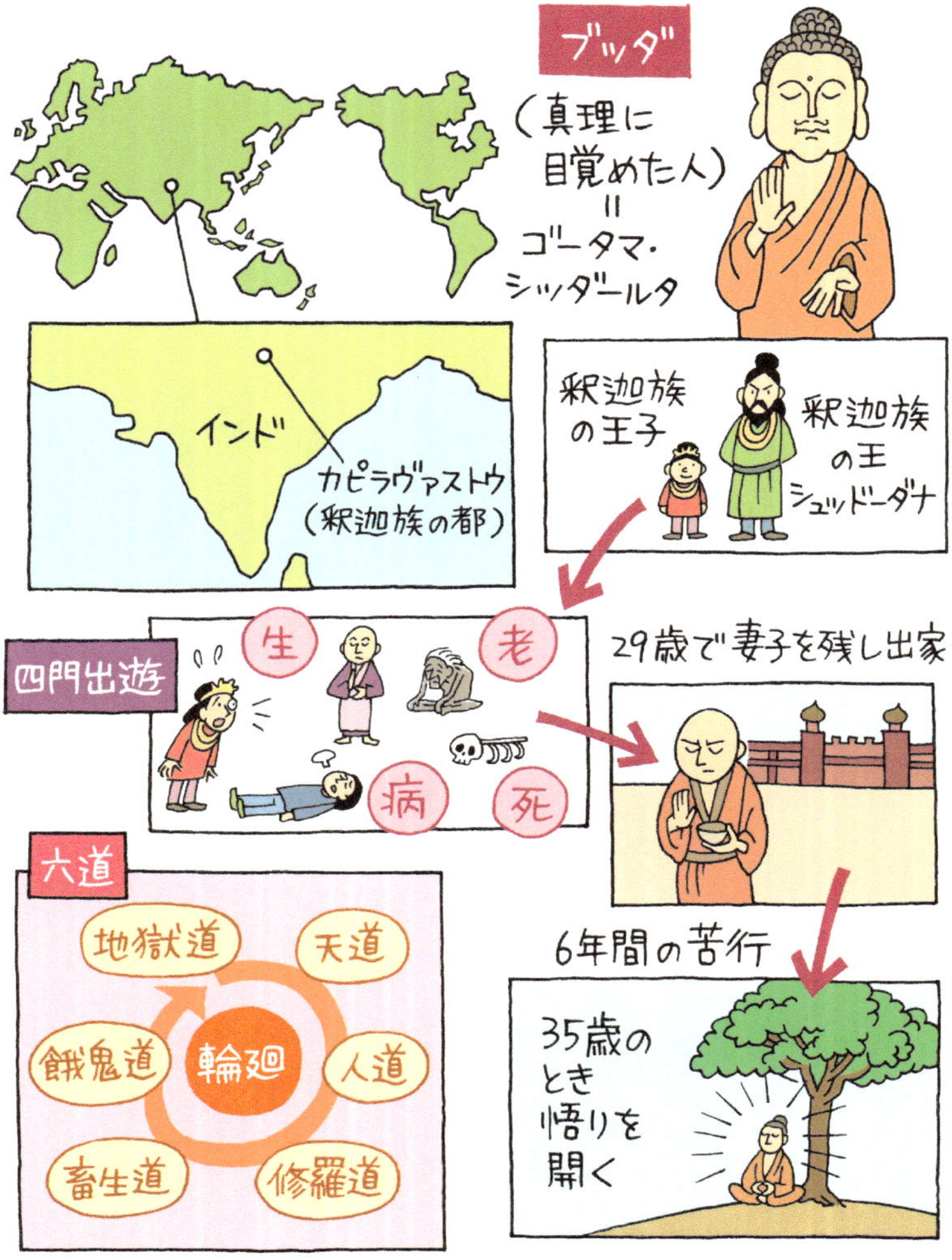
ブッダ
（真理に
目覚めた人）
＝
ゴータマ・
シッダールタ
インド
カピラヴァストウ
（釈迦族の都）
釈迦族
の王子
釈迦族
の王
シュッドーダナ
四門出遊
生
老
病
死
29歳で妻子を残し出家
六道
地獄道
天道
餓鬼道
輪廻
人道
畜生道
修羅道
6年間の苦行
35歳の
とき
悟りを
開く

世界）、「人道」（四苦八苦《しくはっく》がある苦しい人間の世界）、「修羅道《しゅら》」（欲望を抑えることができず、争いの絶えない世界）、「畜生道《ちくしょう》」（人間以外の生き物として弱肉強食が繰り返される世界）、「餓鬼道《がき》」（飢《う》えと渇《かわ》きに苦しみ続ける世界）、「地獄道」（悪人が厳しい責めを受け、もっとも苦しい世界）の六つ（六道）です。仏教では、生きているあいだに善行《ぜんこう》を積めば、死後にはより良いステージに生まれ変わることができるとされています。

しかし、輪廻というのはけっして幸福な考え方ではありません。**仏教では生きていることを苦しみととらえます**から、いつまでも生まれ変わることで、いつまでも苦しみが続くと考えるわけです。

この輪廻から抜け出すことが悟りを開くことであり、「解脱《げだつ》」といいます。解脱することで輪廻のサイクルから解き放たれる。だから、悟りを開いたブッダは再び生まれ変わることはないのです。再び生まれ変わらずに、いっさいの苦しみから解放された境地《きょうち》に至ることを「涅《ね》槃《はん》に入《い》る」といいます。解脱して涅槃に入ることこそ、仏教の究極の目的なのです。

池上+1プラスワン！

煩悩

仏教では、心の迷いのことを「煩悩《ぼんのう》」といい、全部で108あるとされますが、時代や教義によって解釈が違います。なかでも、人の心を毒す代表的な煩悩を「貪《とん》・瞋《じん》・痴《ち》」と呼んでいます。それぞれ、「強欲な心」「怒りの心」「愚痴」のことを指しています。

Religion 62

キリスト教はどういう教えなのか

キリスト教は世界的に有名な宗教だけれど、ユダヤ教との関係がよくわからない。カトリックとプロテスタントの違いなど、今さら聞けないキホンを知る。

イエスはユダヤ教の改革者

ユダヤ教の『聖書』では、ユダヤ人だけが選ばれた民族であり、最後に神に救われるのはユダヤ教徒だけとされています。しかし、ユダヤ教の教えをもとにしながら、神を信じる者はすべて救われると言い、すべての人を平等に扱い、愛することを説いた人物がいました。イスラエルに生まれたユダヤ人イエスです。

イエスは、イエス・キリストと呼ばれます。「キリスト」とは、ヘブライ語「メシア（救《きゅう》世主《せいしゅ》）」のギリシャ語音訳。キリスト教は、救世主イエスの教えを信じる宗教なのです。

イエスはユダヤ教の改革運動を始めます。しかし、それがユダヤ教の指導者たちの反感を買って捕らえられ、ゴルゴタの丘で十字架にかけられて処刑されてしまいます。

イエスの教えは、弟子たちによって『福音書《ふくいんしょ》』にまとめられました。「福音」とは「良い知らせ」という意味。これは、後に『新約聖書』となって世界中に広まっていきます。

ちなみに、キリスト教の立場では、神と新しい約束をしたので『新約聖書』であり、ユダヤ教の教えは古い約束なので『旧約聖書』となりますが、ユダヤ教にしてみれば『聖書』はあくまで一つだけ。『旧約聖書』とは呼びません。

カトリックとプロテスタント

紀元前27年からヨーロッパを支配していたローマ帝国では当初、キリスト教の拡大を恐れていました。そして、皇帝ネロによるキリスト教徒の大規模な迫害《はくがい》（64年）以降、長い受難の歴史が続くことになります。しかし、313年、コンスタンティヌス帝が「ミラノ勅令《ちょくれい》」を発し、キリスト教が認められるようになりました。392年には、キリスト教を国教（国が定める宗教）として認めるに至ります。

その後、ローマ帝国は東ローマ帝国（ビザンツ帝国）と西ローマ帝国に分裂。これに伴い、キリスト教の考え方にも少しずつ違いが生じ始め、それぞれ独自に発展していくようになり

『旧約聖書』と『新約聖書』

イエス・キリスト
＝
救世主
ユダヤ教
ユダヤ人
救われるのはユダヤ教徒
異分子の布教だ！
神を信じる者はすべて救われる
対立
処刑
「新」も「旧」もない！聖書はこれだけだ！
弟子
福音書
新約聖書
あっちを「旧約聖書」と呼ぼう

ました。西ローマ帝国では「カトリック教会」、東ローマ帝国では「東方正教会」、それがロシアで「ロシア正教」となります。さらに、カトリック教会からは、16世紀に「プロテスタント」が生まれますが、このときプロテスタントを生み出す原動力となったのは、ドイツの神学者であるマルティン・ルターによる「宗教改革」という運動でした。

「カトリック」とは「普遍《ふへん》的」という意味ですが、「プロテスタント」は、資金集めのために贖宥状《しょくゆうじょう》（罰が許される証書）を発行するカトリックへの「抗議（プロテスト）」が由来となって名づけられたものです。プロテスタントからはさらに、蓄財《ちくざい》（勤労を通じてお金を貯めること）を認める「カルヴァン派」が生まれ、ヨーロッパ各地へと広まっていきました。

カルヴァン派プロテスタントは、イギリスにおいては「**ピューリタン**」と呼ばれました。しかし、イギリスではカトリックから分離した「イギリス国教会」という宗派が強制されるようになったため、信仰の自由を求めたピューリタンは海を渡ってアメリカへと移ります。そ

池上+1 プラスワン！

WASP

アメリカには「WASP《ワスプ》」という言葉があります。「White Anglo-Saxon Protestant」の略で、白人、アングロサクソン系、プロテスタントという属性を示します。アメリカ社会では、WASPの人々が強い力を発揮してきた歴史があります。彼らはアメリカを建国した「ピューリタンの子孫」とされているからです。

のため、アメリカは現在でもプロテスタントが中心の国となっているわけです。

キリスト教原理主義とは？

アメリカの南部には、キリスト教原理主義者が多く住んでいるとされます。「キリスト教原理主義」とは、『聖書』に書かれたことはすべて真実であると考え、その教えどおりに生活しようとする思想です。

たとえば『聖書』には、「神様がアダムとイブをおつくりになった」と書いてあります。そのため、人間はサルの仲間から進化したとするダーウィンの『進化論』のような主張はとうてい受け入れられません。ですから、アメリカの学校で採用されている生物の教科書の中には、『進化論』に触れていなかったり、扱いを小さくしていたりするものもあるのです。

キリスト教原理主義者が近年力を入れているのが、「妊娠中絶反対」「同性愛・同性婚反対」の運動です。アメリカでは妊娠中絶手術をしている医師が中絶反対派に殺される事件も起きています。

また、結婚式場が同性婚の結婚式を拒否したり、ケーキ店が同性婚のウェディングケーキの提供を断ったりする事例が問題となっています。

Religion 63

ローマ教皇はどんな立場の人？

新しいローマ教皇を決める選挙は、日本でも大きなニュースとして取り上げられる。このローマ教皇とは、そもそもどういったことをしているのか？

イエスの一番弟子の後継者

「ローマ教皇」は、世界中のカトリック信者の最高指導者。英語では「pope《ポープ》」で、原義は「父（パッパ）」。日本語では、「教皇」「法王」の呼称が混在していましたが、2019年から日本政府は「教皇」を用いると発表しました。

教皇は、**イエスの一番弟子であったペテロ**の後継者であり、キリスト教の最高権力者ともいうべき存在です。カトリックは厳格な階層性組織となっていますから、ローマ教皇の下には世界中の大司教が、その下には神父たちがいて、信者を導いているのです。

ローマ教皇はみずから後継者を指名することはできません。「コンクラーベ」という選挙

➡P265 プラスワン！

ローマ教皇とは？

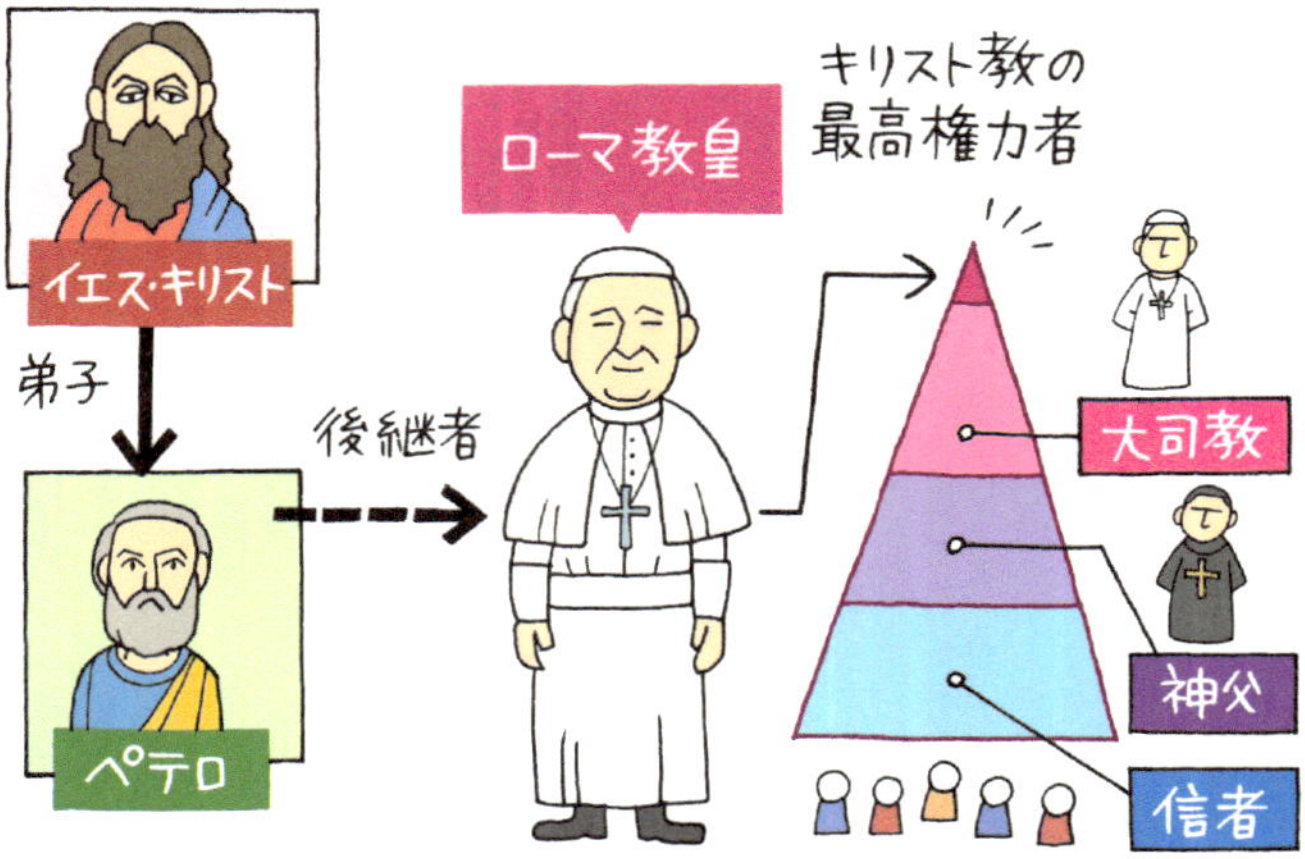

によって選出されます。選挙は通常、教皇が亡くなってから15~20日に行われるのですが、2013年2月に第265代教皇ベネディクト16世が高齢による健康上の理由で辞任を表明。存命中の退位は、実に約600年ぶりの異例の事態でした。

コンクラーベが行われるのは、バチカン市国のシスティーナ礼拝堂で、選挙人は80歳未満の枢機卿《すうききょう》(教皇の補佐役)です。コンクラーベは、ラテン語の「クム・クラービス（カギとともに)」に由来する言葉で、密室の中で行われます。3分の2の賛成票を得る人物が出るまで続けられますが、通常は1回で結果が出ず、何度かの選挙が行われるため、日本では「根比べ」などともじって報道されることもあります。

南米出身のフランシスコ教皇

こうして選ばれた現在のローマ教皇は、初の南米アルゼンチン出身、第266代フランシスコ教皇です。フランシスコ教皇は、かつてナイトクラブの用心棒をしていたことを告白したり、77歳の誕生日にホームレスを招待して食事をともにしたりするなど、気さくな人柄で知られています。教皇は、テロや気候変動などの社会問題について積極的に意見を表明しているほか、X《エックス》（旧ツイッター）やインスタグラムでメッセージを発信していて、多数のフォロワーがいます。

また、フランシスコ教皇は2019年に来日し、被爆地の広島と長崎などを訪問。被爆者への祈りを捧《ささ》げるとともに、世界に向けて平和と核廃絶を訴えるスピーチを行いました。最近ではガザ地区やウクライナなどでの犠牲者を悼《いた》み、ガザ地区での即時停戦を訴えています。

池上＋1 プラスワン！

ペテロ

ペテロはローマへ布教に出ましたが、ローマ帝国によって殺されてしまいます。その後、その墓の上に建てられたのがバチカン市国にあるカトリックの総本山「サン・ピエトロ大聖堂」でした。「サン・ピエトロ」とは、「聖ペテロ」のイタリア語読みです。

Religion
64

ユダヤ教はどういう教えなのか

なんとなく決まりごとが多いイメージがあるこの宗教。そもそもどういう考えにもとづいたものなのか？ 基本的な知識を、この宗教の誕生からひもといていく。

ユダヤ教の起源

ユダヤ教の経典である『旧約聖書』（⬇２５９ページ）の冒頭「創世記《そうせいき》」には、「初めに、神は天地を創造された」と書かれています。ユダヤ教とは、「世界も人も唯一の神が創造した。この神の教えを固く守れば、神はユダヤ民族を守ってくれる」という信仰にもとづいた宗教です。ユダヤ教は**ユダヤ人**だけの宗教、ということですね。

３０００年以上前、現在のイスラエルがあるパレスチナの地にユダヤ人が移り住み、その一部はエジプトにも住むようになりました。しかし、エジプト王の圧政によって迫害を受けたため、唯一神ヤハウェが指導者として選んだとされるモーゼとともに、エジプトを脱出し

➡P269 プラスワン！

「出エジプト」と「十戒」

ヤハウェ
唯一神
全世界の創造主
(イスラエル人)
ユダヤ人
エジプト王(ファラオ)
迫害
地中海
カナン
ナイル川
エジプト
シナイ山
出エジプト
①
モーゼ
エジプトからイスラエルの民を救うぞ!
カナンの地へ向かいなさい
②
2枚の石板
十戒
10の戒律
モーゼ
建国
イスラエル王国

ます。これが、『旧約聖書』に書かれている「出《しゅつ》エジプト」です。

モーゼはヤハウェから、カナンの地（現在のパレスチナ地方）へ戻るように命じられます。この地は、神がユダヤ人の祖先アブラハムに対して「与える」と約束した土地（約束の地）とされています。モーゼがカナンの地に戻る途中、10か条からなる神との約束を授けられました。これが「十戒《じっかい》」です。そこには「ヤハウェ以外を神としてはいけない」「偶像を作ってはいけない」「ヤハウェの名前をみだりに唱えてはいけない」などの条文がありました。

こうして神と契約したユダヤ人は、約束の地にイスラエル王国を建設しました。しかし、古代に王国が滅亡してから1948年のイスラエル建国まで、国を持たない民族として世界各地に離散することになるのです。

食べてはいけないものがある

ユダヤ教では、「十戒」にもとづく戒律《かいりつ》（信仰上で守るべき規律・規則）を守って実践することを重んじ、「律法《りっぽう》（トーラー）」で、さまざまな規定が定められています。

たとえば、野菜や果物は食べてもいいが、豚肉やエビ、タコ、イカなどはだめ。牛肉は食べてもいいが、血のしたたるビーフステーキはいけない。ユダヤ教では、血は命であると考え、血を食べる（または飲む）ことを厳格に禁じているのです。また、肉と乳製品を分けて食べるようにも規定されています。

ユダヤ教では、金曜日の日没から土曜日の日没までを安息日としています。安息日にはいっさいの仕事が禁じられています。敬虔《けいけん》なユダヤ教徒は、この時間帯に車も運転しませんし、電化製品のスイッチも入れません。

また、ユダヤ教では、年齢に応じた儀式が行われます。男の子は生まれてから8日目になると割礼《かつれい》（性器の包皮《ほうひ》を切り取ること）を受け、この儀式の後に名前を授けられます。女の子は、会堂（シナゴーグ）で、その子と母親の幸せを願う祈りを捧《ささ》げてから名前が付けられます。

男の子が成人と認められるのは13歳。このとき会堂で「バール・ミツバ（戒律の子）」の儀式を行い、家庭でも一家でお祝いします。一方、女の子のほうは12歳で成人とみなされ、「バート・ミツバ（戒律の娘）」の儀式が行われます。この儀式は地域によって異なり、12歳の少年少女が合同で成人式を行うこともあるようです。

池上＋1 プラスワン！

ユダヤ人

一般的に、ユダヤ人とは、ユダヤ人の母親から生まれた人、またはユダヤ教を信じている人のことを指します。ですから、ユダヤ教の信者でなくてもユダヤ人はいますし、アジアやアフリカなどにもユダヤ人はいるのです。

Religion
65

神道《しんとう》はどういう教えなのか

初詣《はつもうで》に季節のお祭り……と、神社に行く機会が多いのならば、神社について、より詳しく知っておきたい。神道から見えてくる、日本の姿とは？

神道は多神《たしん》教

「神道」は日本古来の宗教で、祖先の霊、人間や動物、木や山、海、風、雷など、自然のあちこちに神が宿っていると考えます。たくさんの神が存在することを、「八百万《やおよろず》の神」ともいいます。ですから、神道はキリスト教やイスラム教のように唯一の神を信仰する「一神《いっしん》教」ではなく、「多神教」の宗教です。

絶対的な神様がこの世界を作ったというのではなく、神道では、天地とともに神様と人間があらわれたとしています。大自然のあらゆるところに神様がいるという発想は、日本が豊かな自然に恵まれ、四季の移ろいが明確だったため、そこに生きる日本人が自然や自然現象

「八百万の神」とは？

に対して畏敬《いけい》の念を抱いてきたからこそ生まれたと考えられます。また、日本では地震や台風、津波や雷などの自然災害も多かったため、自然を畏怖《いふ》する心が養われてきたのも当然でしょう。

ちなみに、神道において、たくさんいる神々にはランクがあり、もっとも尊《とうと》い神様は**「天照大神《あまてらすおおみかみ》」**(➡106ページ)であるとされます。天照大神は太陽の神様です。また、神様を数えるときには「柱《はしら》」という言葉を使います。なぜ柱なのかというと、柱に神霊が依《よ》り憑《つ》くと信じられたからです。

神社とお祭りの関係とは？

神道では、肉体が死んでも魂は永遠に存在

するとしています。では、魂はどこに行くのかというと、幽世《かくりよ》に行く、黄泉国《よみのくに》に行くなど、さまざまな見解があります。いずれにしても、死後はみんな神様になり、家族や子孫の幸せを守ってくれるものと考えられています。

たとえば、東京には乃木《のぎ》神社や東郷《とうごう》神社があります。それぞれ明治期の軍人であった乃木希典《まれすけ》と東郷平八郎をまつった神社であり、それぞれ大正期から昭和期にかけて創建されました。日本という国に貢献《こうけん》した英雄が、後世に生きる人々の安寧《あんねい》を守ってくれると信じられているのです。

ちなみに、**神社**は『万葉集』などの古代の書物では「もり」「やしろ」と呼ばれていて、人が足を踏み入れることが許されない自然そのものが神社だとされてきました。それがやがて、建築と結びつくようになったのです。

この神社で行われるお祭りは、神道にとって重要なものです。もともとお祭りは神様に五穀豊穣《ごこくほうじょう》を祈り、感謝するためのものでした。お祭りは、日本の稲作文化と切っても切れない関係にあったのです。

池上＋1プラスワン！

神社

神社の建物は通常、手前から、拝殿、幣殿《へいでん》、本殿の順に並んでいます。拝殿は参拝者が神様を拝《おが》むための場所。本殿にはご神体《しんたい》が置かれていますが、一般の人は入ることができません。

Religion 66

靖国《やすくに》神社はなぜいつもニュースになる？

日本の総理大臣が靖国神社を参拝するとニュースになる。どうしてここまで大きく報じられるのか？歴史から解き明かす、靖国の問題。

靖国神社の正体

靖国神社は東京都千代田区にあり、国家のために戦争で戦死・病死した人をまつっている神社。「靖国」とは「国を安らかにする」ということであり、「お国のために戦って亡くなった人たちを神様としてまつり、国が安全でありますように」との意味が込められています。

この神社が最初に設置されたのは、１８６９年のこと。当初は東京招魂《しょうこん》社として、戊辰《ぼしん》戦争で官軍の兵士として戦死した人をまつる目的で作られました。１８７９年に、靖国神社と改称。日清《にっしん》戦争、日露戦争、第二次世界大戦などで戦死した人も加えられ、現在では２４６万６０００柱以上がまつられています。なお、この中には、軍人以外にも、従軍看護婦や軍需工場で亡くなった学徒動員中の学生などの民間人も含まれているほか、かつて日本人として戦った台湾や朝鮮半島出身者なども含まれています。

靖国神社は、第二次世界大戦（➡282ページ）が終わるまでは陸軍と海軍が共同管理する、国の特別な神社でした。しかし、敗戦後には一般の神社と同じ扱いになっています。

A級戦犯の合祀《ごうし》という問題

この神社が問題になったのは、「A級戦犯の合祀」を行ったことによります。第二次世界大戦後、アメリカやイギリスを中心とする連合国は「極東《きょくとう》国際軍事裁判（東京裁判）」を開き、日本の戦争責任を追及しました。この裁判で裁《さば》かれたのが「A級戦犯」です。

日本の戦争犯罪者は、A級「平和に対する罪」、B級「通例の戦争犯罪」、C級「人道に対する罪」の3種類に分けられて裁かれました。

A級戦犯は、日本が戦争を始めた責任者とみなされた軍人、政治家などのことです。アジア各地で捕虜《ほりょ》を殺したり、一般人を殺したりした日本兵は、B級、C級の戦犯として裁判を受け、934人が死刑に処されました。

A級戦犯のうち7人が死刑となりましたが、靖国神社はこの7人と、裁判中や有罪判決を

靖国神社が抱える問題

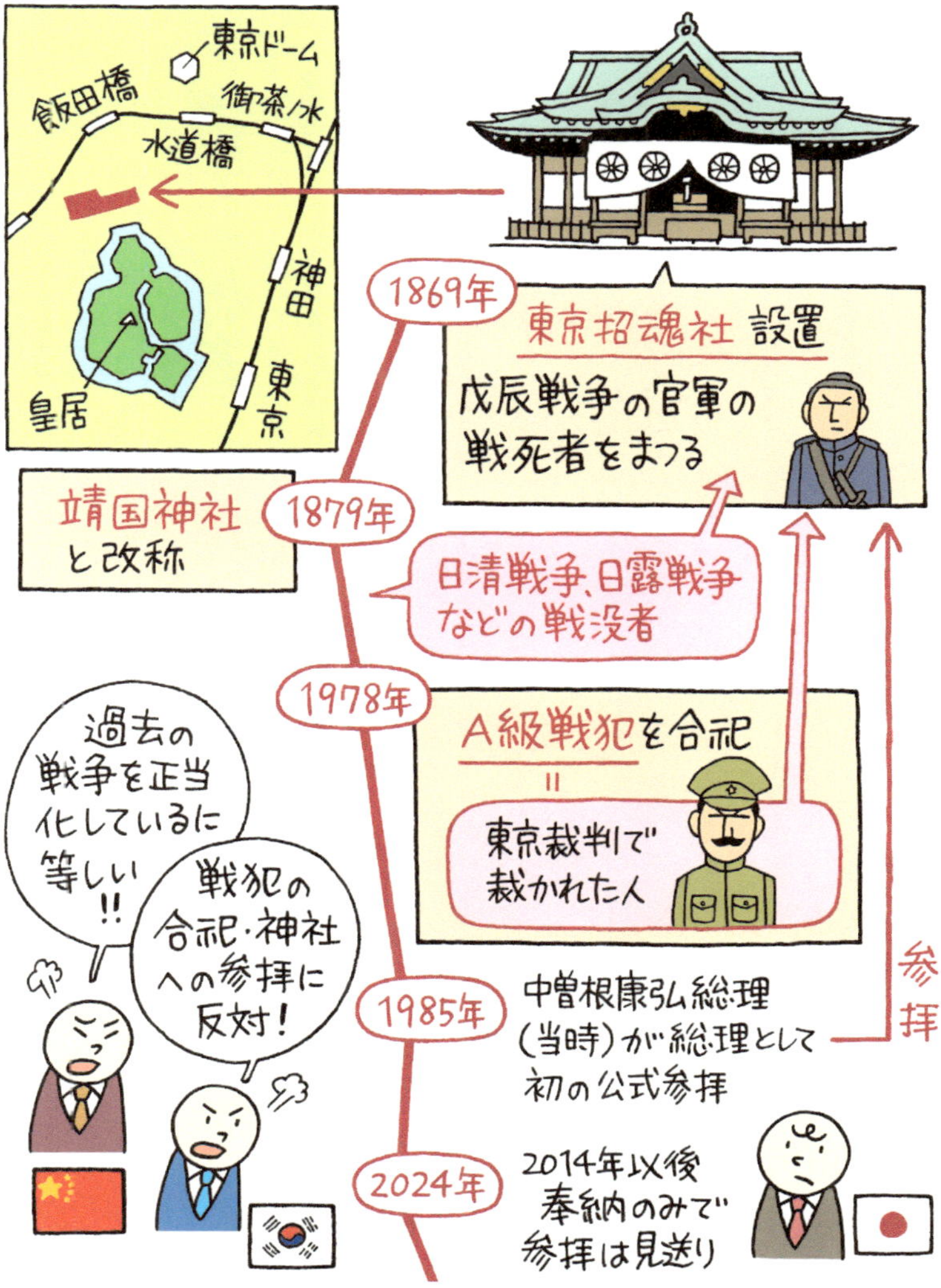
東京ドーム
飯田橋
御茶ノ水
水道橋
神田
東京
皇居
1869年
東京招魂社 設置
戊辰戦争の官軍の戦死者をまつる
1879年
靖国神社と改称
日清戦争、日露戦争などの戦没者
1978年
A級戦犯を合祀
＝
東京裁判で裁かれた人
過去の戦争を正当化しているに等しい!!
戦犯の合祀・神社への参拝に反対!
1985年
中曽根康弘総理（当時）が総理として初の公式参拝
参拝
2024年
2014年以後奉納のみで参拝は見送り

受けて服役中に死亡した7人の計14人を「昭和殉難者《じゅんなん》」としてまつりました。戦死者と一緒にまつったので、「合祀」というわけですね。

このため、日本の総理大臣が靖国神社に参拝すると、中国や韓国が、「A級戦犯をまつっている神社に総理が参拝するということは、戦争を正当化するのか」と反発するようになったのです。

国内でも、総理の靖国神社参拝は憲法違反であるという批判があります。憲法20条第3項には「国及びその機関は、宗教教育その他いかなる宗教的活動もしてはならない」と定められています。ですから、総理大臣が公人として神社に参拝するのは「宗教的活動」にあたるのではないか、というわけです。

岸田総理は、総理に就任してから**靖国神社への参拝**は行っていませんが、毎年春と秋の例大祭に「真榊《まさかき》」を奉納しているほか、終戦の日である毎年8月15日には、代理を通じて私費で玉串料《たまぐしりょう》を奉納しています。これは安倍元総理らの対応を踏襲したものです。

池上+1 プラスワン!

靖国神社への参拝

日本の国会では「みんなで靖国神社に参拝する国会議員の会」という超党派の議員連盟があり、終戦の日や靖国神社の春季・秋季例大祭にそろって参拝を行っています。岸田総理自身は会に所属していません。

Religion 67

宗教法人はどんな活動をしている？

日本では信教の自由が尊重されていて、宗教法人も数多く存在し、各方面で活動を行っている。日本の主な宗教法人には、いったいどんなものがあるのか？

日本における宗教法人

第二次世界大戦中の日本には、**神道（↓270ページ）**が国教としての扱いを受け、**キリスト教（↓258ページ）**などの一部の宗教者が弾圧された〝負《ふ》の歴史〟があります。

戦後になると、信教の自由を保障するため、「宗教法人」として認められた宗教団体には、宗教活動に課税しないという措置《そち》をとりました。

宗教法人は、認定を受け続けるために信者数を文化庁に報告しています。この統計は1年ごとに発表されていて、2022年末時点で日本には宗教の信者が約1億6300万人もいます。日本の人口が約1億2400万人なので計算は合いませんが、これは、神社の氏子《うじこ》や

宗教法人とは？

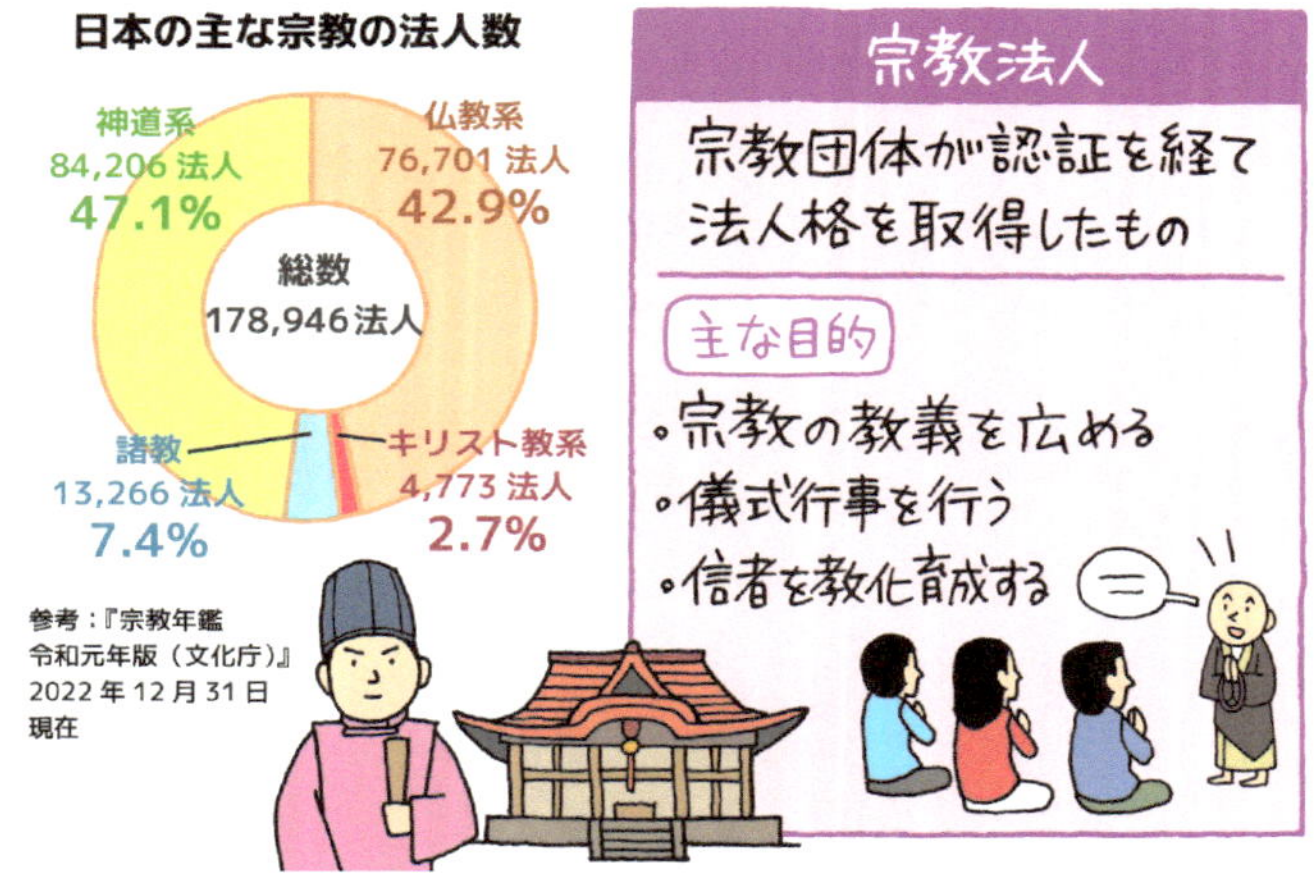

お寺の檀家《だんか》、キリスト教会に通っている人を二重、三重にカウントした結果です。

宗教法人による宗教活動は前述のように非課税です。しかし、宗教法人がビジネスを手がけるとなると話は別です。たとえば、お寺に納められるお布施《ふせ》は非課税である一方、墓地の分譲となると、税務署の判断は微妙なものとなります。広大な土地を利用して駐車場を設け、参拝客から駐車料金を徴収するような場合は、立派なビジネスとして課税されるのです。

発展する新宗教

幕末から明治以降に誕生した宗教は、一般に「新宗教（新興宗教）」などと呼ばれています。有名なところだと、「創価学会」があります。もともと、日蓮宗《にちれんしゅう》の分派である日蓮正《しょう》宗《しゅう》の信徒団体からスタートした新宗教で、「創価」とは「価値創造」を意味しています。戦時中に獄死した牧口常三郎《つねさぶろう》初代会長の後を継ぎ、戸田城聖《じょうせい》二代目会長が75万世帯の折伏《しゃくぶく》（布教活動）に成功して、会員世帯を急増させました。そして、池田大作三代目会長の就任後もさらに発展を続け、１９６４年には公明党を結成、政界への進出もはたしました。

世界平和統一家庭連合は、２０１５年まで「世界基督教統一神霊協会」（統一教会）という名前で活動していました。キリスト教を自称していますが、世界のキリスト教会はキリスト教とは認めていません。

旧統一教会は以前から、高額な壺《つぼ》などを売りつける**「霊感商法」や高額な献金が問題視**されていました。２０２２年7月、安倍元総理が銃撃される事件が発生。事件を起こした男は「母親が旧統一教会に1億円に上る献金をしており、教団に恨みを持ち、つながりがあると思った安倍氏をねらった」と供述しました。

池上＋1 プラスワン！

解散命令

政府は2023年10月、「法令に違反して、著しく公共の福祉を害すると明らかに認められる行為」や「宗教団体の目的を著しく逸脱した行為」に該当するとして、旧統一教会に対する解散命令を東京地方裁判所に請求しました。解散命令が出れば、オウム真理教、明覚寺に続いて３例目となります。

COLUMN

世界にあるその他の宗教

✔ シーク教

インドの宗教の一つ。インドでターバンを巻いているのはシーク教徒だけであり、実は少数派。イギリスがインドを統治したとき、シーク教徒を官僚などとして高く用いたことから、ターバン＝インド人というイメージが定着した。インドで「シン」と名乗っている人はシーク教徒。

✔ ジャイナ教

インドで人口約0.4％が信仰する少数派の宗教でありながら、宝石・貴金属小売業や金融業に就《つ》く人が多く、インド国内では富裕層に属する人が多いとされる。極端な苦行《くぎょう》、禁欲、不殺生《ふせっしょう》を勧めていることで有名で、僧侶は水を飲むときも、まちがって小さな虫を飲み込まないように布で濾《こ》すという。

✔ 拝火教

インドを中心に、火を尊ぶ宗教として知られる。ゾロアスターを開祖とするため「ゾロアスター教」ともいう。各寺院には、ゾロアスターが灯《とも》した火が燃え続けている。

✔ ヒンドゥー教

古代インドのバラモン教をもとに、インドやネパールで普及、キリスト教、イスラム教に次いで信者数が多い宗教（約11億人）。インド社会には、独特な身分制度「カースト」が今も残っている。

✔ ヤジディ教

イラク北西部の山岳地帯を中心とする民族宗教。2014年8月、イスラム国（253ページ）がヤジディ教徒の女性を多数誘拐し、人身売買をしていたことが明らかになった。

第6章

キーワード

▼

「現代史」

Contemporary history

これだけは知っておきたい！

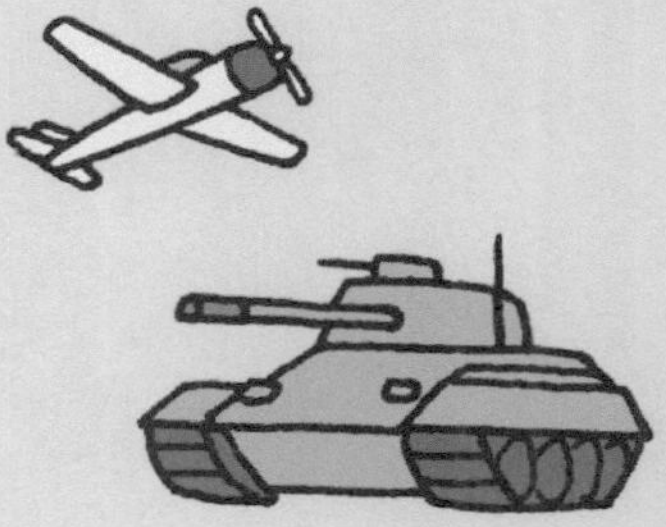

Contemporary history

68

第二次世界大戦はどんな戦いだったのか

日本は第二次世界大戦でこれ以上ないほどの敗北を喫《きっ》した。なぜ、この戦争は起きたのか？　どうやって終わったのか？　知るべきことは、まだまだたくさんある。

国際連盟常任理事国なのに脱退！

1914年に起こった「第一次世界大戦」は、世界的に多くの犠牲者を生みました。その反省から創設されたのが「国際連盟」です。創立当初の常任理事国は、イギリス、フランス、イタリア、そして日本の4か国。日本は日英同盟を背景に大きな力を持っていたのですが、アメリカの思惑《おもわく》もあり、1923年には同盟を破棄《はき》してしまいます。

1929年、世界的規模での経済恐慌《きょうこう》が広まります。各地に植民地を持つイギリス、フランス、アメリカは、「ブロック経済」により自国と植民地間で経済圏を作ることで恐慌を乗り越えようとしました。これに対し、日本も中国東北部の満州で植民地経営を行い、「第二

第二次世界大戦における戦いの連鎖

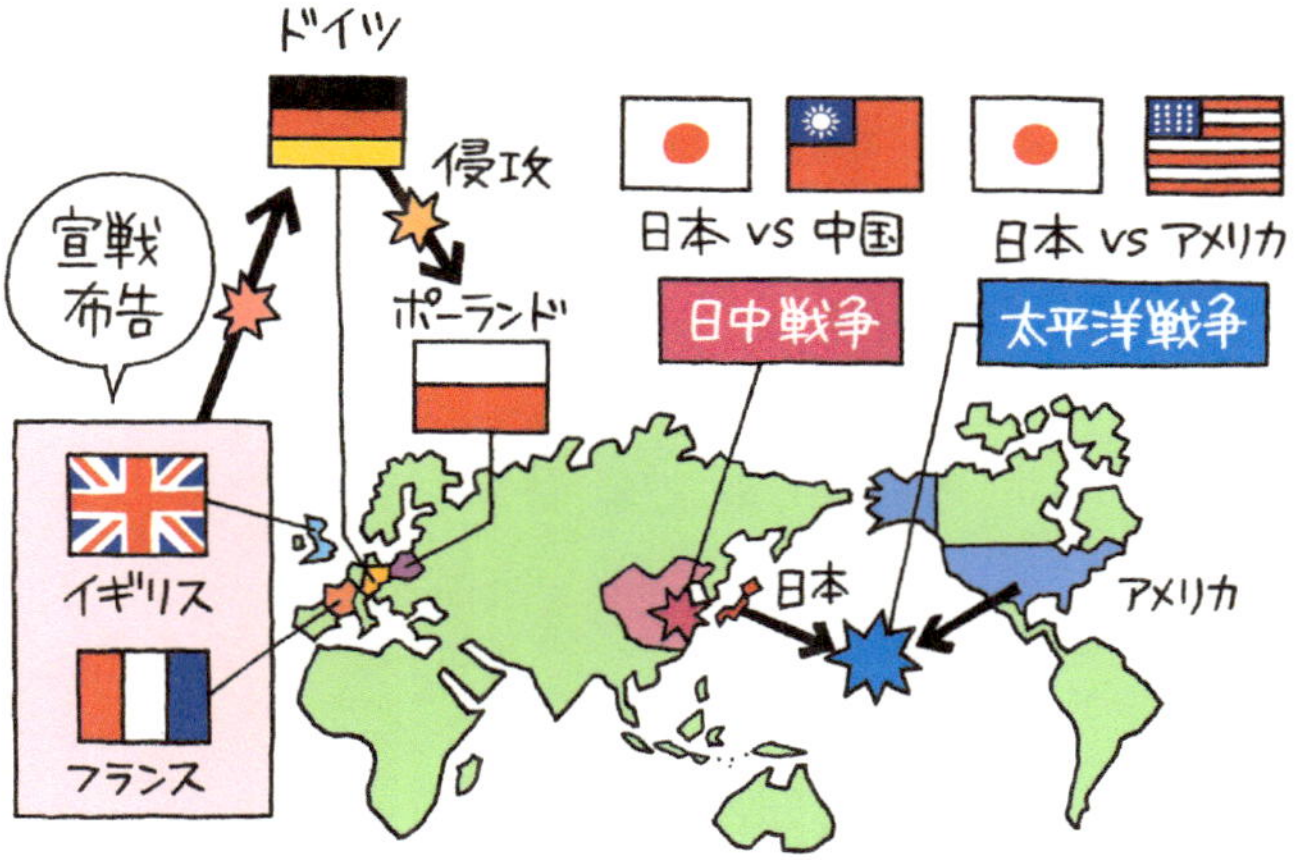

の日本」を作ろうとしていました。1932年には、清朝《しんちょう》最後の皇帝溥儀《ふぎ》を擁立《ようりつ》し、満州国の建国を宣言します。

当然、アメリカやヨーロッパの列強はこれを黙って見すごしません。国際連盟からイギリスのリットンを団長とする調査団を派遣し、満州国を傀儡《かいらい》国家（他国に操られた国）と断定。1933年、国際連盟総会で可決された満州撤退の対日勧告《かんこく》案を受け、日本の首席全権松岡洋右《ようすけ》は退場し、国際連盟を脱退してしまいました。

日中戦争から太平洋戦争へ

1937年に北京《ペキン》郊外の盧溝橋《ろこうきょう》付近で起きた日中の軍事衝突をきっかけに、日本と中国は全面的な戦争に突入します。日本には、ロシアに対する伝統的な恐怖心がありました。ロシアが南下し、朝鮮半島を支配下に置くことを阻止《そし》したかったのです。しかし、中国が日本の本土に攻撃を仕かけたわけではありませんから、この「日中戦争」は客観的にみて、侵略戦争といわざるを得ません。

ヨーロッパでは、ドイツがポーランドに侵攻、イギリスとフランスがドイツに宣戦布告したことで「第二次世界大戦」が起こります。日本は、1940年に石油資源を求めて北部フランス領インドシナに進出すると同時に、ドイツ、イタリアと三国同盟を結びます。これに反発したアメリカは、日本への石油の供給を停止します。石油がなければ、日本は戦争ができません。日本はインドネシアで石油を確保したい。アメリカの太平洋艦隊に阻止されないように、ハワイで太平洋艦隊を叩いておこう。こうして起きたのが1941年の「真珠湾《しんじゅわん》攻撃」で、日本はアメリカを相手に「太平洋戦争」で戦火を交えることになります。

ミッドウェー海戦以降は不利に

太平洋戦争の分岐《ぶんき》点となったのが、1942年の「ミッドウェー海戦」でした。日本は太平洋の真ん中に浮かぶミッドウェー島を攻撃し、アメリカの機動部隊を叩く作戦に出ました。

しかし、情報戦にまさるアメリカはこの作戦を事前に把握《はあく》、ミッドウェー海域で迎え撃ちます。結果として日本は大敗を喫し、戦局はアメリカに大きく傾くことになったのです。

日本軍は続けてソロモン諸島のガダルカナル島、サイパン島を落とされ、アメリカに制空権を握られます。日本本土への爆撃が可能となった米軍の爆撃機は、1945年3月10日の東京大空襲などの大規模な無差別攻撃を行いました。

その後、4月1日には米軍が沖縄本島に上陸、日本での唯一の地上戦が行われました。このとき沖縄では、実に県民の4分の1が命を落としています。

ヨーロッパでは、イタリア、ドイツが相次いで降伏、**日本だけが世界を相手に戦争を続ける**ことになります。そして、8月6日に広島、9日には長崎に原子爆弾が投下される悲劇が起きました。そして、日本政府は無条件降伏を定めた「ポツダム宣言」を受諾《じゅだく》し、8月15日に降伏することとなったのです。

池上＋1 プラスワン！

枢軸国・日本

日本は枢軸国《すうじくこく》として、アメリカ、イギリス、フランス、中国、ロシアからなる連合国と戦いました。しかし、日本に宣戦布告した国はほかにもあり、連合国有利とみた各国が、形式上次々と参戦、日本はほぼ全世界と戦っている状態になったのです。その中には、降伏して政権が代わったイタリアも含まれていました。

Contemporary history

69

東西冷戦とはなんだろう

世界が西側と東側に分かれて対立し、ドイツも西と東とに分かれ、自由に行き来できない時代があった。そんな「東西冷戦」は、いったいなぜ起きたのか？

「鉄のカーテン」で東西が分裂

第二次世界大戦（⬇282ページ）の後、戦時中にドイツが占領していた欧州地域は、西側を米軍が、東側をソ連軍が占領しました。ソ連軍が占領した東欧諸国では、西側諸国との交渉を絶ったため、ヨーロッパは東西に分断されてしまいます。これをイギリスの首相を退任していたチャーチルは「鉄のカーテン」と呼びました。鉄製のカーテンが下ろされ、東側で何が行われているか見えなくなった、という意味です。

鉄のカーテンで東西に分断された様子を、１９４７年、アメリカのジャーナリストであるウォルター・リップマンが「冷戦」と呼んでから、この言葉は広く使われるようになりました。第二次世界大戦が、直接戦火を交える〝熱い戦争〟であったのに対し、いつ戦争になるかわからない緊張状態が続く様子を〝冷たい戦争〟とたとえたわけですね。

そもそも東西冷戦の原因を作ったのはソ連の首相スターリンでした。1945年2月、ソ連のクリミア半島のヤルタにスターリンとアメリカ大統領ルーズベルト、イギリス首相チャーチルが集まり、戦後秩序《ちつじょ》について会談(ヤルタ会談)。そこで約束されたのが、ドイツの占領から解放した国々で自由選挙を行い、国民を代表する政府を作るということでした(ヤルタ協定)。

ところが、ソ連はこれを守らず、ポーランド、ハンガリーなどで共産党政府を樹立させます。国境を接する国々を支配下に置き、西側諸国からソ連を守る盾《たて》にしようとしたのです。

ソ連の動きに対し、アメリカは軍事力による封じ込めで対抗しようとしました。ソ連を圧倒する核戦力によってけん制しようというわけです。世界各地の米軍基地に核兵器を配備し、潜水艦にも核ミサイルを搭載《とうさい》。ソ連も対抗して核兵器を増やし続けます。こうして、核兵器によるお互いのけん制で平和が維持される「核の平和」と呼ばれる時代が続きました。

「ベルリンの壁」とは？

戦後、ドイツは東西に分割され、1949年まで西半分を米・英・仏が占領し、東半分を

東西冷戦の構造

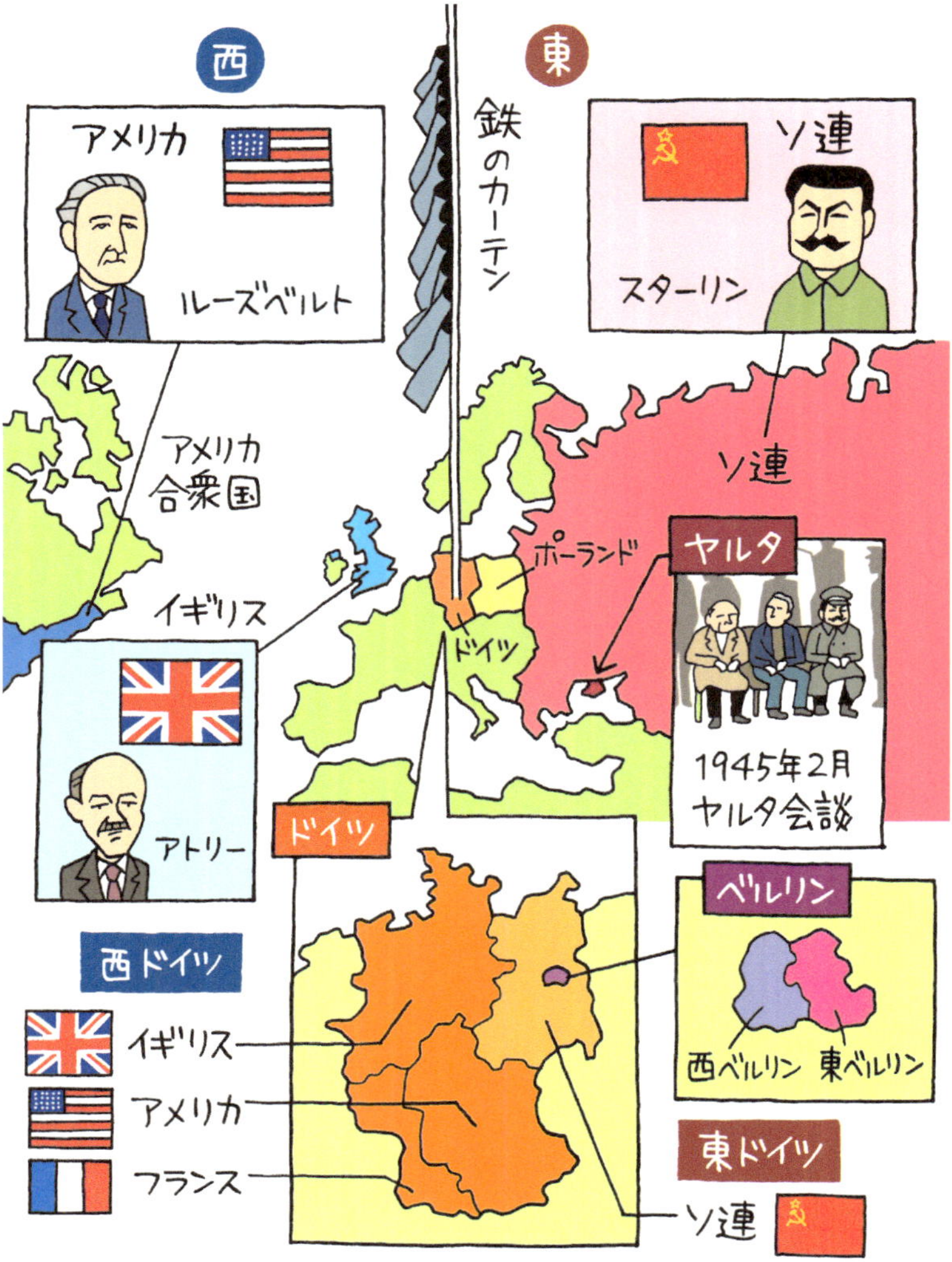
西
東
アメリカ
ルーズベルト
鉄のカーテン
ソ連
スターリン
アメリカ合衆国
ソ連
ポーランド
ヤルタ
イギリス
ドイツ
アトリー
1945年2月
ヤルタ会談
ドイツ
ベルリン
西ベルリン
東ベルリン
西ドイツ
イギリス
アメリカ
フランス
東ドイツ
ソ連

ソ連が占領しました。首都のベルリンは東側にありましたが、さらに東側と西側で共同管理することになりました。ベルリンの西半分だけが孤島のような状態になったのです。

1949年に東西ドイツ国家がそれぞれ成立した後、ソ連は、東ドイツをソ連流の社会主義体制にしました。そのため、自由を奪われた東ドイツ国民や東ベルリン市民は、西ベルリン側に逃げ込みます。この状態に危機感を覚えた東ドイツは1961年、「ベルリンの壁」を建設し始めました。「ベルリンの壁」というと、東西ドイツを分断するものと思っている人もいますが、実は、東ドイツ内にある西ベルリンを取り囲む壁なのです。この壁は全長155キロに及び、壁を乗り越えて西側に亡命しようとする人の多くが射殺されました。

ベルリンの壁が崩れたのは1989年のこと。同年にはアメリカのブッシュ（父）大統領とソ連のゴルバチョフ書記長が地中海のマルタ島で会談し、東西冷戦の終結を宣言しました。そして、1991年にソ連が崩壊し、現在のロシアが誕生したのです。

池上+1プラスワン！

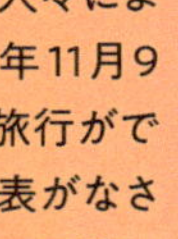

ベルリンの壁崩壊

ベルリンの壁が崩壊するきっかけの一つとなったのは、東ドイツの人々による反政府デモでした。1989年11月9日、「東ドイツ国民は自由に旅行ができる」という、まちがった発表がなされ、東ベルリン市民がベルリンの壁に殺到したのです。

Contemporary history

70

朝鮮戦争はどんな戦いだったのか

朝鮮半島を真っ二つに分断する原因となったこの戦争。
でも、なぜ北と南で戦わなければならなかったのか？
そして、日本にはどんな影響をもたらしたのか？

朝鮮半島が2つの国に分断

朝鮮半島は、1910年の韓国併合《へいごう》以降、日本の支配下にありましたが、1945年、日本は**第二次世界大戦**（⬇282ページ）で敗北、朝鮮半島から撤退します。その直前、ソ連軍は日本への攻撃を開始しており、日本に代わって朝鮮半島を占領する動きを見せていました。ソ連の勢力が拡大するのを恐れたアメリカは、半島の北緯38度線を境に、北はソ連、南はアメリカが占領することを提案し、両国がそれぞれを占領する形となります。

その後、ソ連は、東欧諸国と同じように、隣接する国で自国寄りの政権を樹立したいと考え、1948年9月に「朝鮮民主主義人民共和国（北朝鮮）」を設立。一方、半島南部では国民の選挙により「大韓民国（韓国）」が、1948年8月に誕生していました。朝鮮半島は、2国に分断されてしまったのです。

戦線は膠着《こうちゃく》状態に

1950年6月、**北朝鮮軍が突如《とつじょ》、北緯38度線を越えて韓国に侵攻。「朝鮮戦争」の始まり**でした。北朝鮮の指導者金日成《キムイルソン》はソ連と中国の支援を受け、武力で朝鮮半島の統一をはかろうとしたのです。戦争が始まった当時、北朝鮮軍は「韓国軍が攻めてきたから反撃した」と主張しました。しかし実際には、韓国軍は臨戦状態にはなく、まったくのウソでした。

韓国軍は苦戦し、南部の釜山《プサン》周辺のごく一部にまで追いやられて崩壊寸前に追い込まれます。これを見たアメリカは全面介入を決断。急遽《きゅうきょ》、日本に駐留していた米軍を中心とする国連軍が朝鮮半島に送り込まれました。ここから国連軍と韓国軍の反撃が開始され、今度は北朝鮮

池上＋1 プラスワン！

日本による機雷除去

実は、日本も朝鮮戦争に参加していました。米軍は日本に、朝鮮半島の港に北朝鮮軍が撒《ま》いた機雷を除去するよう要請していたのです。日本政府はひそかに海上保安庁の掃海艇《そうかいてい》を派遣、機雷の処理にあたりました。このとき2隻が機雷に触れ、死者1名が出ています。

朝鮮戦争は米ソの代理戦争！

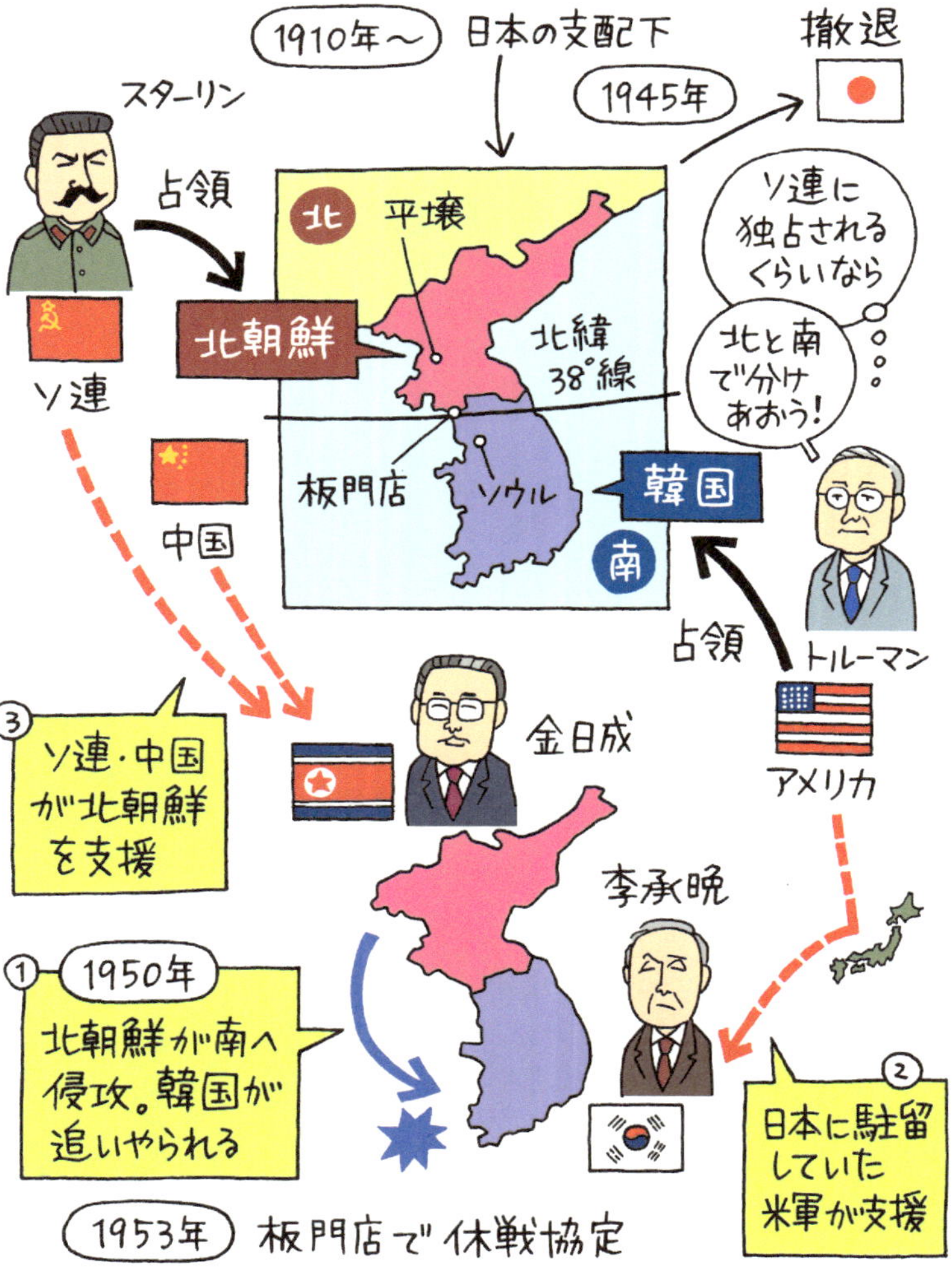

が中国国境付近にまで追い詰められます。

ここで今度は中国が介入し、軍隊を送り込んで応戦したことで、戦局は膠着《こうちゃく》状態を迎えます。この状態を打開しようとした国連軍の司令官マッカーサーは中国への原爆の使用許可を求めますが、広島・長崎での原爆の被害が明らかになっていたことから、原爆の使用ははばかられる状況でした。マッカーサーの暴走を恐れたアメリカのトルーマン大統領は、マッカーサーを解任。戦争中に最高司令官を解任するのは異例の出来事でした。

そして、1951年から休戦に向けての話し合いが進められ、1953年に板門店《パンムンジョム》で休戦協定が結ばれます。南北の境は北緯38度線とほぼ同じ、軍事休戦ラインとなりました。そして、このラインを挟んで南北各2キロが非武装地帯となり、両軍の駐留が禁じられました。

この戦争では、300万人以上が犠牲になったとされ、南北で離ればなれになった家族は、1000万人にも達しました。

朝鮮戦争は、日本にも大きな影響をもたらしました。一つは朝鮮特需による経済復興。日本は朝鮮戦争に参加する米軍から大量の物資の注文を受けたため、復興への足がかりを得ました。そしてもう一つは、警察予備隊の創設による再軍備。警察予備隊はその後、**自衛隊**(➡182ページ)へと発展していくことになります。

Contemporary history

71

高度経済成長について知っておきたい

敗戦国日本が経済的に復活するきっかけとなった、高度経済成長。これは、誰がどのようにして起こしたのか？　私たちに何をもたらしたのかを、ここで振り返る。

「所得倍増計画」のインパクト

「高度経済成長」とは、1950年代なかばから1970年代初めまでの20年弱における、日本の飛躍的な経済成長を指します。このあいだの経済成長率は平均10％を超える高い水準で推移しました。

まず、1955年ごろから57年にかけての日本は好景気を迎え、この好景気は「神武《じんむ》景気」と呼ばれました。「こんなに景気がいいのは神武天皇以来ではないか？」という声が出たことから名づけられたものです。そして、**1958年から61年にかけ、次の好景気である「岩戸《いわと》景気」**がありました。神武景気よりも景気が良かったため、神武天皇より前の名前

➡P297 プラスワン！

経済が右肩上がりの高度経済成長期

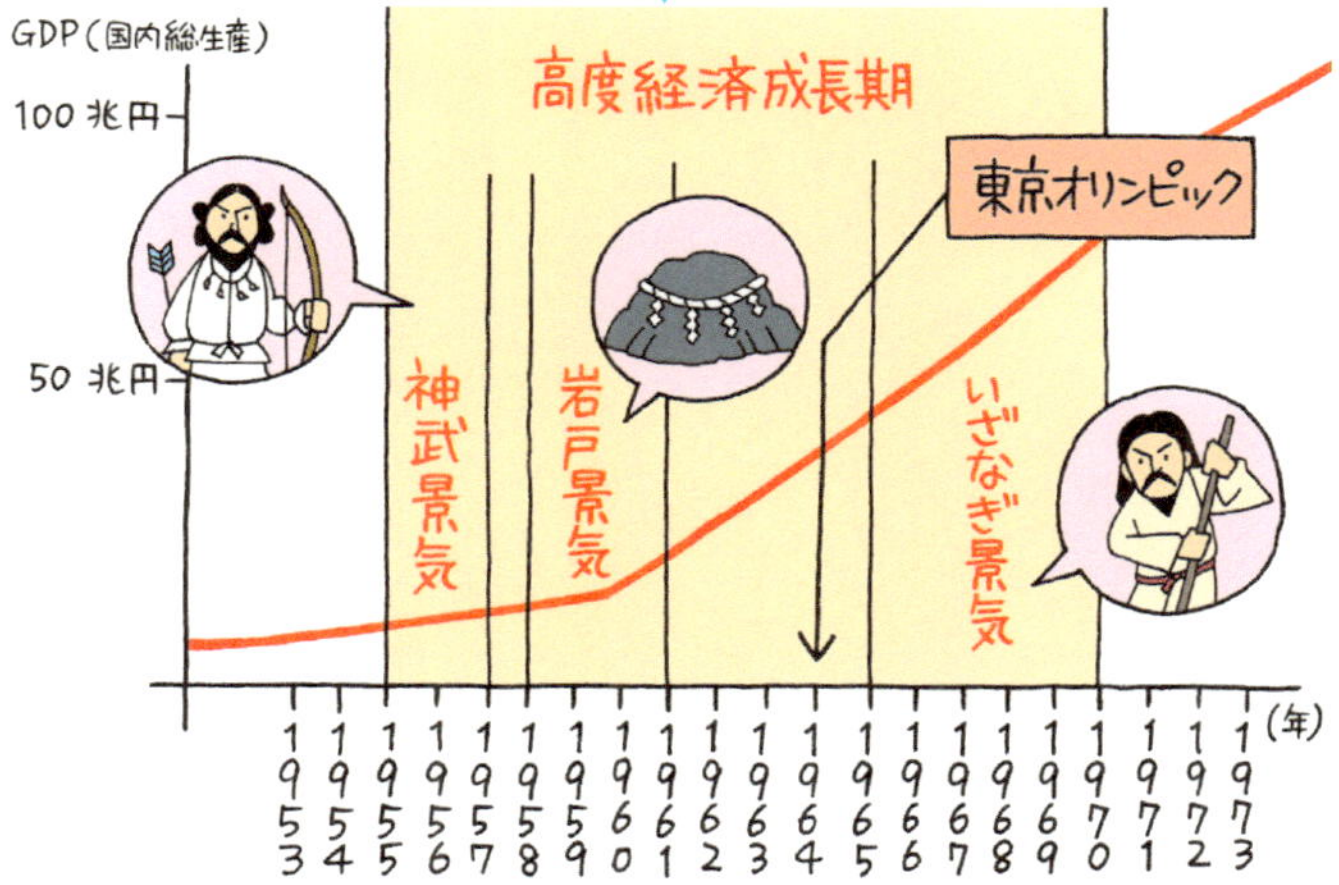

にしようということになり、日本の神話「天の岩戸」のエピソードから名づけられました。

1960年、当時の池田勇人《はやと》総理は「所得倍増計画」を打ち出しました。国民の所得を10年間で2倍にしようという大胆《だいたん》な計画です。

この計画を達成するために手がけたのが、道路、港湾、下水など、産業に関連した公共施設（インフラ）の整備でした。道路を舗装《ほそう》すれば、物資が短時間で運ばれるようになり、国内工場の生産力も高まります。また、港湾を整備すれば、国内で生産した製品を海外に輸出できるからです。

「三種の神器《じんぎ》」と「3C」

民間企業も、政府の後押しを受けて生産拡

大に努めました。同時に、企業の労働組合は大幅な賃金引き上げを要求しました。
　国民の所得が増えれば、消費も拡大して、企業の製品はますます売れるようになります。

　１９５０年代後半に消費ブームをけん引《いん》したのは、白黒テレビ・洗濯機・冷蔵庫。この三つは「三種の神器」と呼ばれました。天皇家に伝わり、皇位を象徴する宝物《ほうもつ》である「三種の神器」に由来し、一般家庭にとっての宝物という意味で、普及したのです。

　１９６０年代に入ると、三種の神器に代わって「３Ｃ」ブームが到来します。３Ｃの「Ｃ」とは、クーラー・カラーテレビ・カー（自動車）の頭文字。まさに豊かな生活の象徴でした。「近所の家が白黒からカラーテレビに買い換えたし、うちでも買い換えよう」という具合に、消費ブームは加速したわけです。

　１９６４年には、東京オリンピックの開催に合わせて東海道新幹線が開通。東西の大動脈である東名《とうめい》高速道路、名神《めいしん》高速道路も建設されました。東京と大阪の二大都市を結ぶ新幹線と高速道路が整備されたことで、物流と人の流れも大きく活性化され、さらに経済が発展していきました。

　１９６５年から70年までの好景気は、日本という国をつくった❗**イザナギノミコト****（⬇１０４ページ）**に由来して「いざなぎ景気」と呼ばれています。

経済成長がもたらした負《ふ》の側面

高度経済成長には、負の側面もありました。その一つが公害問題です。たとえば熊本県水《みな》俣《また》市では、チッソ水俣工場が、熊本と鹿児島にまたがる不知火《しらぬい》海にメチル水銀を廃水として流したことにより、魚介類が汚染され、それを食べた人が中枢《ちゅうすう》神経疾患《しっかん》（水俣病）を患《わずら》うという被害が発生しました。

水俣病以外にも、イタイイタイ病、新潟水俣病、四日市ぜんそくの「四大公害病」が社会問題となり、１９６７年には公害対策基本法が生まれました。

海外を見ると、今の中国では工場の排煙や排ガスによる深刻な大気汚染も問題となっています。汚染物質は海を渡って運ばれ、日本にも影響を与えています。これもまた、急速な経済発展の影の部分にほかなりません。豊かさを実現する過程では、こうした負の側面もあらわれるということをけっして忘れてはいけないのです。

池上 +1 プラスワン！

インスタントラーメン

高度成長期の1958年に生まれ、今や国民食の一つともなっているインスタントラーメン。私も小学生のときに初めて食べた日のことを記憶しています。インスタントラーメンは受験生や長時間労働者の夜食としても普及しました。高度成長期の胃袋を支える、必要不可欠な存在となったわけですね。

Contemporary history

72

ベトナム戦争はどんな戦いだったのか

今から50年近く前に終わった戦争ではあるけれど、アメリカ、ベトナム両国にとって苦《にが》い記憶となったこの戦争。はたして、どんな戦いだったのか？

インドシナ戦争後、南北に分断

インドシナ半島のベトナムは、カンボジア、ラオスとともに長いあいだフランスの植民地でしたが、フランスがドイツに占領されたのを見た日本は、１９４０年、ベトナムに進駐《しんちゅう》します。当時の日本は中国と戦争をしていて、アメリカは中国を支援するためにベトナム経由で支援物資を送っていました。日本軍は、この支援ルートを阻止《そし》しようとしたのです。

日本軍が進駐していた１９４１年、ホー・チ・ミンの指導のもと、ベトナムの独立を求める「ベトナム独立同盟（ベトミン）」が結成されます。そして、**太平洋戦争**（➡２８３ページ）で日本が負けた後、ホー・チ・ミンは「ベトナム民主共和国」の独立を宣言します。

すると、これに黙っていないフランスとベトミンのあいだで、1946年に「インドシナ戦争」が勃発《ぼっぱつ》しました。このときにベトミンを支援したのがソ連と中国で、フランスを支援したのがアメリカでした。つまり、ベトナムで米ソ東西冷戦の代理戦争が行われたのです。

この戦争は、「ディエンビエンフーの戦い」におけるフランス軍の敗北を受け、1954年にスイスのジュネーブで開かれた和平会談の結果、休戦が成立。これが「ジュネーブ協定」です。この協定により、ベトナムは北緯17度線で南北に分断され、北側はホー・チ・ミンのもとで「ベトナム民主共和国（北ベトナム）」を建国、社会主義国家への道を歩みます。一方、南側には、アメリカが支援する「ベトナム共和国（南ベトナム）」が成立しました。

泥沼化する戦争

南ベトナムのゴ・ジン・ジェム大統領は独裁者として、自分に反対する者を弾圧し、アメリカの援助下で私腹《しふく》を肥《こ》やします。すると、この腐敗政権に反対する民主化運動の中から、1960年、「南ベトナム民族解放戦線」が結成されました。

解放戦線は、農村地帯でのゲリラ活動で勢力を拡大。農民は政権に反対する意図《いと》で解放戦線に参加しましたが、アメリカは「ソ連、中国の手先」と考え、南ベトナム政府軍に代わり

ベトナム戦争はなぜ起きた？

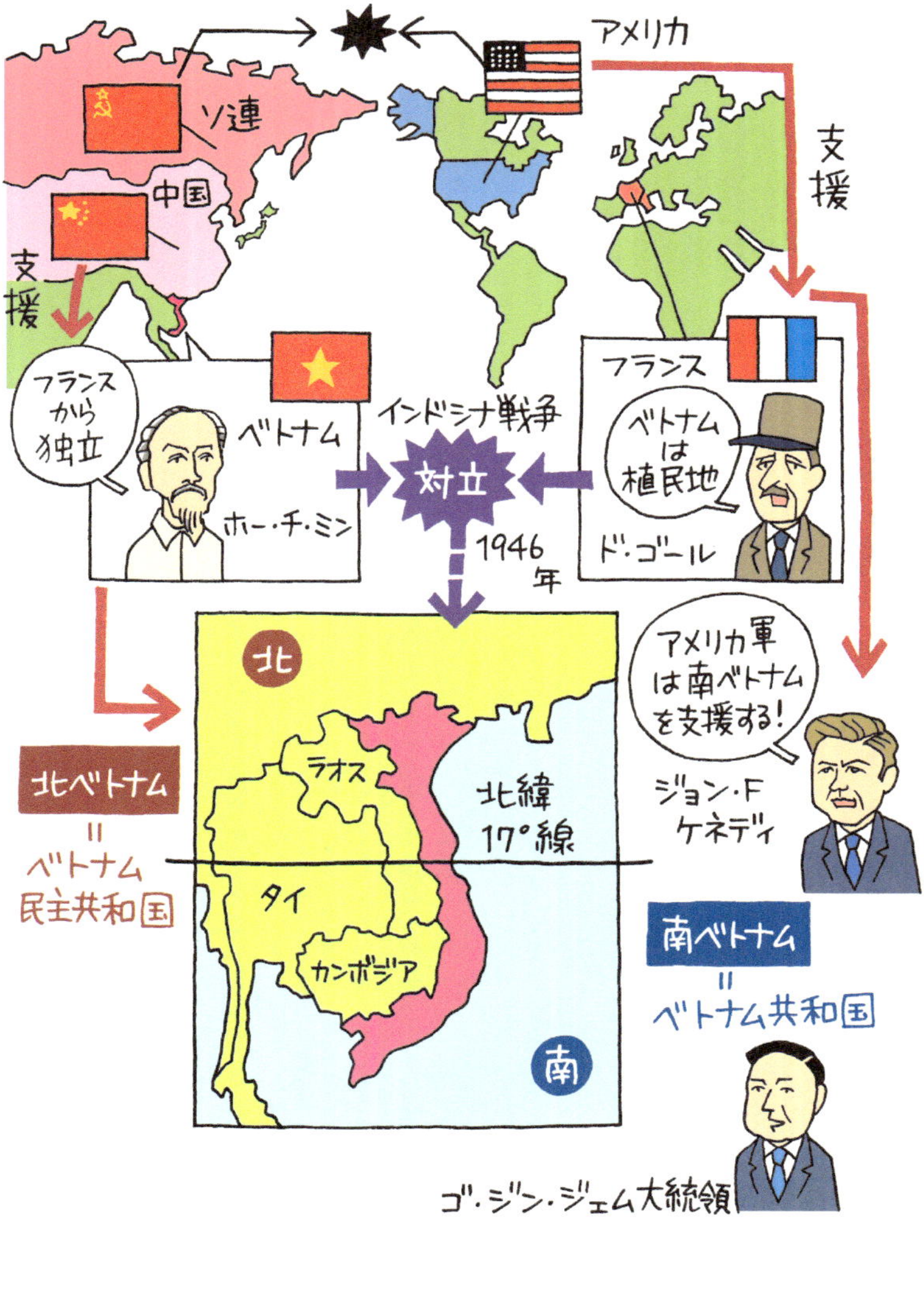

解放戦線を直接攻撃するようになります。**アメリカは苦戦が続くたびに次々と兵力を投入。「ベトナム戦争」は泥沼化**することになるのです。

ついに米軍は、１９６４年、北ベトナムに空爆を開始。ベトナム国外を迂回《うかい》したルート（ホー・チ・ミン・ルート）を通じて解放戦線を支援する北ベトナムを叩こうとします。解放戦線の兵士は、ジャングルにまぎれて行動していました。そこで米軍は枯れ葉剤を空中散布、ジャングルの木々を枯らす作戦に出ました。枯れ葉剤には猛毒のダイオキシンが含まれていて、ベトナム国民や米兵にも深刻な健康被害をもたらしました。戦争後もベトナムでは、奇形児が生まれる悲劇が起きています。

その後、１９６９年に就任したニクソン大統領は戦争の「ベトナム化」を打ち出します。これは南ベトナム政府軍が戦闘を担い、米軍は撤退するという戦略です。米軍撤退後の１９７５年3月、北ベトナム軍の攻勢が始まると、南ベトナム政府軍は総崩れに。南北ベトナムは統一され、翌年「ベトナム社会主義共和国」となりました。

池上＋1 プラスワン！

戦争報道

ベトナム戦争時、米軍は軍事作戦に報道陣の同行を許しました。すると、米軍の残虐《ざんぎゃく》行為がテレビで自国に届けられ、反戦運動がわき起こります。アメリカはこのときの教訓から、後年の湾岸戦争（310ページ）では戦争の実態が報道されないように報道管制を敷くことになったのです。

Contemporary history

73

キューバ危機とはなんだったのか

今にも核戦争が始まるかもしれない——世界が、そんな緊張感に包まれた瞬間があった。この歴史的な危機はなぜ起きたのか？ どうやって解決されたのか？

世界が核戦争の危機に直面

「キューバ危機」は、1962年に起きた「米ソ核戦争が始まるかもしれない」という一大事のこと。そもそもの発端《ほったん》は、同年10月14日、アメリカの偵察機がキューバのミサイル基地を発見したことでした。偵察機が撮影した写真を分析すると、ソ連製の核弾頭を搭載《とうさい》可能な中距離ミサイル14基が見つかりました。核弾頭が搭載されれば、いつでも核ミサイルを発射できるものです。

アメリカはこの事実に衝撃を受けました。何しろアメリカとキューバは目と鼻の先。至近距離から核ミサイルでねらわれることになってしまうからです。

当時は東西冷戦(⬇286ページ)の時代で、アメリカはイタリアとトルコに中距離核ミサイルを配備し、ソ連の首都モスクワを射程に収めていました。それに対抗して、ソ連はキューバにミサイル基地を建設、アメリカ全土を射程に収めることをねらっていたのです。

一触即発の事態を回避

アメリカのケネディ大統領は、「ミサイルを攻撃する」「基地を攻撃する」「キューバ全土を攻撃する」など、5段階の軍事シナリオを作成しました。しかし、米軍が軍事行動を起こせば、もちろんソ連側も黙ってはいません。ソ連軍は東ドイツ国内にある西ベルリンを攻撃する可能性がありました。そうなれば、アメリカとソ連の全面核戦争に発展する可能性は否定できません。

世界が固唾《かたず》をのんで見守る中、ケネディ大統領は、10月22日にキューバの海上封鎖を発表します。これは、キューバの港に入ろうとする船の積み荷をすべてチェックするというもの。ソ連軍は臨戦態勢に入り、キューバ市民にも兵士としての出動命令が下されました。

米ソの核戦争が始まれば、米軍基地のある日本もただごとではすまされない。当時小学生だった私も、「人生の終わりだ……」と絶望的な気分になったことを覚えています。

ソ連はキューバの封鎖ライン海域に潜水艦を送り、米軍はその潜水艦を駆逐《くちく》艦で追跡。太

世界を恐怖に包んだキューバ危機

平洋上には核爆弾を搭載した米軍の爆撃機が待機します。そして10月27日、キューバ上空を飛行していた米軍の偵察機が、キューバに設置されたソ連軍の地対空ミサイルで撃墜されたことで、いよいよ一触即発の危機を迎えます。いつ核戦争になってもおかしくない事態に差しかかったのです。

結局、10月28日に、ソ連がキューバからの武器の撤去を発表。キューバ危機はアメリカに軍配が上がりました。しかし実際には、アメリカは裏でソ連に妥協《だきょう》していました。トルコに配備していたミサイルの撤去を密約していたのです。

やがてソ連が崩壊し、冷戦が終結すると、ソ連の後ろ盾《だて》のもと、アメリカと対立してきたキューバの経済は悪化していきます。

キューバは同じ反米国家であるベネズエラから特恵《とっけい》価格で石油の輸出を受けてきましたが、原油の急落でベネズエラ経済が崩壊寸前になったため、**アメリカとの外交関係修復に乗り出しました。2015年7月、実に54年ぶりに国交を回復**したのです。

池上＋1 プラスワン！

国交回復の背景

アメリカ側がついにキューバとの国交回復に乗り出したのは、アメリカのオバマ大統領が、任期が残り少なくなったのを受け、歴史に名を残したいと考えたからではないか、ともいわれています。

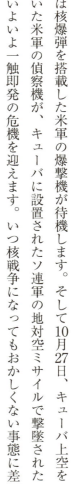

Contemporary history

74

天安門《てんあんもん》事件がよくわからない

「中国には言論の自由がない」「中国は民主化していない」とよくいわれる。その背景には、民主化を求める市民を弾圧した悲惨な歴史があった。

改革開放と民主化運動の始まり

「天安門事件」とは、**1989年6月4日**に中国共産党の軍隊・人民解放軍が北京の天安門広場に突入し、民主化を求める学生や市民を排除した事件のこと。

そもそも中国に民主化運動をもたらすきっかけを作ったのは鄧小平《とうしょうへい》でした。1979年に権力を掌握《しょうあく》した鄧小平は、個人の商売と外国資本の投資を認める「改革開放」政策を行い、中国の経済発展の道筋を作りました。

経済の自由化が進むと、海外から情報を入手して「言論の自由」に触れる人も増えてきます。中国でも知識人や学生が民主化を求める運動を開始し、北京の街角に民主化を求める壁新聞が貼られるようになりました。鄧小平は、壁新聞が毛沢東《もうたくとう》批判を行っているうちは黙認していましたが、鄧小平自身を批判する文章が出るようになると、一転して弾圧を始めました。

1981年、鄧小平の弟子だった胡耀邦《こようほう》が中国共産党主席（その後、総書記の名称に変更）になります。鄧小平は、最高権力者として政治にかかわるようになったのです。

胡耀邦の死がきっかけに

その後も、自由化・民主化の運動は断続的に発生しましたが、胡耀邦総書記は弾圧せずに見守る方針をとりました。これに危機感を抱いた中国共産党の保守派に鄧小平も同調し、1987年、胡耀邦は総書記辞任に追い込まれます。後任として総書記に上り詰めたのは、やはり鄧小平の弟子である趙紫陽《ちょうしよう》でした。

2年後の1989年、胡耀邦が失意のうちに死去すると、その死を悼《いた》む学生たちのデモが起きました。中国政

池上＋1プラスワン！

情報統制

近年は中国のホテルにWi-Fiが整備され、高速でインターネットが利用できるようになっています。私が北京のホテルに滞在した際、「六四」という数字を検索してみたのですが、何もヒットしませんでした。「六四」とは、天安門事件が起きた6月4日のこと。中国では今でも厳しい情報統制が敷かれているのです。

天安門事件はなぜ起きた？

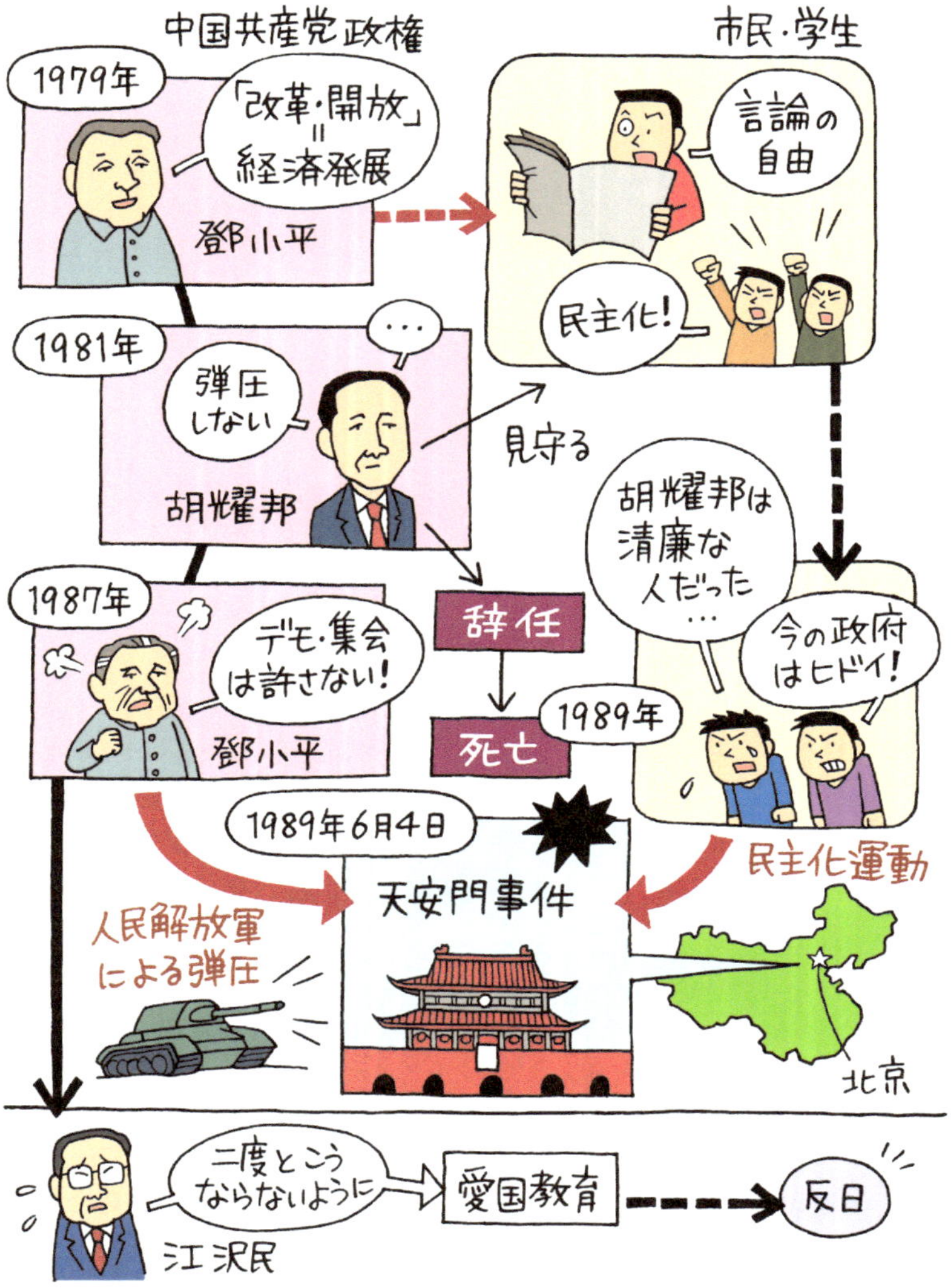

府や官僚の汚職が問題となる中、胡耀邦は清廉《せいれん》な人物として知られていました。胡耀邦が、民主化を求める学生たちに同情的だったことで地位を追われたことも学生たちは知っていたので、胡耀邦の追悼《ついとう》は、そのまま体制批判を意味していました。

天安門広場には、続々と学生や市民が集まり、民主化を求める運動に発展しました。各地の大学で授業のボイコットが起き、学生自治組織が作られるようになると、中国共産党の保守派はこれを「動乱」と決めつけ、中国共産党への挑戦と受け止めました。

人民解放軍が市民に発砲

しかし、共産党のトップである趙紫陽は、胡耀邦と同じように運動を容認しました。趙紫陽は訪中したソ連のゴルバチョフを前に「引退した鄧小平が裏で権限を握っている」と暴露したこともあり、解任されました。鄧小平は戒厳令《かいげん》の発動を決定し、人民解放軍によって民主化運動を弾圧する方針を固めました。

そして6月4日、装甲車、戦車と兵士が天安門広場に突入し、長安街など広場の周辺で群衆に向けて発砲を始めました。中国政府は、鎮圧した兵士も含め、死者319人、負傷者9000人と発表しましたが、実際には、被害者はもっと多かったものと見られています。

Contemporary history

75

湾岸戦争とはなんだろう

世界中でテレビ中継が流れ、ハイテク兵器も続々と投入されるなど、この戦争は、これまでとは大きく違う戦争だった。そして、東西冷戦の終わりとも関係があった。

イラクのクウェート侵攻が発端に

１９９０年8月、イラクは突如として隣国クウェートへの侵攻を開始しました。イラクはクウェートを併合し、イラク・バスラ州の一部になったと宣言、世界に衝撃を与えます。

19世紀の段階では、両国はオスマン帝国の領土でしたが、イギリスが植民地支配の過程でクウェートとイラクを切り離し、クウェートを先に独立させてしまいました。そのためイラクは、クウェートはもともと自国の領土だと主張するようになっていたのです。その主張の裏には、クウェートの豊富な石油資源を獲得したい、との思惑もありました。

イラクの侵攻を受け、**国連**(⬇110ページ)はイラク軍の無条件撤退を求めた決議を採択。

その後もイラクに対する経済制裁などを決定し、イラク軍を排除するために「必要なあらゆる手段」をとることを認めました。これにより、多国籍軍がイラクを攻撃しました。

どうして、イラクはクウェート侵攻をもくろむほどの軍事力を持っていたのか。その背景には**東西冷戦**（➡286ページ）の構造がありました。中東の大国であるイランとイラクには、それぞれアメリカ、ソ連が援助を行い、お互いに敵対していました。ところが、イランでは1972年にイラン・イスラム革命が起こり、アメリカを排除する動きが決定的になります。

アメリカはイランの**イスラム原理主義**（➡250ページ）の拡大を恐れ、イラクの支援に回ります。その結果、東西両陣営がイラク軍を育てるという状況になりました。イラクのフセイン大統領はアメリカが育てたなどといわれるのは、こうした事実にもとづきます。

しかし、イラクの軍事力も**アメリカを中心とする多国籍軍**の前には無力でした。戦争開始から1か月の空爆で、イラク軍の戦闘機やミサイル、戦車などはことごとく破壊され、その後の地上攻撃はわずか100時間

池上＋1プラスワン！

ソ連の動き

多国籍軍が結成されるとき、イラクを支援していたソ連は反対しませんでした。それどころか、イラク軍に与えていた武器の情報などをアメリカに提供しました。これは東西冷戦の時代には想像もできないことであり、冷戦の終わりを象徴する出来事でした。

イラクのクウェート侵攻から始まった湾岸戦争

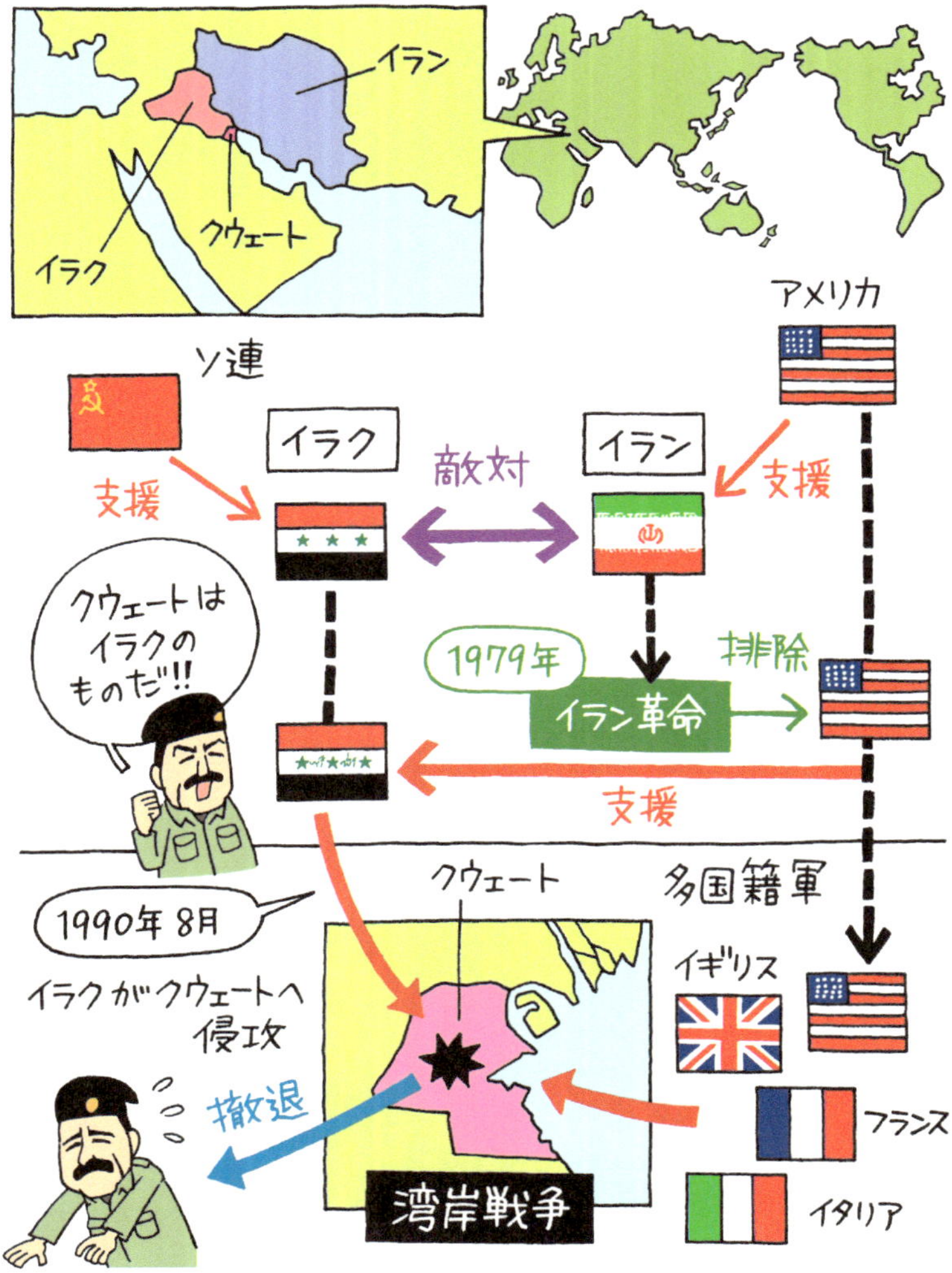

で終結。イラク軍はクウェートから無条件で撤退しました。

イラク戦争がもたらしたもの

湾岸戦争はこれまでの戦争と異なる現代の戦争でした。多国籍軍のミサイルや爆弾がイラク軍の標的に命中するテレビゲームのような映像が流れ、ハイテク兵器と航空戦の威力《いりょく》を世界に知らしめました。

実際は誤爆も起きていたのですが、戦争中には知らされず、成功した爆撃映像だけが繰り返し報道されました。現代の戦争は〝宣伝戦〟でもあったのです。

一方のイラクでも、フセイン大統領が宣伝戦を敢行《かんこう》。イラク国内では、アメリカのCNNテレビ取材班が残留を許され、連日中継が行われました。バグダッドへの空爆が起きたときも、CNNが敵国の中心部から生中継で伝えるという異例の出来事がありました。もちろん、中継現場ではイラク情報省の係官がチェックしていました。逆にイラクも、CNNの報道を利用しようとしたわけです。

フセイン大統領は湾岸戦争に敗北した後も、権力者の地位を保ちました。そして、2003年の❗イラク戦争（⬇319ページ）で再びアメリカと戦火を交えることになるのです。

9《きゅう》・11《いちいち》の何が衝撃的だったのか

ニューヨークのビルに旅客機がぶつかる映像は世界に大きなショックを与えた。この事件、誰が、どんな理由で起こしたのか？　なぜテロはなくならないのか？

旅客機4機による自爆テロ

2001年9月11日、アメリカで4機の旅客機がハイジャックされ、このうち2機がニューヨークの世界貿易センタービルの2棟《とう》に直撃し、ビルは大炎上して崩壊しました。もう1機はワシントンの米国防総省ビル（ペンタゴン）に突入。残りの1機はペンシルベニア州ピッツバーグ郊外に墜落しました（この航空機は、後にワシントンD.C.の連邦議会に突入する予定だったことが判明）。これらのテロを総称して「アメリカ同時多発テロ事件」といいます。「9・11」と呼ばれるのは、9月11日に起きた事件だからです。

この事件を起こしたのは**アルカイダ**という国際テロ組織に所属する19人のテロリスト。

➡P317 プラスワン！

「9・11」マップ

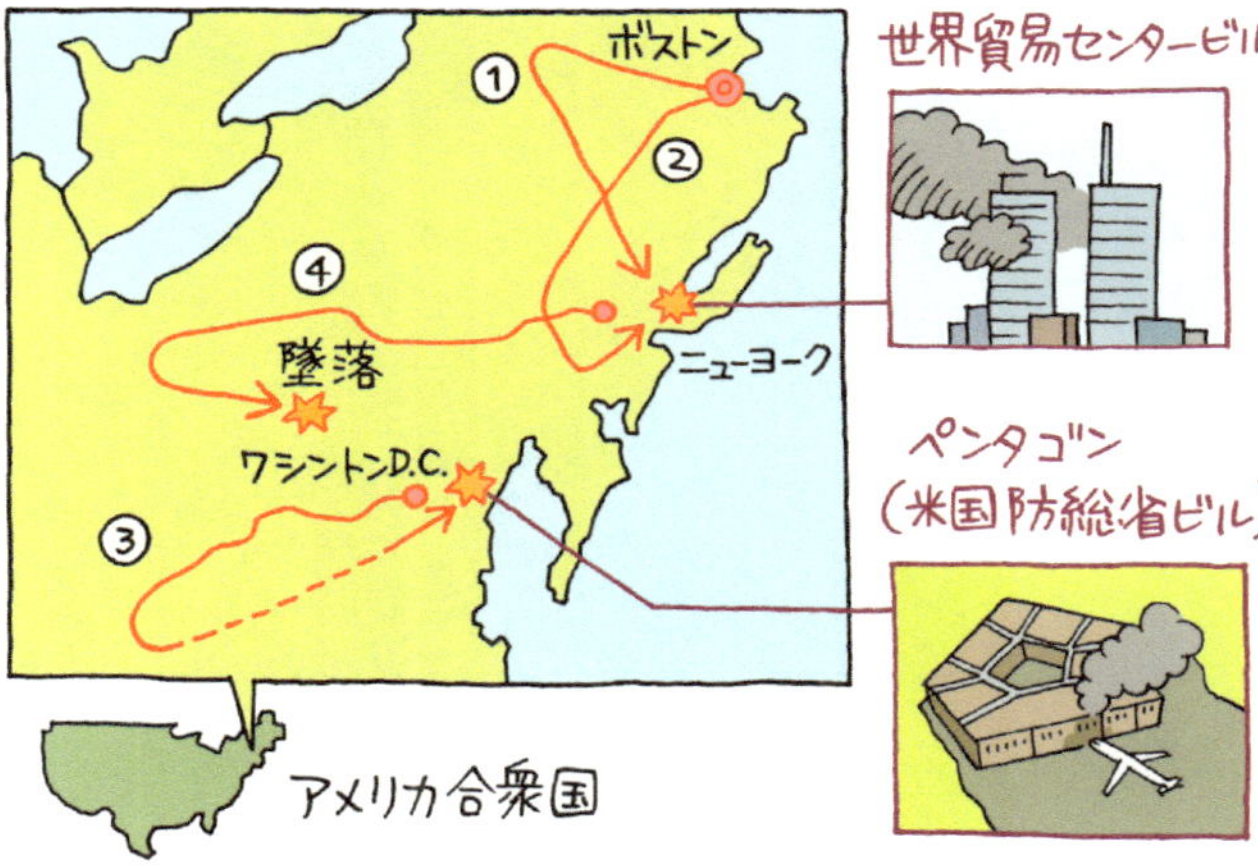

「死ねば天国に行ける」と考えた彼らの自爆テロでした。

航空機がビルに体当たりする映像は、テレビで世界に中継され、大きな衝撃を与えました。あまりにショッキングな映像のため、子どもたちへの影響を考慮し、現在の日本ではテレビ局の自粛により放映されていません。

ビンラディンとアフガニスタン

事件を起こしたアルカイダを結成したのは、オサマ・ビンラディンというサウジアラビア人。アメリカのブッシュ（息子）大統領は、ビンラディンを受け入れていたアフガニスタンのタリバン政権に引き渡しを求めますが、タリバンはこれを拒否。アメリカは、

「9・11」が起きるまで

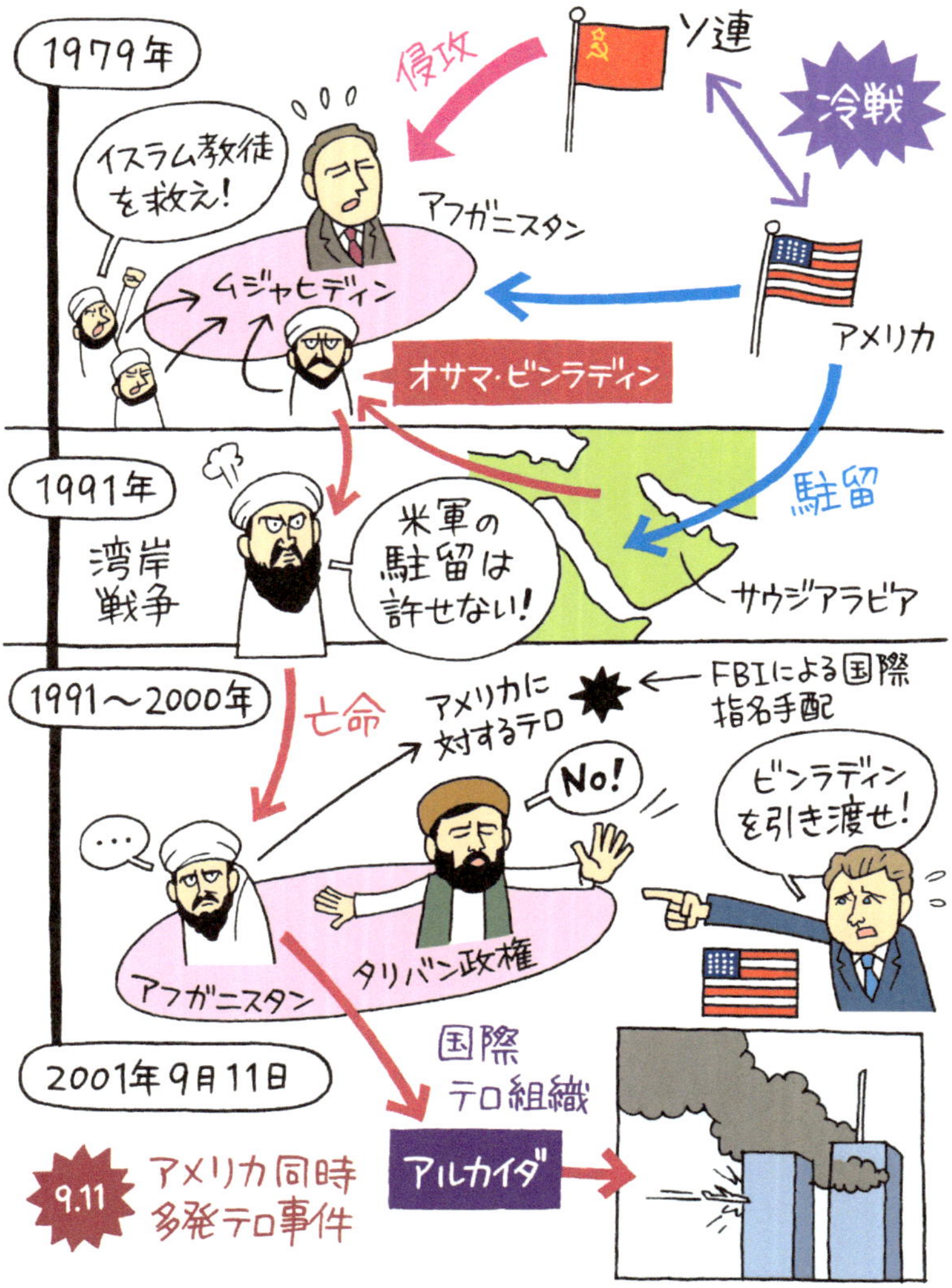

1979年
ソ連
侵攻
冷戦
イスラム教徒を救え!
アフガニスタン
ムジャヒディン
アメリカ
オサマ・ビンラディン
1991年
湾岸戦争
駐留
米軍の駐留は許せない!
サウジアラビア
1991～2000年
亡命
アメリカに対するテロ
FBIによる国際指名手配
No!
ビンラディンを引き渡せ!
…
アフガニスタン
タリバン政権
2001年9月11日
国際テロ組織
アルカイダ
9.11
アメリカ同時多発テロ事件

イギリスとともにアフガニスタンを攻撃します。では、なぜタリバン政権がビンラディンをかくまったのか。これを理解するにはアフガニスタンの歴史をおさらいする必要があります。

1979年、アフガニスタンと国境を接するソ連軍がアフガニスタンに侵攻。これに対し、世界のイスラム地域から「イスラム教徒を救え」と若者が集い、ソ連軍と戦いました。兵士たちは「ムジャヒディン（イスラム聖戦士）」と呼ばれます。

そして、この戦いにサウジアラビアから参加したのがビンラディンで、各地からやってきた兵士の名簿を整理するために作った組織がアルカイダでした。

実は、アメリカはムジャヒディンを支援していました。当時は東西冷戦時代でしたから、ソ連と敵対する勢力は応援する、というわけです。つまり、ビンラディンはもともとアメリカに支援されていたことになるのです。

その後、1989年にソ連はアフガニスタンから撤退しますが、これで平和が戻ったわけではありませんでした。

池上+1プラスワン！

アルカイダ

アルカイダとは、日本語で「基地」という意味。もともとはアフガニスタンでソ連と戦うために各地から集まったイスラム教徒の名簿を作っていた場所のこと。ビンラディンが名簿の管理をしていたため、みずからが作った組織をそのまま「アルカイダ」と呼んだのです。

終わらない、テロとの戦い

内戦状態が続いていたアフガニスタンでは、1994年に突如としてタリバンが出現、国土の90%を支配します。タリバンとは「学生」の意味。彼らはもともとアフガニスタン難民で、パキスタンで極端なイスラム原理主義の教育を受けてきた学生たちでした。

一方、サウジアラビアに戻っていたビンラディンは、1991年、湾岸戦争（➡310ページ）に直面します。サウジアラビアはイラク軍に危機感を抱き、米軍に防衛を依頼していましたが、これにビンラディンは強く反発。イスラム教徒の聖地メッカとメディナがあるサウジアラビアに、イスラエルを一貫して支えてきた米軍が駐留するのが許せなかったのです。彼は国王を批判したため、国外追放処分となっていました。

ビンラディンは、アルカイダを反米のための国際テロ組織に発展させ、同時多発テロ事件を計画したとされます。アメリカのブッシュ大統領は「テロとの戦い」を掲げ、タリバンを攻撃。アフガニスタン国内の反タリバン政権勢力である「北部同盟」が首都のカブールを制圧しました。しかし、アルカイダもタリバンも壊滅したわけではなく、世界でのテロ事件は現在も続いているのです。

Contemporary history

77

イラク戦争は「大義なき戦争」だった

世界中で反対の声が上がりながら、イラク戦争はアメリカ主導で引き起こされてしまった。「大義《たいぎ》なき戦争」ともいわれた、その理由とは何か？

「大義なき戦争」といわれる理由

イラクでは、湾岸戦争（⬇310ページ）の後も、フセイン大統領の権力が維持されてきました。9・11（⬇314ページ）により「テロとの戦い」を掲げたアメリカは、アフガニスタンの次に、そのイラクへと矛先《ほこ》を向けます。

イラクを標的にした最大の理由は、大量破壊兵器を持っていると疑っていたから。「大量破壊兵器」とは、核兵器のほか、生物兵器、化学兵器を指します。湾岸戦争後、国連（⬇110ページ）の査察団が調査したところ、イラクでは核兵器の開発を進めていたことが発覚。そのときは開発をやめさせましたが、アメリカのブッシュ大統領（息子）は、イラクがひそかに開

なぜ「大義なき戦争」と呼ばれるのか？

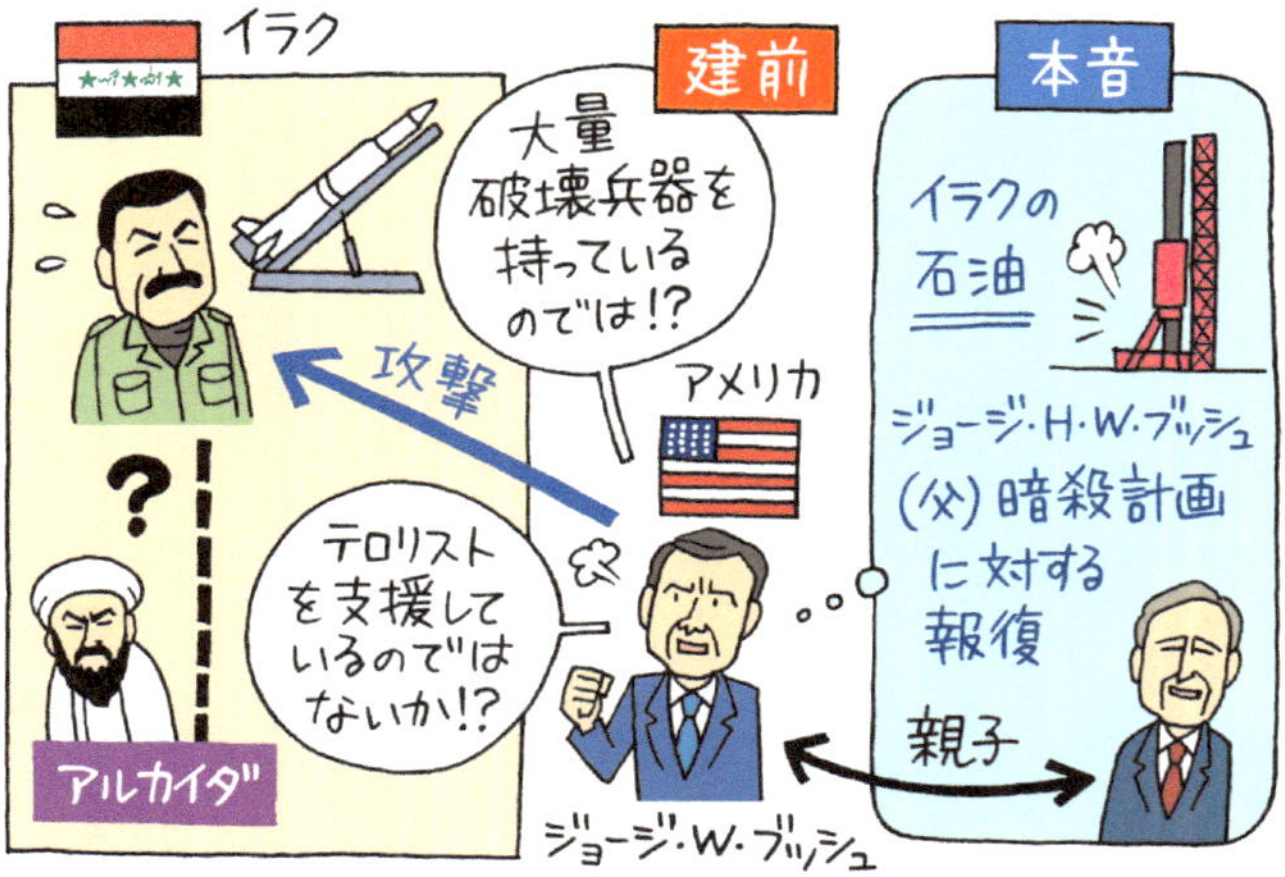

発を再開していると考えていたのです。

2003年、アメリカは「イラクのフセイン政権は大量破壊兵器を持っている」「イラクが国際テロリストを支援している」「フセインの圧政からイラク国民を解放する」と一方的に主張し、イラクへと侵攻。これが「イラク戦争」の始まりでした。

このときの米軍の攻撃により、フセイン政権は崩壊。フセイン大統領はやがて、アメリカが作った暫定《ざんてい》政権によって死刑判決を受け、処刑されました。

しかし、後で調べてみると、そもそも戦争の理由になった大量破壊兵器は発見されませんでした。さらに、アメリカは9・11を起こした**アルカイダ(⬇314ページ)**とイラクが

➡P322 プラスワン!

イラク国内の対立構造

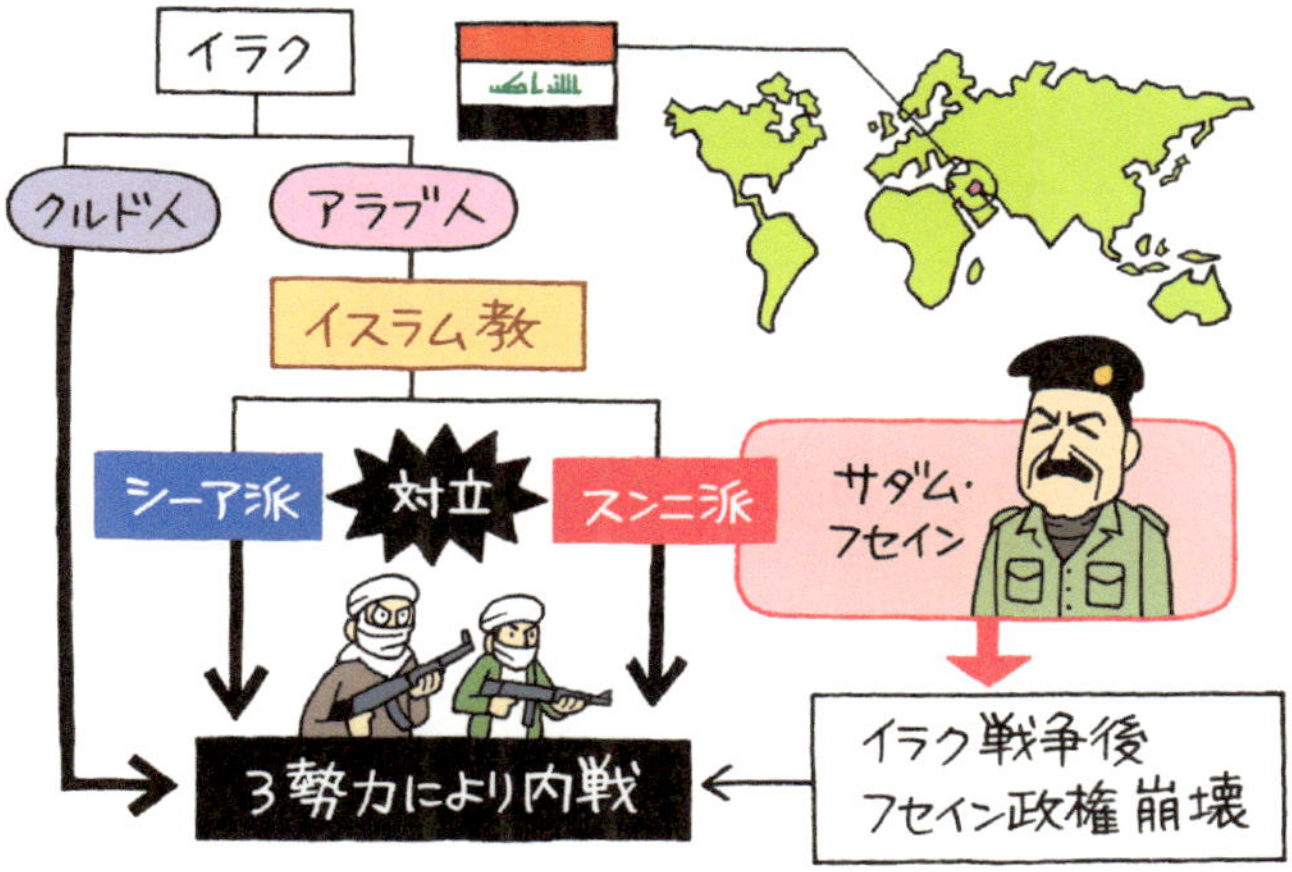

つながっていると主張していましたが、フセインはイスラム教的には不道徳な人物とされ、イスラム主義を掲げるアルカイダとはそもそも相容《あいい》れません。

そして、イラク戦争はアメリカが起こした正義のための戦争ではなく、「イラクでの石油採掘《さいくつ》権などの利権がほしかったから」「ブッシュ大統領の父親（パパ・ブッシュ）の暗殺計画が立てられていたことに対する腹いせ」という構図が浮き彫りになりました。後に日本の安倍総理が「無実を証明しなかったイラクが悪い」といいましたが、これは冤《えん》罪を受けた人に「やっていないと証明できなければ死刑」といっているに等しい、一方的な理屈にも聞こえますよね。

内戦が続くイラク国内

イラク戦争は2010年に終わり、2011年末には米軍も撤退しました。しかし、けっしてイラクに平和が戻ったわけではありませんでした。

イラクには、もともとアラブ人とクルド人が住み、宗教的にはイスラム教の**スンニ派とシーア派**（⬇248ページ）に分かれていました。スンニ派のフセインは、シーア派やクルド人を弾圧し、強権的に国内をまとめてきましたが、フセイン政権が崩壊すると内戦状態に突入します。イラクではシーア派の政権が誕生し、スンニ派を押さえ込む形で政治を行おうとするも、これにスンニ派の不満が爆発。スンニ派過激組織である**イスラム国（IS）**（⬇253ページ）が勢力を伸ばし混乱を極めました。

2017年にISに対する勝利宣言が出されたあとも政情不安が続いています。

池上 +1 プラスワン！

イラク混乱のきっかけ

イラクのフセイン大統領は横暴な政治を行っていたので、政権が倒れても同情する声はありませんでした。しかし、フセインのおかげでアルカイダの活動が抑えられていたのも事実。フセインはアルカイダを敵対視していたからです。アメリカによる無理なイラク攻撃が、現在のイラクの混乱を招いたといわざるをえません。

池上 彰（いけがみ・あきら）

1950年、長野県松本市生まれ。ジャーナリスト、名城大学教授、東京工業大学特命教授。愛知学院大学、立教大学、信州大学などでも講義を担当する。慶應義塾大学経済学部卒業後、NHK入局。記者として数多くの事件や社会問題を取材する。その後、94年4月からの11年間、NHKテレビ番組「週刊こどもニュース」のお父さん役として活躍。わかりやすい解説で、子どもから大人まで幅広い人気を得る。2005年にNHKを退局、フリージャーナリストに。現在も、執筆・取材活動を中心に、各種メディアで精力的に活動している。
著書は、『イラスト図解 社会人として必要な経済と政治のことが5時間でざっと学べる［新訂版］』『君に伝えたい「本当にやりたいこと」の見つけかた』、角川新書『知らないと恥をかく世界の大問題』（以上、KADOKAWA）をはじめ、『一気にわかる！池上彰の世界情勢2024』（毎日新聞出版）、『歴史で読み解く！世界情勢のきほん』（ポプラ社）など多数。

本書は、小社刊行『イラスト図解 社会人として必要なニュースの読み方が5時間でざっと学べる』をもとに加筆・再編集し、改題のうえ、新たな一冊に大幅リメイクしたものです。

掲載の情報は、明記したもの以外、基本的に本書制作時点のものです。また、その時点での世相に則した記述・図版もあります。ご了承ください。

カラー図解《ずかい》　社会人《しゃかいじん》なら知《し》っておきたい

ニュースに出《で》るキーワードがすっきりわかる本《ほん》

2024年９月20日　初版発行
2025年６月20日　３版発行

著者／池上《いけがみ》 彰《あきら》

発行者／山下直久

発行／株式会社KADOKAWA
〒102-8177　東京都千代田区富士見2-13-3
電話 0570-002-301（ナビダイヤル）

印刷所／株式会社KADOKAWA

製本所／株式会社KADOKAWA

●お問い合わせ
https://www.kadokawa.co.jp/（「お問い合わせ」へお進みください）
※内容によっては、お答えできない場合があります。
※サポートは日本国内のみとさせていただきます。
※Japanese text only

定価はカバーに表示してあります。

ISBN 978-4-04-607137-8　C0030